日本のTPP交渉参加の真実

―その政策過程の解明―

作山　巧著

明治大学社会科学研究所叢書

文眞堂

まえがき

　日本政府は，2013年3月にTPP（環太平洋パートナーシップ協定）交渉への参加を正式に表明し，その後の関係国の同意を経て，同年7月から交渉に参加した。こうした日本のTPP交渉参加を巡っては，特に2010年から2012年にかけて，国論を二分する激しい議論が展開された。しかし，日本の交渉参加以降は，マスメディアの報道や研究者の関心は，日米間の農産品や自動車を巡る交渉を中心としたTPP交渉の進捗やその帰趨に移り，日本のTPP交渉参加に至る過程を検証する機運は乏しい。しかし，関税の全廃を原則とするTPP交渉への参加は，それまで農産品の関税維持に腐心してきた日本政府にとって大きな方針転換であった。特に，1993年に妥結したガット・ウルグアイ・ラウンド交渉では，コメの輸入を認めるか否かが争点だったことを想起すると，関税全廃を議論すること自体に隔世の感がある。その割には，TPP交渉参加という重大な政策転換が，日本政府の中でなぜ，そしてどのようにして行われたのかは，ほとんど明らかにされていない。本書の目的は，こうした政策転換の背景を解明することにある。

　具体的には，次の3つの疑問に答えることを目的とする。第1に，民主党政権の菅首相が，2010年10月に突如としてTPP交渉参加の検討を表明したのはなぜなのか。第2に，その後任の野田首相が，2012年12月の辞任に至るまでTPP交渉への参加を表明しなかったのはなぜなのか。第3に，政権を奪還した自民党の安倍首相が，2013年3月にTPP交渉への正式参加を表明したのはなぜなのか。民主党は，外交では「対等な日米関係」を謳ったにもかかわらず，米国主導とされるTPP交渉への参加を目指す一方で，内政では「政治主導」を掲げたにもかかわらず，最後まで参加表明ができなかったのは大きなパラドックスである。他方で，農協を支持母体に抱え官僚主導とされる自民党政権では，農産品を含めた関税全廃を原則とするTPP

交渉への参加は困難とみられていたにもかかわらず，安倍政権の発足から僅か3カ月で正式な参加表明に至ったのもまた大きなパラドックスである。こうしたパラドックスの背景を成す政策転換の要因の解明が本書の課題である。

こうした課題に取り組む上での筆者の強みは，日本政府でTPPを含む貿易交渉に長く従事したことである。すなわち，2007年4月に農水省国際部で国際交渉官に就任した筆者は，スイスとのEPA（経済連携協定）交渉，米国やEU（欧州連合）とのEPAの検討，APEC（アジア太平洋経済協力会議）等を担当した。その後，2010年12月以降はTPPの専従となりTPPの情報収集に関する関係国との協議等に従事し，2011年12月以降は内閣官房国家戦略室に併任となってTPP交渉参加に向けた関係国との協議に参画した。更に，2012年12月の自民党の政権復帰後も，安倍首相がTPP交渉への参加を表明した翌年3月までTPPを担当した。それまでの過程でTPPに関わった官僚は他府省を含めて多いが，筆者のTPPへの関与はAPECを担当していた時期も含めて足かけ5年に及び，関係府省でも最長の部類に入る。また，2012年初めのTPP交渉参加に向けた9カ国との協議では，筆者は関係府省からのメンバーの中で最多の6カ国との協議に参加した。こうした農水省での貿易交渉に関する実務経験が，本書のベースを成している。

他方で，筆者が日本政府でTPPを含む貿易交渉に従事したからといっても，自らの業務経験のみで本書の課題の全てに応えられるわけではない。まず，本書がカバーする期間に関しては，日本のEPAの経緯や国外でのTPPの起源に遡る観点から1990年代末から2013年までを対象としており，筆者はその前半ではこうした実務に直接は従事していない。また，筆者の所属組織については，日本政府内でTPP交渉参加の旗を振っていたのは主に経産省で，農水省は受動的な立場にあり，特に2012年末の自民党の政権復帰後は，同省の官僚はTPP交渉に関する政策決定から事実上外されていた。更に，組織内での役割に関しても，筆者はいわゆる中間管理職であり，閣僚や首相による議論や意思決定の場に直接立ち会ったわけではない。この点で，筆者のTPPに関する情報と経験は，農水官僚という立場で得られる範囲に

限定されており，日本政府内で筆者より多くの情報や経験を持っている政治家や官僚は少なくないであろう。しかしそれでも，本書の価値が損なわれるものではない。

　その意味は，本書の価値の一端は筆者の実務経験の反映にあるものの，単なる体験談や回顧録の類いではないということである。筆者は現在，大学に籍を置いて経済学をベースとした実証研究を専門とする研究者である。実証研究とは，事実関係や因果関係をデータに基づいて客観的に解明する研究アプローチであり，主観的な証言や価値判断に基づく規範的な研究と一線を画している。このため本書でも，特定の学問分野に基づく分析手法や作業仮説を特定した上で，関係者の証言や文献等の定性的なデータを交えて，日本政府がTPP交渉に参加した要因を実証的に解明するというアプローチを貫徹している。このように，本書の価値は実務と研究の融合にある。具体的には，貿易交渉の実務経験が豊富な行政官と実証研究を専門とする研究者という，筆者の2つの専門性を融合した点が本書の最大の特徴である。研究の作法を知らない実務家は事実の羅列に走りがちな一方で，実務を知らない研究者は現実から乖離した理論を弄びがちである。本書はその対極を目指している。

　他方で，筆者自身が一次情報を持つ当事者であることに鑑み，本書をまとめる上では一次資料と二次資料の区別には注意を払った。上述したように，筆者は農水省での実務経験を通じて，TPPに関して対外的に知られていない多くの一次情報を持っている。他方で，それは日本のTPP交渉参加に至る全体プロセスの中の一部に過ぎず，多くは先行研究や報道情報に依存せざるを得ない。このように，主観的な実体験と客観的であるべき事実の叙述が混在することは，実証研究では回避すべき大原則である。このため，本文は出典を明記しつつ文献や新聞報道等の二次資料を併記して客観的に記述し，筆者の当事者としての主観的な経験や所感は，コラムとして分離した。それでもなお，二次資料を取捨選択して再構成することで日本のTPP交渉参加に至るプロセスをトレースできるのは筆者の実務経験の賜であり，その点で単なる公開情報の羅列ではないことは強調しておきたい。他方で，時系列的

な流れを整理する上で必要であるものの，二次資料が存在しない場合には，本文でも希に筆者の実体験に依拠した記述が見られる。しかし，その場合でも，価値判断は避けた上で，注釈を付してその旨を明記した。

　筆者の実務経験を一次資料として用いることと関連して，公務員の守秘義務との関係についても一言述べておきたい。国家公務員法第100条は，「職員は，職務上知ることのできた秘密を漏らしてはならない。その職を退いた後といえども同様とする」と規定し，国家公務員とその退職者に対して守秘義務を課している。他方で，同条の「秘密」とは，1977年の最高裁判決では「非公知の事実であって，実質的にもそれを秘密として保護するに値すると認められるもの」とされている。つまり，行政府が公開していない事実の全てが「秘密」に該当する訳ではなく，それとは反対に公務は公開が原則であり，憲法に規定された「国民の知る権利」の制限が正当化されるような例外的な事実に限定されるというのが判例である。また，秘密に該当する事実でも，それが新聞報道等によって周知であれば，それはもはや守秘義務の対象ではない。このように，国家公務員法上の守秘義務の対象とされる秘密の範囲は，本来は非常に限定されており，筆者が接した中では極秘に指定された日米首脳会談の記録くらいであろう。本書では，こうした判例を前提として，筆者が職務上知り得た情報を守秘義務に反しない範囲で活用する。

　本書のような試みがこれまで世に出ていないのは，官界やマスコミ界を巡る次のような事情もあると考えられる。まず官界全般に関しては，日本の官僚は所属する組織や政治家への遠慮意識が強く，上述のように守秘義務の範囲が拡大解釈される傾向があるため，国民への説明責任を果たすという意識が希薄である。また，TPPの関係府省に目を転じると，推進派の経産省や外務省の官僚にとっては，抵抗勢力を排してTPP交渉参加を成し遂げることは当然のことであり，そこに至るプロセスを明らかにすることに特段の意義は見いださないだろう。一方で，慎重派の農水省の官僚にとっては，TPP交渉への参加に反対しつつも最終的には首相官邸に押し切られた不本意なプロセスを詳らかにする誘因はないだろう。更に，TPP推進を主張する多くの大手マスコミも，そうした自社の主張への配慮と情報源をTPP推進派の

府省に依存する事情から，日本のTPP交渉参加条件のような政府にとって都合の悪い情報の報道を控える傾向にある。これは，権力の監視というマスコミの存在意義の放棄に他ならない。本書は，こうした官僚とマスコミが本来果たすべき国民への情報提供という役割を補完する試みでもある。

　最後に，筆者がTPP交渉参加に反対してきた農水省の出身だからといって，本書でその立場を代弁する意図は全くないことは明確にしておきたい。その証左としては，現在所属する大学への移籍は純粋な公募によるもので，同省からの便宜供与は一切受けていないことを述べれば十分であろう。本書が，日本のTPP交渉参加に至る過程への読者の理解を深めた上で，将来TPP交渉が妥結して日本の批准が問われる際には，国民自らがその是非を主体的に判断する一助となれば，筆者としてはこれに勝る喜びはない。

目　　次

まえがき……………………………………………………………… i
コラム目次…………………………………………………………… xi
図表目次……………………………………………………………… xii
資料目次……………………………………………………………… xiii
略語一覧……………………………………………………………… xiv

第1章　課題と接近方法……………………………………………1

第1節　本書の課題……………………………………………… 1
第2節　TPP交渉参加と農産物貿易の自由化………………… 5
第3節　課題の分析手法………………………………………… 10
第4節　農産物貿易自由化の規定要因………………………… 17
第5節　作業仮説とリサーチ・デザイン……………………… 25
第6節　本書の構成……………………………………………… 28

第2章　TPPの起源（1998年～2006年）………………………31

第1節　P5FTA構想とP4協定の発効………………………… 31
第2節　ニュージーランドのTPP拡大戦略…………………… 37
第3節　小括……………………………………………………… 42

第3章　日本のEPAへの着手と進展（1999年～2006年）………44

第1節　シンガポールとのEPA交渉…………………………… 45
第2節　メキシコとのEPA交渉………………………………… 49
第3節　ASEANとのFTAを巡る日中の角逐………………… 52
第4節　EPAに関する基本方針の確立………………………… 55

第5節　東南アジア諸国とのEPA交渉 …………………………………61
第6節　経産省の誤算 ……………………………………………………64
第7節　経済財政諮問会議のグローバル戦略 …………………………66
第8節　小括 ………………………………………………………………71

第4章　第一次安倍政権（2006年9月～2007年9月）………72

第1節　APECにおけるFTAAPの検討開始 ……………………………72
第2節　経済財政諮問会議での議論の進展 ……………………………78
第3節　日豪EPA交渉の開始 ……………………………………………81
第4節　グローバル化改革専門調査会の提言 …………………………85
第5節　米韓FTA交渉の妥結 ……………………………………………86
第6節　日米EPAの検討開始 ……………………………………………89
第7節　日米首脳会談での合意 …………………………………………91
第8節　参院選での惨敗と安倍首相の辞任 ……………………………93
第9節　小括 ………………………………………………………………94

第5章　福田政権（2007年9月～2008年9月）………………96

第1節　日米のFTAに関する情報交換 …………………………………96
第2節　経済財政諮問会議での議論の失速 ……………………………99
第3節　FTAAPの検討の進展 …………………………………………101
第4節　小括 ……………………………………………………………103

第6章　麻生政権（2008年9月～2009年9月）………………105

第1節　米国のTPP交渉への参加表明 ………………………………105
第2節　米国から日本への打診 ………………………………………106
第3節　オブザーバー参加を巡る政府内の検討 ……………………109
第4節　オバマ政権のTPP参加見直し ………………………………110
第5節　民主党の日米FTA構想 ………………………………………111
第6節　小括 ……………………………………………………………115

第 7 章 鳩山政権（2009 年 9 月〜2010 年 6 月）……117

第 1 節　鳩山政権下の日米の軋轢 ……117
第 2 節　オバマ政権の TPP 交渉参加表明 ……119
第 3 節　経済連携に関する閣僚委員会の設置 ……121
第 4 節　新成長戦略の策定 ……123
第 5 節　小括 ……126

第 8 章 菅政権（2010 年 6 月〜2011 年 9 月）……129

第 1 節　TPP 交渉の進展 ……129
第 2 節　経済連携に関する閣僚委員会の再開 ……130
第 3 節　菅首相の所信表明演説 ……133
第 4 節　民主党内での論争の勃発 ……136
第 5 節　TPP に込めた経産省の思惑 ……137
第 6 節　包括的経済連携に関する基本方針の策定 ……140
第 7 節　横浜での APEC 首脳会議 ……142
第 8 節　情報収集のための協議 ……145
第 9 節　参加決定の延期と菅首相の辞任 ……148
第 10 節　小括 ……148

第 9 章 野田政権（2011 年 9 月〜2012 年 12 月）……150

第 1 節　オバマ大統領の苛立ち ……150
第 2 節　民主党内での議論 ……152
第 3 節　野田首相の記者会見 ……153
第 4 節　ハワイでの TPP 首脳会合 ……156
第 5 節　交渉参加に向けた協議 ……158
第 6 節　水面下での日米協議 ……162
第 7 節　総選挙での TPP 交渉参加の争点化 ……164
第 8 節　小括 ……166

第10章　第二次安倍政権（2012年12月〜2013年7月） ………168

第1節　野党時代の自民党の姿勢 ……………………………………168
第2節　政権交代後の首相官邸の動向 ………………………………171
第3節　政権交代後の自民党内の動向 ………………………………173
第4節　日米首脳会談での合意 ………………………………………176
第5節　日米共同声明の調整経緯 ……………………………………179
第6節　安倍首相の参加表明 …………………………………………183
第7節　日本のTPP交渉参加の決定 …………………………………188
第8節　小括 ……………………………………………………………190

第11章　結論 …………………………………………………………192

第1節　日本のTPP交渉参加の背景 …………………………………192
第2節　日本のEPA推進の規定要因 …………………………………194
第3節　残された課題 …………………………………………………196

年　表 ……………………………………………………………………199
引用文献 …………………………………………………………………225
索　引 ……………………………………………………………………240
あとがき …………………………………………………………………244

コラム目次

コラム 5-1　第三国との FTA に関する米国との協議 …………………………97
コラム 8-1　TPP に関するニュージーランドとの初協議 …………………145
コラム 9-1　TPP 交渉参加に向けた関係国との協議 ………………………160
コラム10-1　日米首脳会談への随行 …………………………………………181

図表目次

表1-1 日本の品目別の貿易収支額(2012年) ……………………………… 6
表1-2 平均関税率の国際比較(2012年) …………………………………… 7
表1-3 日本の主要農産品の貿易制度……………………………………………… 8
表1-4 日本のEPAにおける自由化率(品目数ベース) ………………………… 9
表1-5 政策決定過程の分析モデルの比較………………………………………15
表1-6 争点リンケージによる農産物貿易自由化の推進………………………21
表1-7 自民党農林幹部会のメンバー……………………………………………24
表1-8 本書の構成…………………………………………………………………29
図1-1 2層ゲームモデルの構造 …………………………………………………13
図1-2 日本のTPP交渉参加の政策決定に関与するアクター …………………14
図1-3 拒否権プレーヤーの影響力の規定要因…………………………………25
図1-4 本書の作業仮説……………………………………………………………26
表2-1 アジア太平洋地域における主要FTAの対象分野 ………………………34
表2-2 P4協定の関税譲許の概要 …………………………………………………36
表2-3 TPP交渉参加国の平均関税率(2013年)…………………………………38
表3-1 日本のEPAの進捗状況……………………………………………………47
表3-2 日本と中国のASEANとのFTAを巡る動き ……………………………53
表8-1 TPPに関する情報収集のための協議の実施状況(2010～2012年)……147
表9-1 TPP交渉参加に向けた協議の実施状況(2012年)………………………159
表10-1 日本のTPP参加に伴う経済効果の試算結果 …………………………187
図10-1 日本の関税撤廃に関する日米の立場……………………………………179

資料目次

資料 3-1　自民党農林水産物貿易調査会の決定（2001 年 9 月 3 日）……………48
資料 3-2　みどりのアジア EPA 推進戦略（2004 年 11 月 12 日）……………58
資料 3-3　今後の経済連携協定の推進についての基本方針（2004 年 12 月 21 日）…60
資料 3-4　グローバル戦略（抜粋）（2006 年 5 月 18 日）……………………68
資料 4-1　APEC 首脳宣言（抜粋）（2006 年 11 月 19 日）…………………76
資料 4-2　地域経済統合の促進に関する報告書（抜粋）（2007 年 9 月）…………77
資料 4-3　経済財政諮問会議の有識者議員の説明資料（2006 年 11 月 2 日）………79
資料 4-4　日豪 EPA に関する衆議院農林水産委員会の決議（2006 年 12 月 7 日）…84
資料 4-5　EPA・農業ワーキンググループの検討項目（2007 年 1 月 31 日）………85
資料 4-6　EPA・農業ワーキンググループ第一次報告（抜粋）（2007 年 4 月 23 日）…89
資料 5-1　APEC 貿易投資委員会の議事録（抜粋）（2008 年 8 月）……………103
資料 6-1　自民党農林部会の声明（2009 年 7 月 28 日）………………………112
資料 7-1　民主党のマニフェスト（抜粋）（2009 年 8 月 11 日）………………118
資料 7-2　新成長戦略（基本方針）（2009 年 12 月 30 日）……………………125
資料 7-3　新成長戦略（抜粋）（2010 年 6 月 18 日）…………………………126
資料 8-1　経産省の説明資料（2010 年 10 月）………………………………138
資料 8-2　包括的経済連携に関する基本方針（抜粋）（2010 年 11 月 9 日）………141
資料 9-1　民主党経済連携 PT の提言（抜粋）（2011 年 11 月 9 日）……………153
資料 9-2　野田首相の記者会見の冒頭発言（2011 年 11 月 11 日）………………154
資料 9-3　TPP 首脳声明の概要（2011 年 11 月 12 日）………………………157
資料 9-4　衆議院農林水産委員会の決議（2011 年 12 月 6 日）…………………158
資料 9-5　TPP 参加国との協議結果（抜粋）（2012 年 1～2 月）………………159
資料 10-1　自民党の農林水産貿易調査会等の決議（2010 年 10 月 8 日）…………169
資料 10-2　自民党の「TPP についての考え方」（2012 年 3 月 9 日）……………170
資料 10-3　「TPP 参加の即時撤回を求める会」の決議（2013 年 2 月 19 日）………175
資料 10-4　日米共同声明（2013 年 2 月 22 日）……………………………177
資料 10-5　自民党 TPP 対策委員会の決議（2013 年 3 月 13 日）………………185
資料 10-6　参議院農林水産委員会の決議（2013 年 4 月 18 日）…………………189

略語一覧

ABAC	APECビジネス諮問委員会
ACFTA	ASEAN・中国自由貿易協定
AJCEP	ASEAN・日本包括的経済連携協定
ANZCER	豪州・ニュージーランド経済緊密化協定
ANZSCEP	ニュージーランド・シンガポール経済緊密化協定
APEC	アジア太平洋経済協力
ASEAN	東南アジア諸国連合
ASEAN+3	ASEANと日本，中国，韓国
ASEAN+6	ASEANと日本，中国，韓国，豪州，NZ，インド
CEPEA	東アジア包括的経済連携（ASEAN+6によるFTA構想）
EAFTA	東アジア自由貿易地域（ASEAN+3によるFTA構想）
EPA	経済連携協定
EU	欧州連合
EVSL	早期自主的分野別自由化
FTA	自由貿易協定
FTAAP	アジア太平洋自由貿易圏
GATT	貿易関税一般協定
GCC	湾岸協力理事会
GDP	国内総生産
NAFTA	北米自由貿易協定
P3CEP	パシフィック3経済緊密化協定
P4	パシフィック4＝TPSEPA
P5FTA	パシフィック5FTA構想
RCEP	東アジア地域包括的経済連携
TPP	環太平洋パートナーシップ協定
TPSEPA	環太平洋戦略的経済連携協定＝P4
USTR	米国通商代表部
WTO	世界貿易機関

第 1 章

課題と接近方法

第 1 節　本書の課題

　日本のTPP交渉への参加を巡っては，2010年10月の菅首相による検討の表明以降，まさに国論を二分する論争が繰り広げられ，2012年12月の総選挙における争点の一つともなった。論争の焦点は，日本のTPP交渉参加に賛成か反対かという賛否の問題であった。推進派が輸出の拡大，日本企業に有利なルール作り，消費者の利益等を挙げてメリットを説くのに対し，慎重派は農業，食品安全，医療等への悪影響を根拠にデメリットを主張し，鋭く対立する構図が続いてきた。2013年3月の安倍首相によるTPP交渉への参加表明以降は，こうした論争はやや鳴りを潜めた感はあるが，それでも日本国内のTPPを巡る関心が日本のTPP参加のメリットとデメリットであり，それに対する賛否であることには変わりがない。例えば，アマゾンジャパンのサイトによれば，題名にTPPを含む書籍は2015年7月時点で150冊を超えるが，その大半は日本のTPP交渉参加の是非に関するものである[1]。

　これに対して，日本政府によるTPP交渉への参加決定は過去の事象であり，その背景は客観的な事実として明らかにすることが可能である。にもかかわらず，TPPへの賛否を巡る白熱した議論と比べて，参加決定に至るプロセスの解明は余りにも蔑ろにされているのではないだろうか。TPP交渉の帰趨は現時点では予見しがたいものの，今後交渉が妥結し参加国が協定に

---

[1] 本書は，TPPに関して一定の知識を有する読者を想定としている。このため，その前提としてTPPに関する基礎的な知識を得たい読者には小泉（2012）を，また，TPP交渉の最新の状況に関心のある読者には石川他（2014）の一読を勧める。

署名した暁には，国会での批准審議の前にTPP協定は公開されることになる。その時にこそ，TPP協定の内容を十分に精査した上で，批准の是非に関する国民的な議論が行われるべきである。その際には，協定の内容の妥当性だけでなく，そこに至る政策決定プロセスの適切性も問われるべきであろう。日本のTPP交渉参加に至る過程を明らかにする意義の一端はそこにある。

　この点に関して，TPP交渉への参加問題に関心を寄せる国民が抱く疑問は次のようなものであろう。第1に，民主党政権の菅首相が，2010年10月に突如としてTPP交渉参加の検討を表明したのはなぜなのか。同党は前年の総選挙で，米国とは一線を画す「対等な日米関係」を掲げて政権を獲得したにもかかわらず，なぜ米国主導とされるTPP交渉参加に傾斜したのか。第2に，その後を継いだ野田首相が，2012年12月の辞任に至るまでTPP交渉への参加を表明しなかったのはなぜなのか。民主党は「政治主導」を標榜して政権の座につき，TPP交渉への参加は形式的には首相の決定のみで可能であるにもかかわらず，結局辞任に至るまで参加を決断しなかったのはなぜか。第3に，政権を奪還した安倍首相が，2013年3月にTPP交渉への正式参加を表明したのはなぜなのか。自民党は，「関税撤廃を前提とする限り，TPP交渉参加には反対」を公約として総選挙に勝利し，農協の支援を受けた農村部を地盤とする議員も多いことから，TPP交渉への参加表明は困難とみられていたにもかかわらず，なぜ正反対の決断が短期間でなされたのか。

　こうした疑問の解明を念頭に，日本のTPP交渉参加に至る政策過程に関する先行研究を概観する。関連する文献は，研究者による著作と政策決定に関与した政治家の証言に大別される。前者の中で日本語の文献としては，寺田（2013b），寺田・三浦（2012），三浦（2012）が挙げられる。このうち寺田（2013b）は，TPP交渉への参加に至る米国と日本の国内政治を対象としており，一部に官僚へのインタビューも含まれているものの大半は二次資料に依拠し，鳩山政権から安倍政権に至る日本のTPP交渉参加プロセスに割かれた紙幅は10ページ余りに過ぎない。また，内容がほぼ同一の寺田・三

浦（2012）と三浦（2012）は，いずれも菅政権と野田政権による TPP 交渉への参加問題への対応を比較した論考であるが，事実の裏付けを民主党の藤末健三参院議員の証言にほぼ全面的に依存しているという情報源のバイアスに加えて，「野田政権が TPP 交渉参加を言明した」という明らかな事実誤認に立脚しており，手法面と内容面で看過できない問題を孕んでいる。

また，研究者による英語の文献としては，Brooks（2015），Kim（2013），George-Mulgan（2014）がある。この中では，民主党の菅政権から TPP 交渉参加後の安倍政権に至る動きをカバーしている点で Brooks（2015）が最も包括的だが，内容は日本の新聞を中心とする二次情報に基づく経過の叙述にとどまっており，新たな知見は乏しい。また，George-Mulgan（2014）は，民主党の鳩山政権から野田政権までを対象とし，TPP を巡る政策決定の規定要因として党の事前審査制の強弱に着目している点は慧眼だが，日本語の二次資料に依拠した事実の羅列の感が強く，何よりも TPP 参加を提起したのが政策調査会を廃止した鳩山政権ではなくそれを一部復活させた菅政権だったというパラドックスを説明していない。同様に民主党政権下での TPP を巡る政策過程を扱った Kim（2013）は，民主党議員へのインタビューによる一次情報獲得の努力が見られるものの，分析の対象期間は菅政権から野田政権にかけての 2010 年から 2011 年までと短い。このように，研究者による英語の文献も一長一短があるものの，二次情報に依拠した公知の事実の羅列に終始するものが多く，上記の疑問に答えるにはいずれも不十分である。

これに対して，TPP を巡る政策決定に関与した政治家自身の著書には，鹿野（2013），篠原（2012），山田正彦（2013）があり，政治家へのインタビューを収録した研究者の手による書籍としては，藤村（2014），日本再建イニシアティブ（2013），山口・中北（2014）を挙げることができる。これらの文献は，TPP を巡る政策決定に関与した政治家による証言であるため，公にされていない貴重な事実を多く含んでいる。しかし，与党の政治家が行政府内での役職にとどまる期間は概して短く，首相の交代や内閣改造が頻繁に行われた民主党政権では特に顕著であった。このため，こうした政治家の

証言の対象は，特定の内閣における在任中に限定され，内閣を跨いだ長期間の情報は得られない。更に現時点では，日本の TPP 交渉参加を巡る政策過程について公言しているのは民主党の政治家のみで，第二次安倍政権で政策決定に関与した政治家による証言は見当たらない。このため，断片的な情報は得られるものの，上記の 3 つの質問に応えるような包括的な知見は得られない。

要約すると，上記の 3 つの質問を含む日本の TPP 交渉参加に至る政策過程を明らかにする上で，先行研究に欠けているのは次のような要素である。第 1 に，分析手法に関しては，事実の羅列に終始したものが多く，理論的な枠組みに基づいて一定の仮説を提示した上で，それを証言や文献を含むデータで検証するという実証分析の手順を踏まえた研究が見られない。第 2 に，対象期間に関しては，研究者の文献も政治家の証言も民主党政権下に偏っており，安倍政権下の政策決定を対象としたものや，両政権をカバーした長期的な視野の分析は見当たらない。第 3 に，データソースに関しては，政治家や官僚へのインタビューを取り入れたものも散見されるが，圧倒的多数は公表済みの二次情報に依拠しており，上記の疑問に肉薄するものは乏しい。第 4 に，分析者の実施者に関しては，既存の文献は TPP を巡る政策決定に関与したことがない研究者の手によるもので，政治家や官僚といった政策決定の当事者による研究は皆無である。本書は，行政官と研究者という筆者の 2 つの専門性を融合することによってこうした先行研究のギャップを埋め，日本の TPP 交渉への参加を巡る上記 3 つの疑問に答えることを目的とする。

このように，本書の直接的な関心は，2010 年から 2013 年にかけての 3 つの内閣での TPP 交渉参加を巡る政策決定にあるが，それを明らかにするためには，分析の対象とする国の範囲や期間はより広げる必要がある。まず分析対象国の範囲については，2010 年から開始された TPP 交渉は，ニュージーランド等 4 カ国によって 2006 年に発効した P4 協定の拡大交渉にまずは米国等が参加し，それに追って日本も参加すべきか否かが論点であった。このため，分析の対象範囲には，日本だけでなく米国を始めとする TPP 参加国も含める必要がある。また，日本に関する分析の対象期間についても，

TPPはアジア太平洋の複数国が参加する地域FTAであり，日本はその参加への論争が生じる遥か前から，二国間でEPAの締結を進めてきた。したがって，日本のTPP交渉参加の背景を探るためには，日本がEPAに着手した経緯とその後の展開を踏まえることが欠かせない。こうした理由から，本書では，TPP参加国については現在のTPPの起源とされるP5FTA構想が提起された1998年を，日本国内についてはシンガポールとのEPAの共同研究開始が合意された1999年を，それぞれ起点として分析を進める。

第2節　TPP交渉参加と農産物貿易の自由化

　日本のTPP交渉参加は，なぜそれほど論争を呼ぶことになったのだろうか。本節では，こうした根本的な疑問についてデータを交えつつ確認する。
　本書では，21分野にわたるとされるTPP交渉の対象範囲の中でも，物品の関税撤廃（物品市場アクセス）に焦点を当てる。その理由は，TPPでは全ての品目に対する関税の撤廃が原則とされているからである。日本のTPP参加に対する懸念としては，その他に食品の安全性や医療制度への影響等も指摘されているが，その真偽は現時点では明らかでなく，少なくとも日本政府は，食品安全基準の緩和や公的医療保険制度のあり方は議論の対象になっていないと説明している（内閣官房 2013h）。このように，TPP交渉で物品の関税撤廃が議論されるのは確実なのに対し，それ以外の懸念点は議論がなされているか否かも不明確であり，影響の確実性という観点から，TPPにおける物品の関税交渉の重要性は際立っている。実際に，2010年以降の日本のTPP交渉参加を巡る論争の中心となっていたのは，農産品の関税撤廃の是非とその影響であり，そうした認識への異論はほとんどないと考えられる。
　まず，第1-1表に日本の品目別の貿易収支額を示した。最初に貿易収支が輸出超過の品目を見ると，「輸送用機器」が12.7兆円と最大であり，その大半は自動車（8.3兆円）が占めている。日本の貿易収支が輸出超過から輸入超過に転換する中で，このデータは自動車が日本の輸出の稼ぎ頭であること

を示している。これに対して,貿易収支が輸入超過の品目については,原油や天然ガス等の「鉱物性燃料」が23.1兆円と圧倒的に大きいものの,それに次ぐのが5.8兆円の「食料品」であり,輸入額(5.9兆円)に比べて輸出額(0.4兆円)が著しく少ないという特徴がある。このため,自動車のような国際競争力のある物品の輸出が伸びれば,日本国内の雇用や所得も増えるのに対し,食料品のような国際競争力の乏しい品目の輸入が増えれば,それと競合する国内の農林水産業が更に衰退することが懸念される。したがって,生産者の視点に立つと,自動車に代表される工業品の輸出を増やす一方で,農林水産品の輸入は抑制することが望ましい。また政府も,輸出が善で輸入は悪とする重商主義的な原理に立脚するのであれば,こうした生産者の意向に沿った政策を採ることになる(Krugman 1997)。

表1-1 日本の品目別の貿易収支額(2012年)

(単位:兆円)

品目名	輸出額(A)	輸入額(B)	収支額(A-B)
輸送用機器	15.0	2.3	12.7
一般機械	12.8	5.0	7.8
電気機器	11.4	8.4	3.0
原料別製品	8.4	5.5	2.9
化学製品	6.4	5.9	0.5
その他	7.3	8.8	-1.5
原材料	1.1	4.8	-3.7
食料品	0.4	5.9	-5.8
鉱物性燃料	1.0	24.1	-23.1
合計	63.7	70.7	-7.0

資料:財務省(2014)。

次に,表1-2に主要国の平均関税率(譲許税率)を示した。関税とは,外国から輸入される物品に課される税金で,譲許税率とは,各国が課すことができる上限としてWTOで約束した関税率である。輸入品に関税が課されると,輸入国における販売価格はその分だけ高くなることから,関税の水準は貿易に影響を与えることになる。この点を踏まえて表1-2を見ると,以下の特徴が読み取れる。まず工業品については,日本の平均関税率は2.5%で,

米国やEUも含めた6カ国の中で最も低い。それにもかかわらず，上述のような輸出超過を計上しているのは，工業品の輸出競争力が高い証左である。このため日本は，関税の水準が高い新興国を中心とする輸出相手国の関税撤廃を求めることになる。これに対して農産品については，日本の平均関税率は19％で，米国やEUだけでなく開発途上国である中国よりも高い。にもかかわらず大幅な輸入超過を計上し，農業の競争力が乏しいことから，日本には自国の農産品関税を更に引き下げるような誘因はない。また，農産品の関税水準は工業品に比べると高いものの，日本は農産品の純輸入国で輸出はごく僅かであることから，他国に関税撤廃を求める誘因も持たない。

表1-2 平均関税率の国際比較（2013年）

(単位：％)

区 分	先進国			開発途上国		
	米国	EU	日本	中国	ブラジル	インド
農産品	4.9	13.5	19.0	15.8	35.4	113.5
工業品	3.3	3.9	2.5	9.1	30.8	34.6
全品目	3.5	5.2	4.7	10.0	31.4	48.6

資料：WTO (2014)。
注：譲許税率の単純平均値である。

更に，日本の農産品の関税構造を見ると，譲許税率が無税の品目が農産品全体の34％を占める一方で，それが15％以上の品目も24％を占め，二極分化している（WTO 2014）。後者について詳しく見るために，表1-3には関税率が高い農産品のうち，TPP交渉におけるいわゆる「重要5品目」（第10章を参照）の貿易制度等を要約した。これらの品目には，牛肉を唯一の例外として重量を基準に関税が課される従量税が適用され，その従価税換算値は軒並み100％を超えており，特にコメは778％と極めて高くなっている[2]。また，保護の手段として高い関税率だけでなく，輸入を民間企業ではなく国

---

[2] その後農水省は，コメに対する関税率の従価税換算値を778％から280％に下方修正したと報じられた（日本経済新聞 2013年11月15日）。

が行う国家貿易制度や，低い関税率が適用される輸入数量が予め限定されている関税割当制度の対象となっている品目も多く，国の関与が強い複雑な貿易制度の下にあることも特徴である。これら重要5品目の生産額の合計は2010年時点で3兆3,997億円であり，日本の農業総生産額の42%を占めている。

表1-3　日本の主要農産品の貿易制度

品　目		従量税	従価税換算値	貿易制度	国内生産額 (2010年)
コメ		341円/kg	778%	国家貿易	1兆5,517億円
麦	小麦	55円/kg	252%	国家貿易	469億円
	大麦	39円/kg	256%		
牛肉・豚肉	牛肉	—	38.5%	—	4,639億円
	豚肉	482円/kg	136%	差額関税	5,291億円
牛乳乳製品		29.8%+985円/kg	360%	国家貿易	6,747億円
甘味資源作物	粗糖	71.8円/kg	328%	—	614億円
	でん粉	119円/kg	583%	関税割当	720億円

資料：農林水産省（2012及び2013）。
注：牛乳乳製品の関税率と国内生産額は，それぞれバターと生乳の数値である。

最後に，表1-4に日本が締結したEPAにおける自由化の水準を示した。日本は，2012年3月までに13カ国・地域とのEPAを発効させており，その大半は東南アジアや中南米の開発途上国が占めている。ここで「自由化率」とは，関税の細目分類である総タリフライン数（日本の場合は約9,000品目）に対する10年以内の関税撤廃を約束した品目の割合である。第1-4表によれば，EPAにおける日本側の自由化率は全品目で8割台の後半なのに対し，相手国側はいくつかの例外を除いて概ね9割台に達しており，日本側より自由化の水準が高いことが分かる。更に，日本側の自由化率を農林水産品と鉱工業品に分けてみると，後者の自由化率が9割台後半なのに対して前者は5割台にとどまっており，EPAにおける日本側の自由化率が低いのは農林水産品の自由化率が低いためであることを示している。つまり，これまで日本が締結したEPAでは，日本側は農産品を十分には自由化しない一

方で，相手国側からは概ね日本側を上回る自由化を確保するという，日本にとって都合の良い合意を獲得してきたのである。

表1-4　日本のEPAにおける自由化率（品目数ベース）

（単位：%）

相手国名	日本 全品目	日本 農林水産品	日本 鉱工業品	相手国 全品目
シンガポール	76.9	21.3	95.8	100.0
メキシコ	86.0	46.3	99.3	94.3
マレーシア	86.8	52.7	98.3	98.6
チリ	86.5	51.7	98.3	93.0
タイ	87.2	54.3	98.3	98.7
インドネシア	86.6	52.1	98.2	88.7
ブルネイ	84.6	51.9	96.0	98.9
ASEAN	86.5	52.1	98.5	90.3
フィリピン	88.4	59.1	98.3	98.9
スイス	85.6	51.1	98.0	79.1
ベトナム	86.5	53.7	97.9	71.5
インド	86.4	53.9	98.0	86.4
ペルー	87.0	56.1	98.1	94.9

資料：内閣官房（2013f）等。
注：シンガポールに対する全品目と農林水産品の自由化率は，2002年11月の協定発効時点の数値である（金 2008, pp.715-716）。

　以上のような日本の貿易構造と関税水準から，TPP交渉参加が政治的な論争の的となる理由が見えてくる。日本は自動車を中心とする工業品では輸出超過であり，その輸出を増やすために工業品に対する貿易相手国の関税は撤廃したいと考える。他方で，農産品については既に大幅な輸入超過となっており，関税を撤廃すれば更に輸入が増加して国内農業が縮小する可能性があることから，農産品に対する自国の関税は維持したいと考える。これまで日本が締結したEPAは，日本の農産品の自由化は抑制する一方で，開発途上国を中心とする相手国からは高水準の自由化を獲得してきたという点で，こうした日本の貿易構造と関税水準に照らして好都合であった。こうした結果は無論，日本が農産品の大幅な自由化を行わなくてもEPAを締結できる国々を選んで交渉を進めてきたことの反映である。これに対して，TPP交

渉への先行参加国には，既に日本が二国間で EPA 交渉を開始していた豪州やカナダに加えて，米国やニュージーランドという農産物の輸出大国が含まれている。こうした農業大国と農産品を含む関税の全廃を原則とする交渉に着手することは，相手国の選定と求められる自由化水準の両面で例がなく，TPP 交渉参加が日本で論争を呼んだ本質的な理由はここにある。

第3節　課題の分析手法

　本節では，第1節で提起した本書の課題に答えるための分析方法について検討する。筆者がここで用いる「分析手法」は，① どのような学問領域に依拠し，価値判断と事実解明のどちらを扱うのかという「分析アプローチ」，② 分析対象とする行為主体の範囲や分析レベルを含む「分析視角」，③ 分析課題に直接関連する重要な要因を取り出して抽象化し，そうした要因を相互作用のシステムとして再構成した「分析モデル」（須賀 2008, p.120），という3つの要素から成る。本書が分析手法に自覚的であろうとするのは，日本の TPP 交渉参加に至る過程には，国内と海外で多様な利害を持つ多くの行為主体が関与していることから，焦点を絞らない限り意味のある分析は不可能だからである。例えば，行為主体の分析レベルに限っても，TPP 交渉への参加問題を首相による「個人レベル」の決定と捉えるのか，外務省，経産省，農水省といった「組織レベル」の闘争と捉えるのか，日本と TPP 交渉への先行参加国である米国との「国家レベル」での交渉と捉えるのかでは，分析の対象となる主体のレベルや範囲は異なり，それに応じて結論も変わり得る。このため，適切な分析手法を予め特定することによって，不必要に冗長な記述を回避しつつ，本書の課題に的確に答えようとするものである。

1.　分析アプローチ

　まず，本書で用いる「分析アプローチ」を特定する。経済学や政治学のような社会科学では，特定の課題への接近方法として次の2つが明確に区別される。一方は，何が正しいかという「規範的な設問」であり，他方は，実際

にはどうなっているか，なぜそうなっているかという「実証的な設問」である（久米 2013, p.2）。前者は，特定の価値判断に基づく主観的な性格を有するのに対し，後者は価値判断からは離れてなるべく客観的に物事を明らかにしようとする。上述したように，本書の課題は日本の TPP 交渉参加の是非という規範的な問題ではなく，日本の TPP 交渉参加に至るプロセスの解明という実証的な問題であることから，それに合致した分析アプローチを選ぶ必要がある。

こうした問題意識に立って本書で採用するのは，政治学の一分野である政策過程論のアプローチである。ここで「政策」を，「政府が公的な問題を解決するための手段」（岩崎 2012, p.7）と捉えると，TPP 交渉への参加も特定の問題解決を意図して採られた政府の行為であり，政策に該当することは自明であろう。また「政策過程論」とは，「政策がつくられ，修正されていく一連の過程をみることにより，どの段階で政策が形づくられ，修正され，正当化され，実施され，評価されるのかを明らかにするとともに，どの段階でどのようなアクターが関与し，各段階で各アクターがどのような役割を果たしたのかを明らかにする」（岩崎 2012, p.9）学問領域である。ここでアクターとは，政治学で用いられる用語で「行為主体」を意味する。また政治学では，「政治過程」という用語も用いられ，これが国家間や国家内での人間集団間の権力獲得の過程を重視するのに対し，「政策過程」は，政策の決定や実施の過程としてより実践的・技術的な側面を重視する（森脇 2010, pp.15-16）。本書が「政策過程」という表現を用いるのは，日本の TPP 交渉への参加問題が，国家間や国家内での権力闘争を超えた広がりを持っており，政治家だけでなく官僚組織等も視野に入れる必要があると考えるからである。

2. 分析視角

次に，本書で採用する「分析視角」について検討する。日本の TPP 交渉への参加問題は，国際交渉と国内政治が相互に関連している点に特徴がある。まず，国際交渉に関しては，日本の TPP 交渉参加は，ニュージーランド等 4 カ国が締結した P4 協定の拡大交渉に米国等が参加し，それに日本も

参加すべきか否かという形で提起されており，問題の起源は国外にある。その際に，日本のTPP交渉参加には先行参加国の了承が必要であり，それを積極的に支援する国がある一方で，日本の参加に反対する利益集団を抱えた米国のような国もある。このように，日本のTPP交渉参加問題は，日本と先行参加国との間の国際交渉の側面を持ち，その分析には米国を始めとする先行参加国を視野に入れる必要がある。同時に，日本のTPP参加は国内政治の問題でもある。このことは，日本のTPP交渉参加を巡って，それが提起された当時の与党だった民主党内で，党の分裂に発展するほどの論争を呼んだことや，2012年の総選挙における主要な争点とされたこと等からも明らかである。したがって，日本のTPP参加問題に接近する上では，国際交渉と国内政治を同時に視野に入れた分析視角が必要とされる。

　こうした要件を満たすのが，本書で用いる「2層ゲームモデル」(two-level games model) である (Putnam 1988)。2層ゲーム分析は，「国内政治が国際交渉にもたらす影響，又は国際交渉が国内政治に与える影響を同時に把握しようとする分析手法」と定義され (鈴木 2000, p.156)，国際政治学の視点で国際経済問題を扱う国際政治経済学の分野で多く用いられている。2層ゲームの構造は図1-1で表され，「レベル1」と呼ばれる交渉代表者間の国際交渉と，「レベル2」と呼ばれる各国内での交渉代表者と国内構成員との国内交渉から構成される。TPPのような国際条約の発効には各国での批准が必要なことから，各国の交渉代表者は，国際条約が国内構成員の意向を反映したものとなるように国際交渉を行う。このように，2層ゲームモデルは国内の批准を結節点として，国際交渉と国内交渉の同時決定的なプロセスを描写している点で優れている。他方で，それは「モデル」と呼ばれてはいるものの，それ自体からアクターの相互関係が明らかにされるわけでも，一定の仮説が導かれるわけでもなく，その意味で「分析視角」(石黒 2007, p.36) や「分析枠組み」(伊藤他 2000, p.338) と呼ぶべきである。

　いずれにしても，本書では2層ゲームモデルを分析視角として用い，①日本と米国を中心とするTPP先行参加国との二国間交渉（レベル1），②日本の国内政治（レベル2）の両者を視野に入れて分析を進める。他方で，

日本のTPP交渉参加に至る政策過程を解明するという本書の目的に鑑み，分析の対象とするアクターの範囲は図1-1よりも絞り込む。具体的には，主に日本の国内政治に焦点を当て，それとの関連で日本のTPP交渉参加の成否を握る米国との二国間交渉を視野に入れる一方で，米国を含む先行参加国の国内政治は捨象して一元的なアクターとして扱う。こうした分析視角は，巻末の年表でも踏襲し，日本のTPP交渉参加に至る時系列的な流れを，① 日本国内の動き，② 日本とTPP参加国との協議，③ TPP参加国の動き，の3列に分けて整理する。ここで，① が日本の国内政治を表すのに対し，② がTPP参加国との二国間交渉に相当する。

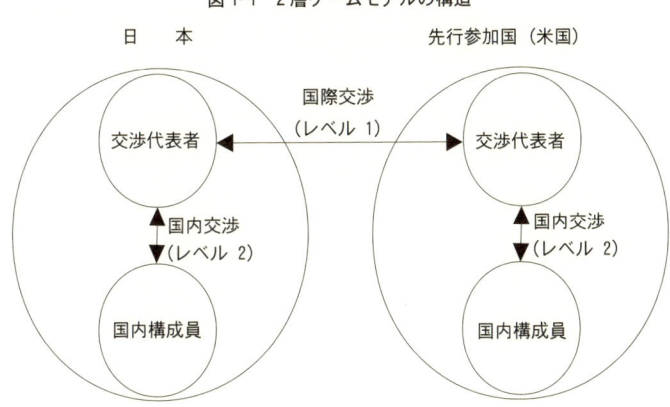

図1-1　2層ゲームモデルの構造

資料：石黒（2007, p.37）。

3. 分析モデル

　最後に，本書で採用する「分析モデル」について検討する。上記のとおり，2層ゲームモデルは大まかな枠組みに過ぎず，特に国内政治を分析する際には，分析対象とする主体の範囲等についてのより具体的なサブ・モデルを活用する必要がある（伊藤他 2000, pp.338-339）。

14　第 1 章　課題と接近方法

図 1-2　日本の TPP 交渉参加の政策決定に関与するアクター

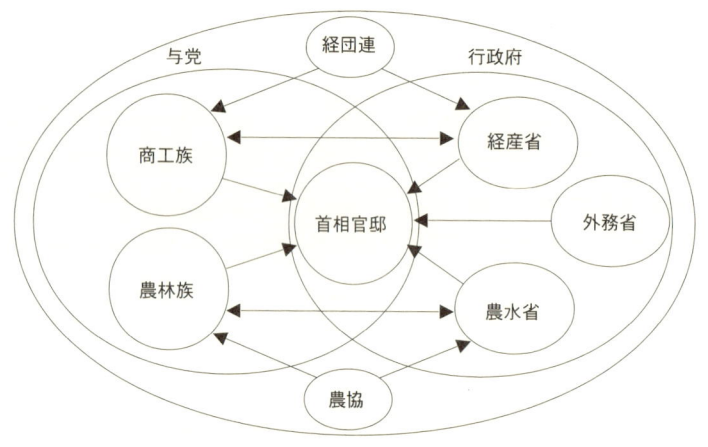

注：矢印は働きかけの方向を表す。

　その前提として，日本の TPP を巡る政策決定に参画するアクターを特定することが不可欠である。すなわち，図 1-1 の左側の日本を細分化すると，TPP 交渉参加の政策決定に関与するアクターは，図 1-2 に示したように 3 つの階層から成ると考えられる。まず，最も内側の階層に位置するのは，TPP 交渉参加の最終的な決定権を持つ首相官邸である。首相官邸は，与党の党首であると共に行政府の長である首相を頂くという点で，与党と行政府の結節点に位置する。次に，首相官邸を取り巻く 2 番目の階層に位置するのは，左側の与党と右側の行政府である。具体的には，与党内には，TPP 参加に賛成する商工族議員とそれに反対する農林族議員が存在し，行政府としては同様に，それを推進する外務省・経産省と抑制する農水省が存在する[3]。更に，与党と行政府の外縁の 3 番目の階層に位置するのは利益集団である。日本の TPP 参加を巡っては，推進の筆頭格として経団連があり，反対の急先鋒として農協がある。ここで，商工族議員・経産省・経団連は TPP 推進派として，農林族議員・農水省・農協は TPP 慎重派として，それ

3　農林族を中心とする族議員の定義等は次節で改めて説明する。

それ「鉄の三角同盟」(森脇 2010) を形成している。

次に，日本の TPP 参加の国内政治過程を分析するサブ・モデルを検討する。長尾 (2001) は，国際政治学における様々な政策決定過程の分析モデルを対比し，外交問題の特質に応じて最適なモデルを選定する手順を示した。分析視角を国内政治に限定したモデルに関しては，主に分析対象とされる主体と対象範囲を基準に，以下の 4 つの類型を挙げている (表 1-5)。第 1 は，

表 1-5 政策決定過程の分析モデルの比較

区　分	認知モデル	組織間政治モデル	政府内政治モデル	国内政治モデル
分析の要素	個人	決定組織	決定組織	決定組織 国内的要素
分析の基本単位	政策決定者としての個人	関連省庁間に設けられた決定アリーナ	決定アリーナに参加する政府指導者	政府与党，官僚及び国内の諸利益集団
分析の焦点	政策決定者の状況の認知	各省庁の役割及び各省庁の対立状況	特定政府指導者の政府内における地位，役割及び所属団体での役割。決定アリーナ内で発生する指導者間の対立状況	利益集団の影響力及びその行使
仮説の原型	決定は，政策決定者のパーソナリティーが大きなウエイトを占める	決定は，特定の省庁が特定の他の組織からの役割期待を政治的権力の源泉として利用し，省庁間の対立に勝利した結果である	決定は，特定の組織からの役割期待と自らの地位から派生する立場とを政治的権力を源泉とする政治指導者又は高級官僚が，他を凌駕する政治的権力を獲得，行使した結果である	決定は，特定の利益集団が，様々な影響力行使の手段を駆使して自らに有利な方向に操作した結果生じてきたものである
有効な問題領域	強いリーダーシップを持った政府指導者がいる場合の危機的問題	省庁間対立が検知される問題	国内における諸価値の配分が不均等で国内諸アクターの活動が活発化し，政府組織が影響を受けるような問題	同左

資料：長尾 (2001, p.85) から抜粋した上で，筆者が語句の一部を変更した。

首相のような個人を政策決定の主体とする「認知モデル」[4], 第2は, 所管省庁のような政府組織を政策決定の主体とし, 政治レベルの関与がない実務的な政策決定を念頭に置いた「組織間政治モデル」(省庁間政治モデル), 第3は, 前者と同様に政府組織を政策決定の主体としつつも, 政府の上層レベルが関与する政策決定を想定した「政府内政治モデル」[5], 第4は, 政策決定の主体として政府組織に加えて財界のような利益集団も加味した「国内政治モデル」(多元主義的モデル)である。その上で, 分析対象とする事象に応じて最適なモデルを選択する際の判断基準を整理している。本書の課題との関連で重要と考えられる判断基準の一つが「状況に関する性質」であり, それは政策決定に与えられた時間的な制約の大小という「時間的制約性」と, 政府の上層レベルでの政策決定が必要か否かという「重要性」から成る。

　これらの判断要素を用いて, 本書で国内政治の分析に用いるサブ・モデルを特定する。日本のTPP交渉への参加問題は, 安全保障上の脅威等とは異なって, 政策決定の「時間的制約性」は大きくない一方で, 最終的には首相が判断すべき事項であることから政策的な「重要性」は高いと言える。このように,「時間的制約性」は少ないために政府上層部や関係省庁だけでなく利益集団が介在する余地があり, 非常事態の政府首脳による切迫した政策決定を想定した「認知モデル」は除外される。他方で,「重要性」は高いことから, 所管省庁による実務的な政策決定を想定した「組織間政治モデル」は除外される。この結果,「政府内政治モデル」と「国内政治モデル」が残る[6]。両者の差は, 想定される政策決定のメインプレーヤーが, 前者は政治指導者や高級官僚なのに対して後者は利益集団という点にあり, 本書では前者の

---

[4] 長尾 (2001) は「政府間政治モデル」と呼んでいるが, この名称はモデルの内容と乖離しているだけでなく, 後述する「政府内政治モデル」と紛らわしいことから, 須藤 (2007) に倣ってここでは「認知モデル」とした。

[5] このモデルの基本形はアリソンの第3モデルであり (長尾 2001, p.81),「政治過程モデル」や「官僚政治モデル」とも呼ばれている (佐藤 1989, pp.41-42)。

[6] 紙幅の関係で詳細は省略するが, 長尾 (2001) が示した「状況に関する性質」以外の判断基準を用いた場合でも, モデルの選択結果に関する結論は変わらない。

「政府内政治モデル」を用いる。その理由は，筆者の農水省での実務経験から，日本のTPP交渉参加に至る過程で，経団連や農協といった特定の利益集団が首相官邸や行政府を凌駕するような影響力を発揮したという証左はないためである。

したがって，次章以降の分析では，主に図1-2における2番目の階層に着目し，首相官邸を取り巻く関係府省と族議員が相まみれるゲームに焦点を当てる。他方で，日本のTPP参加に至る政策過程への関与の程度や筆者の有する情報の濃淡等によって，個別のアクターへの言及の程度には差異が生じることになる。この点に関して結論を先取りすれば，2010年の菅政権以降のTPP交渉参加に至るプロセスは，首相官邸を巻き込んでそれを推進した経産省とそれに反対する農水省・農林族議員・農協が対峙したというのが筆者の認識する構図である。このため，利益集団である農協は「政府内政治モデル」の枠外ではあるものの，必要に応じて言及がなされる。他方で，そうした構図から外れる外務省と商工族，そして元々「政府内政治モデル」の枠外にある経団連への言及は限定的なものとなる。なお，TPP交渉参加に至る国内政治過程の分析に，そもそも利益集団を除外したサブ・モデルを適用することの妥当性には議論の余地があり，この点は第11章で改めて言及する。

第4節　農産物貿易自由化の規定要因

前節では，分析アプローチ，分析視角，分析モデルから成る本書の分析手法を明らかにしたが，これらはいわば分析の枠組みであって，それのみでは本稿の課題に答える準備としては不十分である。すなわち，本書の課題を実証分析の専門用語を用いて再定義すれば，検討の対象とする結果（被説明変数）は，日本の農産物貿易自由化をもたらす「TPP交渉への参加」であり，解明したいのは，そうした政策変化をもたらす原因（説明変数）の特定である。ここで特定すべき原因には，TPPへの参加を促進する要因と抑制する要因の両方が含まれる。かかる決定要因を予め特定することによって，次章

以降の分析を的の絞ったコンパクトなものにすることができるだけでなく，当初想定した決定要因で説明できる範囲とできない範囲が明らかとなり，その有効性と限界を検証することにもつながる。そこで本節の役割は，日本の農産物貿易自由化の決定要因（説明変数）を先行研究に依拠して特定することによって，次節での作業仮説とリサーチ・デザインの提示との橋渡しをすることにある。

こうした問題意識を踏まえて，本書で特定した農産物貿易自由化の促進要因は，「外圧」と「争点リンケージ」であり，抑制要因は「拒否権プレーヤー」である。これらの農産物貿易自由化の規定要因を，前節で紹介した本書の分析視角である2層ゲームモデル（図1-1）に当てはめると，「外圧」や「争点リンケージ」は，国際交渉（レベル1）に着目した概念であるのに対し，「拒否権プレーヤー」は，国内交渉（レベル2）に着目した概念と言える。以下では，先行研究に依拠しつつ，これらの要因の定義や日本の農産物貿易自由化に果たす役割について整理する。

1. 外圧

日本で農産物貿易の自由化を促進する要因として特に有名なのは，貿易相手国からの市場開放要求であり（Davis and Oh 2007），それを意味する「外圧」という日本語は海外でも知られている（Schoppa 1993）。ここで外圧とは，「ある問題に対して国内に（顕在的にせよ潜在的にせよ）主要な対立のあるとき，その問題に対し加えられる外からの影響力行使の企て」と定義される（田中 1989, p.25）。田中（1989）は，外圧が日本の政策決定に与える影響に関して，①日本に対して，外圧は強くかければかけるほど効果がある，②外圧は，対象となる問題に対して国内政治の力の分布が伯仲しているとき，より効果がある，③外圧は，米国と中国のみの専売特許である，④外圧は，国境措置に関して最も効果があり，対外政策や国内政策にはそれほど効果はない，という4つの仮説を検証している。Calder（1988）は，日本を「受動国家」（reactive state）と呼び，その特徴の一つとして国内の政策変化が外圧への反応に起因することを挙げている。日本の農産物貿易の

自由化に関しても，米国からの外圧が1960年代初頭から1990年代初頭にかけての市場開放の最大の要因であったと指摘されている（George-Mulgan 1997）。

これに対して，1995年のWTO創設以降は，日本の農産物貿易の自由化は，2001年から開始されたWTOドーハラウンド交渉と本章第2節で概観したEPA交渉の下で議論されてきた。このうち前者のWTO交渉は，農業分野を含めて合意が得られないまま2008年以降停止状態にあり，また後者のEPA交渉についても，2013年の日本のTPP交渉参加まで米国は交渉相手国には含まれていなかったため（第3章の表3-1），それ以前のように，米国の外圧によって日本の農産物貿易自由化が進展したという証左は見当たらない。他方で，後述するように，TPP交渉には米国が日本よりも3年先に参加していたことから，米国は先行参加国として日本のTPP交渉参加を左右できる立場にあった。このため，米国の外圧が作用したか否かという点は，1990年代までと同様に日本のTPP参加の促進要因と捉えることができる[7]。

2. 争点リンケージ

日本の農産物貿易自由化を規定するもう一つの要因として，本書では「争点リンケージ」（issue linkage）を取り上げる。争点リンケージとは，国際政治経済学で用いられる用語で，「交渉が合意に達するよう，複数の課題を結びつけることによって利益のバランスを変化させる一般的な交渉戦略」と定義される（Davis 2004, p.153）。争点リンケージは，組合せの対象とされる分野に応じて，「産業間リンケージ」（inter-industry linkage）と「産業内リンケージ」（intra-industry linkage）に大別される。日本のEPA交渉の事例に則して言えば，前者は農産品と工業品のように異なる産業間の関税撤廃交渉を結び付けるような戦略を指すのに対し，後者は農業のような同

---

[7] 日本は安全保障を米国に依存している点でそもそも立場が対等でなく，そうした片務的な日米関係自体が外圧であるとの見立ても可能だが，本書では上述の外圧の定義にしたがって，個別の対立点を巡って米国が行使する直接的な影響力に限定する。

一分野で関税撤廃と技術協力を結びつけるような戦略を言う（石黒 2010）。また，争点リンケージは，外圧をかけるための手段として用いられることもある。すなわち，例えば日本製自動車への報復関税の発動を盾に，米国が自動車の輸出自主規制を日本に迫るような事例は，外圧の手段として産業内リンケージ戦略が用いられた事例である。

　ここで，争点リンケージが日本の農産物貿易の自由化を推進するメカニズムについて，ゲーム理論を用いて表 1-6 に示した数値例で説明する[8]。ここでは，日本が米国の自動車関税の撤廃を，米国が日本の牛肉関税の撤廃を，それぞれ要求すると想定する。表 1-6 (a) によれば，米国が自動車関税を撤廃すると，日本の自動車会社は＋20 の利益を得るのに対し，米国の自動車会社は－10 の損失を被る（上段）。他方で，日本が牛肉関税を撤廃すると，日本の肉牛農家は－10 の損失を被るのに対し，米国の肉牛農家は＋20 の利益を得る（中段）。その上で，日米が牛肉と自動車の関税を相互に撤廃した場合は，国全体で見るといずれも＋10 の純利益を得る[9]（下段）。

　次に，表 1-6 (b) に目を転じると，日米が自国の牛肉と自動車の関税に関して採り得る戦略は「関税撤廃」と「関税維持」の 2 通りで，全体では 4 通りの戦略の組合せがあり得る。まず利得表の右下では，日本と米国は自国の牛肉と自動車の関税を維持するため，両国の追加的な純利益は 0 となる。これに対して利得表の右上では，日本が牛肉関税を撤廃する一方で米国が自動車関税を維持するため，日本の純利益は－10（自動車会社 0・肉牛農家－10）となるのに対し，米国の純利益は＋20（牛肉農家＋20・自動車会社 0）となる。他方で，利得表の左下では，日本が牛肉関税を維持する一方で米国が自動車関税を撤廃するため，日本の純利益は＋20（自動車会社 20・肉牛農家 0）となるのに対し，米国の純利益は－10（牛肉農家 0・自動車会社－10）となる。最後に，利得表の左上では，日本と米国は自国の牛肉と自動車

---

[8] このメカニズムは，ミクロ経済学の無差別曲線を用いた 2 次元の空間モデルでも可能であり，例えば鈴木（2013）の第 2 章や鈴木（2000, p.147）を参照されたい。
[9] ミクロ経済理論によれば，関税撤廃による貿易利益には消費者の利益（消費者余剰の増加）も含まれるが，ここでは説明の簡略化のために生産者のみに注目した。

の関税を撤廃するため，両国の純利益は表1-6（a）の合計と同じ＋10ずつとなる。

表1-6　争点リンケージによる農産物貿易自由化の推進

(a) プレーヤーの損益

	日本	米国
自動車会社	＋20	－10
肉牛農家	－10	＋20
純利益	＋10	＋10

(b) 日米の純利益（利得表）

		米国の自動車	
		関税撤廃	関税維持
日本の牛肉	関税撤廃	＋10　＋10	－10　＋20
	関税維持	＋20　－10	0　0

注：左側は日本の利益，右側は米国の利益を表す。

以上の数値例から，米国が自動車関税を維持するならば日本も牛肉関税を維持するのが最善で，日本が牛肉関税を維持するならば米国も自動車関税を維持するのが最善という結論が得られる。すなわち，相手国が関税撤廃しなければ自国も関税撤廃せず，結果として両国の追加的な純利益は0になるという「囚人のジレンマ」が発生するが，これは両国にとって最適な戦略ではない。このため，日本の牛肉関税と米国の自動車関税を同時に交渉して相互撤廃を約束すれば，純利益は共に＋10となって両国とも利益を得ることができる。これが，米国の自動車関税の撤廃という新たな争点を追加した争点リンケージによって，日本の農産物自由化が推進されるメカニズムである。

表1-6では，関税撤廃を巡る農産品と工業品の争点リンケージを事例として説明したが，農産品の貿易自由化と結び付ける対象は，何も経済分野に限られるわけではない。この点で，FTAが経済面だけでなく政治・外交・安全保障・戦略といった多様な効果を狙って締結されていることは，周知の事実である（Mochizuki 2008, Wesley 2008）。日本に関しては，後述するように，中国を牽制するために豪州とEPAを締結することや，日米同盟を強化するために米国が主導するTPPに参加するといったことも，争点リンケージに該当する。つまり，豪州や米国のような農業大国とのEPAの締結による農産品の関税撤廃によって，日本が仮に経済面で損失を被るとしても，中国の牽制や日米同盟の強化という政治面で利益を得るのであれば，総体としてメリットがあるとの判断もあり得る（長谷川 2013）。要するに，日

本政府がその獲得に価値を見いだし、自国の農産物貿易の自由化と潜在的な取引材料となり得るものであれば、争点リンケージの対象は無限にあり得るということになる。

3. 拒否権プレーヤー

日本の農産物貿易自由化を抑制する要因として、本書では「拒否権プレーヤー」に着目する。拒否権プレーヤーとは、「政策（より厳密には立法的な現状）を変更するために同意を必要とする個人又は集合的なアクター」（ツェベリス 2009, p.2）と定義される。ここで「個人」というのは例えば首相であり、「集合的なアクター」というのは例えば国会である。日本の政治制度に当てはめると、行政府が法律の改正によって政策の現状を変更しようとする場合、同意が必要となる集合的なアクターは、法案の事前審査を行う与党に加えて、法案の可否を決定する衆議院と参議院の3者であり、これらが拒否権プレーヤーに該当する。他方で、単一の与党が両院で過半数を占めている場合には、これらの集合的なアクターは相互に吸収され拒否権プレーヤーは1つとなる。本書が拒否権プレーヤーの概念に注目するのは、政策決定を決定権限があるアクターによる現状の変更に対する同意と捉えることによって、個別の政策分野や政治制度の違いを超えて、政策決定を普遍的に比較することが可能になるからである（寺迫 2012）。

以上を踏まえると、図1-2に示した諸アクターの中で、農産物貿易自由化に関する拒否権プレーヤーは農林族議員と農水省である。この背景には、TPPを巡る政策決定に関与するアクターに関して、憲法や法令に規定された権限と実際に行使できる拒否権との間の乖離がある。つまり、TPP交渉への参加は、制度上は国会の承認どころか閣議決定すら必要ないため、形式的には首相の一存で決定することができる。しかし実際には、そうした決定には閣内の全会一致が慣例となっており、農産品を所管する農水省の同意が必要となる。この点で、農水省はTPP交渉参加に関する行政府内の拒否権プレーヤーである。また、国際条約であるTPPの批准には国会の承認が必要で、そのためには交渉参加の時点で与党議員の同意を取り付けることが不

可欠である。この点で，農林族議員は TPP 交渉参加に関する与党内の拒否権プレーヤーである。その具体例としては，2009 年までの自民党政権下では，日本が EPA 交渉を開始する際に，政府が農林水産物貿易調査会で「コメ等の重要品目は関税撤廃の対象から除外する」旨を予め約束し，交渉入りへの了承を取り付けるという慣行があった（吉田 2012, p.619）。

ここで，族議員について追加的に説明しておく。族議員とは「省庁を単位とし，公式・非公式にかかわらず，政策決定に対して影響力を持つ中堅以上の議員」（岩井 2014）と定義される。閣僚のような公式の役職に就いていないにもかかわらず，国会議員が非公式な形で影響力を行使できるのは，政策決定には与党の関連部会での事前承認が慣例とされているためである（事前審査制）。このように，族議員は公式な役職とリンクしているとは限らず，そのメンバーも時代に応じて変化するため，その具体名を特定することは容易ではない。また，族議員という呼称は自民党の政治家を連想させ，図 1-2 の名称も自民党政権時のものであるが（猪口・岩井 1987），実際には民主党にも族議員は存在する。2007 年時点の主な農林族議員として，自民党では中川昭一（北海道 11 区），保利耕輔（佐賀 3 区），谷津義男（群馬 3 区），加藤紘一（山形 3 区）が，民主党では筒井信隆（新潟 6 区），山田正彦（長崎 3 区），篠原孝（長野 1 区），平野達男（参院岩手）が，それぞれ挙げられている（朝日新聞 2007 年 10 月 22 日）。更に，2013 年 3 月時点の自民党農林幹部会のメンバーを表 1-7 に示した。これらの議員が全てとは限らないが，本書で言及する農林族議員とはこうした政治家を想定している。

次に，拒否権プレーヤーとしての農水省の捉え方について述べておく。農水省は他の府省と同様に，通常は政治家が就任する政務三役と職業公務員である事務次官以下の官僚の 2 層構造から成る。このうち，農水官僚が拒否権プレーヤーとなり得るのは，官僚同士による事務レベル協議の場合である。例えば，日本の EPA 交渉では，外務・財務・農水・経産の審議官級が同列の共同議長に就任する「4 省体制」が確立され（三浦 2011），農水省の同意無しに交渉を進めることはできない。他方で，事務レベルの協議が決裂して政務レベルに格上げされた場合には，拒否権プレーヤーは閣僚ではなく，農

表 1-7　自民党農林幹部会のメンバー

衆・参	氏名	当選回数	選挙区	主な経歴
衆院	保利耕輔	12	佐賀 3	元政調会長，元自治相，元農水政務次官
	大島理森	10	青森 3	元副総裁，元幹事長，元農相
	中谷　元	8	高知 2	農林水産戦略調査会長，元防衛庁長官
	宮路和明	8	鹿児島 3	農林水産戦略調査会幹事，農水省出身
	今津　寛	6	北海道 6	農林水産戦略調査会幹事
	今村雅弘	6	佐賀 2	元農水副大臣，元農水部会長
	宮越光寛	6	富山 2	農林水産戦略調査会長代理，元農水副大臣
	山本　拓	6	福井 2	元農水副大臣，農林水産流通・消費対策委員長
	西川公也	5	栃木 2	TPP 対策委員長，元農林部会長
	森山　裕	4	鹿児島 5	衆院農林水産委員長，農林水産貿易対策委員長
	小里泰弘	3	鹿児島 4	農林部会長，衆院農林水産委理事
	葉梨康弘	3	茨城 3	農林部部会長代理，元畜産酪農対策小委員長
参院	野村哲郎	2	鹿児島	元農水政務官，元鹿児島県農協中央会常務理事
	牧野京夫	1	静岡	農林水産戦略調査副会長，元水産部会長
	山田俊男	1	全国比例	農林部会長代理，元全国農協中央会専務理事

資料：日本経済新聞（2013 年 3 月 24 日）．

相を始めとする政治家となる．この際，閣僚の任命者は首相であり，閣内で意見が一致しない場合には閣僚を罷免することも制度上は可能である．しかし，その場合には首相の任命責任も問われるため行使のハードルは高く，農相が辞表を携えて首相に抵抗すれば政策決定への影響力はやはり大きい．こうした行政府内における政策決定の 2 層構造を踏まえて，本書では農水省の意味を大臣レベルと官僚レベルで場面に応じて使い分けることにする．

　拒否権プレーヤー論によれば，拒否権プレーヤーの数が多いほど農産物貿易の自由化のような政策変更は困難で，首相のリーダーシップは制約される（Uchiyama 2009）．では，拒否権プレーヤーの影響力を規定する要因は何か．内山（2010）から引用した図 1-3 によれば，いわゆる 1955 年体制下の自民党で首相のリーダーシップが弱かったのは，与党自民党と行政府の凝集性（まとまりの程度）が低かったからである．その上で，自民党の凝集性が低かった原因には，派閥の存在，議員個人による政治資金の調達，政府と与党の二元体制があり，その背景には中選挙区制の選挙制度と個人献金に依存する政治資金制度があった．次に，行政府の凝集性が低かった原因には，全

会一致制を採り首相の指導的な地位が弱い内閣制度と,派閥の連合体という性格が強く閣僚人事でも首相が自立性を発揮できない自民党の組織構造があった[10]。更に,凝集性が低い自民党の組織構造が官僚主導の意思決定を助長し,その結果として行政府の凝集性も低下するという制度的な補完関係も寄与した。本書が対象とするのは1955年体制の崩壊後ではあるが,拒否権プレーヤーの影響力と首相のリーダーシップとの相克は,その後の民主党政権でも見られる普遍的な現象であり,図1-3は依然として有益な枠組みである。

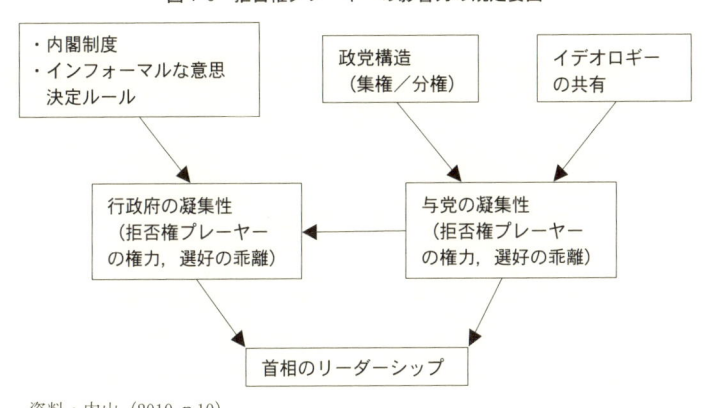

図1-3 拒否権プレーヤーの影響力の規定要因

資料:内山(2010, p.10)。

第5節　作業仮説とリサーチ・デザイン

前節までの議論を踏まえて,日本の農産物貿易自由化の規定要因とその帰結とを結び付ける作業仮説と,そうした作業仮説を検証するために用いるリサーチ・デザインを整理すれば以下のとおりである。

まず,本書の作業仮説は図1-4の模式図に示した。本書が検討の対象とす

10　ここで「行政府の凝集性」とは,内閣の統合力が弱く,各省庁の自立性が高いことを意味する(内山 2010, p.7)。また,政党の凝集性については前田・堤(2015)の第1章を参照。

る結果（被説明変数）は，「TPP交渉への参加」である。次に，それを促進する要因（説明変数）には，米国からの「外圧」と貿易交渉における「争点リンケージ」があり，それを抑制する要因（説明変数）には，与党と行政府の「拒否権プレーヤー」である農林族議員と農水省の影響力がある。こうした構図を前提とする本書の課題は，日本がTPP交渉に参加したという結果（被説明変数）を与件として，それが可能となった原因（説明変数）を明らかにすることにある。TPP交渉への参加問題に関する仮説検証型の先行研究は見当たらず，こうした作業仮説は筆者独自のものである。なお，本書の直接の関心は日本のTPP交渉参加の決定要因の解明にあるが，それに至るプロセスを明らかにするため，これと同様の作業仮説を1999年以降の日本のEPAへの着手と展開の過程にも適用して分析する。その際には，説明変数は図1-4と同一とする一方で，被説明変数は「TPP交渉への参加」を「個々のEPA交渉の開始や妥結」に置き換える。

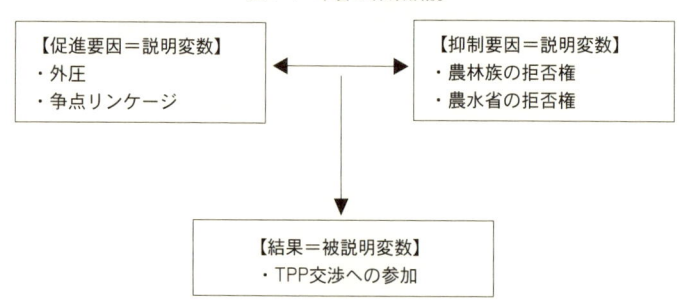

図1-4 本書の作業仮説

【促進要因＝説明変数】
・外圧
・争点リンケージ

【抑制要因＝説明変数】
・農林族の拒否権
・農水省の拒否権

【結果＝被説明変数】
・TPP交渉への参加

　この際，日本のTPP交渉参加の抑制要因を農業分野の拒否権プレーヤーに限定して良いのかという問題がある。すなわち，TPP交渉への参加を巡っては，民間レベルでは農協だけでなく日本医師会や消費者団体も反対運動を行い，それ以前の東南アジア諸国とのEPA交渉時には，看護師や介護福祉士の受入れを巡って関連団体が反対した。したがって，利益集団を枠外において政治家や官僚による政策決定を扱う「政府内政治モデル」を採用した本書でも，例えば拒否権プレーヤーに厚生族議員や厚労省を加えるべきと

の議論があり得よう。この点については本章第2節で述べたように，TPP交渉では農産品を含む関税撤廃が原則とされていることは日本政府も認めているのに対し，国民皆保険制度や食品安全基準への影響は不明確で，少なくとも政府は議論の対象外と公言している。こうした事情から，民間レベルにおけるTPP交渉参加への反対運動の起点はあくまで農協であり，日本医師会や消費者団体はその働きかけで反対運動に参加したものの，上記の政府の説明もあって反対の声は沈静化していった。本書ではこうした認識を前提として，抑制要因となる拒否権プレーヤーは農林族と農水省に限定する[11]。この点は，作業仮説の簡明さを維持するため，それ以前のEPA交渉を巡る分析でも同様とする。

　次に，作業仮説を検証する上でのリサーチ・デザインについて述べる。ここでは「リサーチ・デザイン」を，説明変数と被説明変数との因果関係を検証する上での方法論という意味で用いる（キング・コヘイン・ヴァーバ2004）。そうした前提で，本書では「定性的なデータ」を用いた「事例研究」によって，日本がTPP交渉に参加した原因（説明変数）を明らかにするという手法を採る。ここでデータソースとして想定されるのは，TPPに関する書籍や論文，関係府省のウェブサイト，新聞記事といった二次情報や，農水省でTPP参加協議に従事した筆者自身の経験に基づく一次情報である。また，事例研究という趣旨は，TPPを巡って起こった事実を時系列的に叙述し，可能な限り正確に再現することによって，その決定要因を明らかにするという意味である。その際には，分析の対象とするアクターの範囲と単位を特定する必要があり，それについては本章第3節で整理したとおり，日本国内に関しては政治家や官僚集団を分析単位とする一方で，相手国に関しては国を分析単位とする。

11　日本のTPP交渉への参加問題が提起された2010年の時点で，農水省は厚労省や国交省に対して事務レベルで意見照会を行ったが，TPPに組織的に反対するとの反応は無く，農林族以外の族議員による目立った抵抗も見られなかった。本書における抑制要因の妥当性は，筆者のこうした農水省での実務経験からも裏付けられる。

第6節　本書の構成

前節までに特定された本書の課題とそれへの接近方法を踏まえて，本書の構成を紹介すれば以下のとおりである。

本書は，日本の TPP 交渉参加が政治的な議題に上る以前の経緯を扱う第2章から第5章と，それが政治的な課題とされた麻生政権以降の進展を対象とする第6章から第10章に大別される。その際，第2章は1998年から2006年までの P4 諸国を，第3章は1999年から2006年にかけての日本をそれぞれ対象として，関連する動きを時系列的に整理する。他方で第4章以降では，日本の首相の在任期間を単位として，日本と TPP 参加国の動きを横断的にまとめる。こうした本書の流れは表 1-8 に示したとおりであり，より詳細な年表は巻末に付した。同表に沿った各章の概要は以下のとおりである。

まず，第2章から第5章では，日本の TPP 交渉参加が政治的な議題に上る前の期間を対象とする。このうち第2章では，TPP の基となった P4 協定が，ニュージーランド，シンガポール，チリ，ブルネイの4カ国により2006年に発効するまでの経緯を概観した上で，TPP の設計者と言われるニュージーランドが TPP に込めた戦略的な意図を明らかにする。第3章では日本に目を転じて1999年から2006年までの期間を対象とし，主に経産省が欧米や中国に対する日本の「出遅れ」という政治的損失を強調し，政治面とFTA 締結という経済面とを結びつけることによって WTO 一辺倒からFTA 併用への貿易政策の転換が起こったことを確認する。第4章では，2006年から2007年までの第一次安倍政権を対象とし，当初は経済財政諮問会議を牽引役として農業大国である豪州との EPA 等を果敢に推進したものの，2007年7月の参院選での惨敗とその後の退陣で失速した過程を明らかにする。第5章では，2007年から2008年に至る福田政権を対象とし，参院選での大敗のトラウマと次期衆院選への危機感を募らせる自民党内で農林族議員の発言力が強まり，豪州や米国といった農業大国との EPA への取組み

第 6 節　本書の構成　29

表 1-8　本書の構成

年	首相	日本	P4/TPP	米国	APEC
1998 年	橋本			第 2 章 P5FTA 提唱 ←	EVSL 協議決裂
1999 年	小渕	第 3 章	NZ 星 FTA 交渉開始		
2000 年	森		↓		
2001 年		日星 EPA 交渉開始	NZ 星 FTA 発効		
2002 年		日星 EPA 発効			
2003 年	小泉		P3 交渉開始		
2004 年					FTAAP 提案拒否
2005 年					
2006 年		第 4 章 安倍	P4 発効		
2007 年			米国から支持要請 ←	─ FTAAP 提案 →	FTAAP 検討開始
2008 年		第 5 章 福田	P4 拡大交渉開始		
		第 6 章 麻生	米国から参加要請 ←	─ TPP 参加表明	
2009 年		第 7 章 鳩山		TPP 参加表明	
2010 年		第 8 章 菅	TPP 交渉開始 ←	─ TPP 参加	↓ FTAAP 公認
2011 年			TPP 検討表明		
2012 年		第 9 章 野田			
2013 年		第 10 章 安倍	TPP 参加表明 TPP 参加 ──	↓	

注：星はシンガポールの略である。

が後退した過程を解明する。

　これに対して，第 6 章から第 10 章では，日本の TPP 交渉参加が政治的な課題とされた後の期間を対象とする。このうち第 6 章では，2008 年から 2009 年に至る麻生政権を対象に，2008 年 9 月の米国ブッシュ政権による TPP 交渉への参加表明と日本への参加要請を受けて，日本政府内で行われた TPP への関与のあり方を巡る議論を明らかにする。第 7 章では，歴史的な政権交代で発足した 2009 年から 2010 年まで鳩山政権を対象に，政治主導という民主党政権の金看板を後ろ盾に，経産省を中心に新成長戦略を活用しつつ TPP 交渉参加への種が水面下で播かれていた実情を明らかにする。第

8章では，2010年から2011年に至る菅政権を対象に，菅首相が2010年10月にTPP交渉参加を提起した背景と正式な参加表明に至らなかった理由を明らかにする。第9章では，2011年から2012年末までの野田政権を対象として，就任当初からTPP交渉への参加を期していた野田首相が，結局辞任に至るまでそれを成就できなかった理由を明らかにする。第10章では，2012年12月の総選挙で政権を奪還した安倍政権を対象に，安倍首相が就任から僅か3カ月足らずでTPP交渉への参加表明を成し遂げるに至った理由を解明する。

　以上を踏まえた第11章は本書の結論であり，3つの質問に対する筆者の回答を提示する。すなわち，日本のTPP交渉参加を巡って，菅首相が長年のタブーを破って参加検討を表明し得た理由，一方で野田首相が辞任に至るまで参加表明を為し得なかった理由，そして安倍首相が農林族議員や支持母体の農協の意向に反して迅速に参加表明を行い得た理由の3点について，本章第4節で提示した日本の農産物貿易自由化の規定要因に関する統一的な枠組みでの説明を試みる。

第 2 章
TPP の起源（1998 年～2006 年）

　2010年3月に開始されたTPP交渉は，本来は2006年5月にニュージーランド，シンガポール，チリ，ブルネイの4カ国で発効したP4協定（TPSEPA）への参加国の拡大交渉である。また，P4協定は，ニュージーランドとシンガポールが2001年に締結した二国間FTA（ANZSCEP）がベースとなっている。このため，TPP交渉の本質を把握するためには，その母体であるANZSCEPやP4協定が生み出された経緯の理解が不可欠である。本章では，こうした問題意識に立って，2006年にP4協定が発効するまでの経緯を概観した上で，TPPの設計者と言われるニュージーランドがTPPに込めた戦略的な意図を明らかにする。

第1節　P5FTA構想とP4協定の発効

　1994年11月にインドネシアのボゴールで開催されたAPEC首脳会議において，先進国は2010年，開発途上国は2020年までに自由で開かれた貿易・投資を実現することを謳った「ボゴール宣言」が採択された。APECは，設立条約を持たない緩やかな政府間協力の枠組みであり，そこでの合意に法的な拘束力はなく，その実施の有無は参加国の自発的な行動に委ねられている。APEC首脳会議に出席した村山富市首相に随行していた外務省APEC担当大使の遠藤哲也も，「『ボゴール宣言』は全く政治意思の表明に過ぎない」と説明している[12]（遠藤　1995, p.17）。このように，ボゴール宣

---
[12] 首脳会議に事務方の同席は認められず，会議の当日朝に首脳の席に配布されたインドネシアの宣言案が，議論なしにほぼそのまま承認された（遠藤　1995）。

言はあくまで政治的な宣言ではあるものの，APEC参加国の首脳が貿易自由化の期限を約束した以上，アジア太平洋諸国の通商政策に無視できない影響を及ぼした。

APECを拘束的な貿易自由化の場に転化することを目論む米国等の北米やオセアニアの先進諸国は，ボゴール宣言を奇貨として，貿易自由化への傾斜を強めた。具体的には，1996年11月のフィリピン・スービックでのAPEC首脳宣言では，早期に自主的な自由化を行う分野を特定すべきとの指示がAPEC参加国の首脳から閣僚に出され，1997年11月のバンクーバーでのAPEC閣僚宣言では，EVSL（早期自主的分野別自由化）の対象として優先9分野が選定された（APEC 1997）。優先9分野とは，① 玩具，② 水産物・水産加工品，③ 環境関連製品・サービス，④ 化学製品，⑤ 林産物，⑥ 宝石・貴金属，⑦ エネルギー関連機器・サービス，⑧ 医療機器・用具，⑨ 通信機器の認証手続相互承認取決めであり，⑨を除く8分野が関税撤廃の対象となる。これを受けて1998年に交渉が本格化すると，EVSLの全分野への参加は「義務」と主張する米国を中心とする「パッケージ派」と，林水産物の関税撤廃が困難なことから，自主性や柔軟性の原則を根拠に「任意」と主張する日本を中心とする「自主的行動派」の対立が解けなかった。このため，APECでの合意を断念してEVSLをWTOに送致した[13]（岡本 2001, pp.45-89）。

EVSLの頓挫を受けて浮上したのが，APEC参加国の中で自由化に積極的な米国，豪州，チリ，ニュージーランド，シンガポールの5カ国による「Pacific 5」（P5）と呼ばれるFTA構想であり（Dent 2006, p.191），このP5FTA構想が現在のTPPの起源とされている（Groser 2011b）。P5FTA構想を提唱したのは，米国クリントン政権のバシェフスキー通商代表だったとされ，1998年11月のクアラ・ルンプールでのAPEC首脳会議に至る過程で，米国提案では他国の警戒を呼ぶとの政治的配慮から，ニュージーラン

---

[13] EVSLには，1997年末時点で既にチリとメキシコが不参加を決定しており，ここでの「義務」はAPECの全参加国がEVSLに参加することを意味するわけではない。EVSL協議の本質は，クリティカル・マスの形成に不可欠な日本の参加を巡る日米間の対立にあった。

ドのスミス貿易大臣に対して、同国がP5FTAを提案するよう促した（Dent 2006, p.191）。これに関して、シンガポールのゴー首相は、「P5FTA（交渉）をもう少しで開始するところまで行った」と証言している（Goh 2004）。EVSL から P5FTA への転換には、全ての APEC 参加国を対象としつつ自由化の対象分野が限定された「広くて浅い自由化」が失敗に終わったことから、貿易自由化に関する選好が近い一部の APEC 参加国を対象に包括的な自由化を目指す「狭くて深い自由化」を推進しようとする思惑があった。

　しかし、P5FTA構想は、中核となるべき米国、豪州、チリの賛同が得られず、その際には実現に至らなかった。まず、元々の提唱者であった米国が参加に二の足を踏んだ理由は必ずしも明確ではないが、その時点では行政府に対して「ファスト・トラック」と呼ばれる一括通商交渉権限が付与されておらず、クリントン大統領からの十分な支持が得られなかったためとされる（Dent 2006, p.191）。また豪州も、その時点では自国のFTA政策が十分に確立されておらず、提案に賛同する用意ができていなかった（Dent 2006, p.191）。更にチリは、ニュージーランドの酪農品を恐れる国内農業部門が反対したため、交渉への参加は見送られた（Dent 2006, p.88; Stallings 2009, p.131）。チリが消極的だったのは、当時は米国との二国間FTAを別途模索していたという事情もあった（Dent 2006, p.191）。

　P5FTA構想が不発に終わったため、1999年夏にニュージーランドで行われた同国のスミス貿易大臣とシンガポールのヨー貿易大臣の会談で、両国が先行してFTAを進めることを決めた（畠山2011）。これを受けて両国の首相は、1999年9月にオークランドで開催されたAPEC首脳会議の場で交渉開始を発表し、その際に、ボゴール目標を明示的に念頭に置いて「最先端（state of the art）」の二国間FTAを交渉することを約束した（Groser 1999）。ANZSCEPの締結交渉は1年余りで妥結し、2001年1月に発効した。その特徴は、自由化水準の高さとルールの広範さにあった。まず、物品貿易の分野は、シンガポールにはほとんど関税が存在しないものの、両国共に全品目の関税撤廃を約束したという点では極めてレベルの高いものであっ

た(西川 2006)。また,ルール分野では,伝統的な物品貿易に関するルールだけでなく,政府調達,知的財産権,競争,越境サービス,一時的入国(人の移動),電子商取引,投資等を含む包括的なものとなっている(表2-1)。ANZSCEP は,アジア太平洋地域で最初の地域間 FTA であり(Dent 2006, p.191),ボゴール目標達成のデモンストレーション効果を秘めたものとなった。

表 2-1 アジア太平洋地域における主要 FTA の対象分野

対象分野	NAFTA	ANZSCEP	P4 協定	TPP
発効年	1994 年	2001 年	2006 年	交渉中
物品市場アクセス	○	○	○	○
原産地規則	○	○	○	○
貿易円滑化	○	○	○	○
SPS	○	○	○	○
TBT	○	○	○	○
貿易救済	○	○	○	○
政府調達	○	○	○	○
知的財産	○	○	○	○
競争政策	○	○	○	○
越境サービス	○	○	○	○
一時的入国	○	○	○	○
金融サービス	○			○
電気通信	○			○
電子商取引		○		○
投資	○	○		○
環境	△		△	○
労働	△		△	○
制度的事項	○	○	○	○
紛争解決	○	○	○	○
協力			○	○
分野横断的事項				○

資料:稲永・山本(2004),内閣官房(2013f),Dent(2007)を基に筆者作成。
注1:対象分野の名称は TPP の事例を用いた。
注2:○印は本協定に,△印は付属協定に,それぞれ規定されていることを表す。

2002 年 10 月のロスカボスでの APEC 首脳会議の際に,ニュージーランドとシンガポールにチリを加えた 3 カ国は,P3CEP(パシフィック 3 経済

緊密化協定）と呼ばれる FTA 交渉の開始に合意した（MFAT 2005, p.10）。第1回の交渉は 2003 年 9 月に開始されたものの，11 月に予定されていた第2回の交渉は，ニュージーランドとの競争激化を懸念する酪農業者の反対に直面したチリの要請で延期された（Dent 2006, pp.191-192）。交渉が中断されている間に，チリの協定批准を得るための懐柔策として，協定には「戦略的連携」と題した協力章が設けられ，名称も CEP（Closer Economic Partnership：経済緊密化）から SEP（Strategic Economic Partnership：戦略的経済連携）に変更された（Stallings 2009, p.131）。交渉は，3 カ国の首脳会談での打開を受けて 2004 年 8 月に再開され，2005 年 4 月に妥結に至った。その際に，2004 年 8 月以降オブザーバーとして交渉に出席していたブルネイが協定への参加を表明した。こうした経緯を経て，P4 協定は，交渉開始から約 2 年後の 2005 年 7 月に署名され，2006 年 5 月に発効するに至った[14]。

写真 2-1　P4 協定への署名式（2006 年 7 月 18 日）

資料：MFAT（2006）。

P4 協定は，ANZSCEP と同様に，高水準の自由化と広範なルール策定を

---

[14] ブルネイが署名したのは 2005 年 8 月であり，また協定の発効は，ブルネイが 2006 年 7 月，チリは 2006 年 11 月である（MFAT 2014a）。

特徴としている。他方でニュージーランド政府は，自国にとっての経済的利益よりも，その「戦略的側面」を喧伝している（MFAT 2005, p.3）。その戦略性の意味は，「太平洋を跨ぐ最初の複数国間 FTA」であり，全品目の関税を撤廃する「高品質の貿易協定」として APEC における貿易自由化の「プラットフォーム」を提供し，「加盟条項」によって APEC 参加国への拡大を見据えている，と要約できる（MFAT 2005, p.12）。P4 協定の関税譲許の概要は表 2-2 に示されており，確かにチリ，ニュージーランド，シンガポールの 3 カ国については，関税撤廃からの除外は一切無く，段階的な撤廃を含めて全品目の関税撤廃を約束している[15]。交渉難航の主因となったチリの乳製品は，最も長い 12 年以内の段階的な撤廃が認められた。他方で，ブルネイに関しては，極めて限定的ではあるが，酒・タバコ・小火器が，倫理・公衆衛生・安全保障の理由で関税撤廃から除外されている（MFAT 2014b）。他

表 2-2　P4 協定の関税譲許の概要

国　名	撤廃期間	関税撤廃期間が長い品目例			除外品目
		品目名	品目数	割合	
ブルネイ	10 年以内	輸送用機器・同部品	838	7.8%	酒，タバコ，小火器
		石油製品，調整潤滑剤	29	0.3%	
チリ	12 年以内	乳製品	34	0.4%	―
	10 年以内	小麦	2	0.03%	
		油脂	29	0.4%	
		砂糖・同調整品	18	0.2%	
		繊維類	124	1.6%	
		履物類	46	0.6%	
ニュージーランド	10 年以内	革製の衣類付属品	12	0.2%	―
		繊維類	571	7.9%	
		履物	67	0.9%	
シンガポール	全品目を即時撤廃	―	―	―	

資料：内閣官房（2010e）を基に筆者作成。
注：割合は，各国の総品目数（総タリフライン数）に占める当該品目の割合である。

---

[15] P4 協定における関税の即時撤廃率や撤廃期間がチリ豪州 FTA に比べて劣っていることを理由に，必ずしも「高品質」とは言えないとの指摘もある（Gao 2012）。

方で，P4協定のルール分野をANZSCEPと比較すると，労働と環境に関する付属協定に合意した点は進展しているものの，投資と金融サービスの章は設けられず，協定発効後2年以内に改めて交渉することとされた（表2-1）。

第2節 ニュージーランドのTPP拡大戦略[16]

前節で，現在交渉中のTPPはP4協定の拡大交渉であり，P4協定はニュージーランドとシンガポールのFTAであるANZSCEPに由来することを示した。では，両国がANZSCEPやP4を推進した狙いは何だったのか。本節では，今日に至るTPPを構想した「本来の設計者（original architect）」（Groser 2011b）であるニュージーランドの戦略に着目し，その意図を明らかにする[17]。

まず，ニュージーランドにとってのFTAの重要性について確認しよう。各国がFTAを締結する目的は，経済的な利益から安全保障上の利害に至るまで多種多様だが（Whalley 1998），ニュージーランドが重視するのが「大国市場へのアクセスの確保」による経済的な利益の獲得である（Dent 2006, p.90）。ニュージーランドは，農産品を中心とする一次産品の輸出に大きく依存しており，2013年の輸出依存度（GDPに占める物品輸出額の割合）は43％で，米国の23％，日本の32％と比べて相当に高い（APEC 2015）。なかでも総輸出額に占める乳製品の割合は圧倒的に大きく，2000年代半ばの約2割から最近では約3割に上昇している（Statistics New Zealand 2014）。このため，主要な輸出相手国の関税撤廃による市場アクセスの確保は，ニュージーランドにとって最優先の課題である。WTOにおける多国間ベースでの貿易自由化が停滞する中では，特に隣国の豪州のように農産品の輸出を巡って競合する国との間で，FTAの締結競争に後れを取るわけには

---

[16] 本節は作山（2013及び2015）に依拠している。
[17] TPP交渉でのニュージーランドの役割は一般には余り知られていないが，P4協定の寄託国（depositary）であり（P4協定第20.9条），TPP交渉でも参加国を代表する議長国として同様の役割を果たしている（Groser 2012）。

いかない事情がある。

このように，ニュージーランドにとってのFTA締結の重要性は自明だが，逆に相手国から見ると，ニュージーランドはFTAの締結相手国として忌避される多くの要素を抱えている（Groser 1999）。第1に人口が僅か400万人余りと経済規模が小さく，市場としての魅力に乏しい。第2に，全品目の単純平均実行関税率が2％と低く（WTO 2014），全てのWTO加盟国に対して関税を下げているため，FTA締結による関税撤廃の追加的なメリットが乏しい。第3に，FTAの締結に際して，相手国に対してセンシティブ品目の除外を認めないという高いハードルを課している（Groser 1999）。この背景には，輸出額の約3割を占める最大の輸出品目である乳製品が，米国，日本，カナダ等の主要な先進国にとって関税率が高く自由化が困難なセンシティブ品目であることから，除外を認めれば乳製品が関税撤廃の対象から外され，ニュージーランドにとってFTA締結のメリットが大きく損なわれるという事情がある。

表2-3　TPP交渉参加国の平均関税率（2013年）

(単位：％)

国　名	農産品	うち乳製品	工業品	全品目
豪州	1.2	3.9	3.0	2.7
ブルネイ	0.1	0.0	2.9	2.5
カナダ	15.9	248.9	2.3	4.2
チリ	6.0	6.0	6.0	6.0
日本	19.0	135.3	2.6	4.9
マレーシア	8.9	0.8	5.5	6.0
メキシコ	19.7	30.6	5.9	7.9
ニュージーランド	1.4	1.3	2.2	2.0
ペルー	4.0	0.0	3.3	3.4
シンガポール	1.4	0.0	0.0	0.2
米国	5.3	20.5	3.1	3.4
ベトナム	16.2	9.7	8.3	9.5

資料：WTO（2014）。
　注：実行税率の単純平均値であり，表1-2とは数値が異なる。

実際に，ニュージーランドは大国とのFTA締結に後れをとってきた。すなわち，1番目の輸出相手国の豪州とは1983年に，2番目の輸出相手国の中

国とは2008年に、それぞれFTAを締結済みであるが、3番目の輸出相手国である米国とは、2002年12月に米国と豪州とのFTA構想への参加を通じた締結を模索したものの、主に米国との安全保障やイラク戦争を巡る対立から拒否された（Dent 2006, p.90）。また、4番目の輸出相手国の日本に対しても、首脳レベルを含めて繰り返しFTAの締結を要請したが（朝日新聞 2008年4月22日、日本経済新聞 2009年10月15日）、対日輸出額に占める農産品の割合が大きいことを理由に、甘利経産相や鹿野農相から拒否された（朝日新聞 2007年7月6日、毎日新聞 2010年10月18日）。これに対して、主に農産品の輸出で競合する豪州は、2005年に米国とFTAを締結し、2007年には日本とEPA交渉を開始しており、これに対してニュージーランドは危機感を強めていた（西川 2006）。こうした逆境を転換し、主要な輸出相手国を自国とのFTAに引き込むために編み出されたのがTPPであった。

　ニュージーランドが実行した戦略は、「積み石アプローチ」（building block approach）と呼ばれるものである（Hamanaka 2012）。自由化水準に関する選好が異なる国同士で地域FTAを締結する場合、最初から多数の国々が一度に交渉に参加すると、自由化に困難を抱える国に引きずられて合意可能な自由化水準は低下するのに対し、自由化志向の強い少数国のみで交渉すればより高い水準の協定の策定が可能となる。これが、地域FTAを進める上で、参加国数と自由化水準との間に存在する「範囲と深化のトレードオフ」（broader-deeper trade-off）として知られるジレンマである（Gilligan 2004）。したがって、関税撤廃からの除外品目のない包括的な自由化を確保するためには、当初は高水準の自由化を志向する少数国で協定を締結し、そうした要件をクリアできる国を徐々に受け入れることによって、最終的な参加国数は同一でも、最初から多数の国々で協定を締結するよりも自由化度合いの高い協定が達成可能となる。ニュージーランドが、最初は2カ国でFTAを締結し、それを4カ国に拡大するという一見すると迂遠な戦略を採ったのは、「範囲と深化のトレードオフ」を克服すべく「積み石アプローチ」を実行に移したからに他ならない。

　ニュージーランドが積み石アプローチを意図的に実施したことは、同国の

グローサー貿易大臣の発言からも明らかである[18]。まず，ANZSCEP に関してグローサー大臣は，「やや誇張して言えば，交渉すべき貿易障壁は無かった」と回顧している（Groser 2011b）。また，2000 年 3 月の時点で既に，FTA を「アジア太平洋で自由な貿易・投資地域を創設するボゴール目標の達成に寄与するための APEC におけるトロイの木馬」と形容している（Dent 2006, p.89）。「交渉すべき貿易障壁」が無ければその撤廃による貿易利益も存在せず，「トロイの木馬」との表現からも，ANZSCEP が今後の拡大の出発点となり得る模範的な FTA の創設を意図していたことが分かる。そのためには，高水準の貿易自由化が不可欠である点も，「低水準で低い野

写真 2-2　ニュージーランドのグローサー貿易大臣

資料：ニュージーランド政府ウェブサイト。

---

[18] グローサー氏は，豪州との FTA（ANZCER）交渉の交渉官，シンガポールとの FTA（ANZSCEP）交渉の首席交渉官，WTO ドーハラウンド交渉の農業交渉議長等を努めた貿易交渉の第一人者で，ニュージーランドの貿易政策を長く主導した経歴を買われて，2008 年に国民党政権の貿易大臣に就任した。

心のモデルは，新規参加国による更なる除外要求を促進するだけだ」(Groser 2010) との発言から，同氏が明確に認識していることが裏付けられる。更に，グローサー大臣は，2011年2月の時点で「現在のシナリオは現行のTPP9カ国にとどまらず，これが「積み石」(building block) アプローチの意味だ」とも述べており (Groser 2011a)，「積み石アプローチ」という表現を用いて，自由化水準の高いFTAへの参加国を順次拡大する戦略を描いていたことを示している。

この際に，ニュージーランドが意図する「積み石アプローチ」が機能するためには，非参加国をTPPに引き込む仕掛けが必要であり，それが「ドミノ効果」(domino effect) である。「ドミノ効果」とは，特定の国同士でFTAが締結されると，それに参加していない国は当該FTA参加国に対する輸出で不利になるため（貿易転換効果），そうした不利益を解消しようとしてFTAの締結が連鎖的に進む現象を言う。こうしたドミノ効果の源泉には，この例のように，FTAから除外された国々に貿易転換効果が発生し，非参加国がそうした経済的な不利益の解消を求めてFTAが拡大すると主張する「経済的ドミノ効果」(Baldwin 1995) と，FTAから排除される経済的な不利益は大きくなく，FTAの締結相手国の選定は国家主導による外交的・戦略的な利害に基づくと主張する「政治的ドミノ効果」(Ravenhill 2010) がある。FTAの拡大が，いずれの価値を追求した結果なのかの判別は実際には困難だが，ここで重要なのは，当事国政府の関心が経済的か政治的かを問わず，ドミノ効果がTPPの非参加国政府の選好を変化させ当該国のTPP参加を促進するという点である。

グローサー大臣の発言は，ニュージーランドがTPPをドミノ効果の発生源と位置付け，米国や日本の参加を引き出したことを裏付けている。まず，米国に関してグローサー大臣は，「P5 FTA構想の真のターゲットは米国だった」と述べている (Groser 2011b)。上述のように米国は，2002年には豪州とのFTA交渉へのニュージーランドの参加を拒否したにもかかわらず，2008年には同国を含むTPP交渉への参加を表明した[19]。こうした米国の方針転換をもたらしたのは，第4章で後述するように，米国抜きで進展す

る東アジアにおける経済統合への疎外感であり，ニュージーランドは，単独ではなし得なかった米国とのFTA交渉を，TPPをドミノ効果の発信源として用いることによって成し遂げたのである。また，日本に関してグローサー大臣は，そのTPP交渉への参加検討表明を受けて，2011年2月の時点で「日本はいつまでも傍観者でいられないことを知っている」(Groser 2011a) と述べている。こうした発言は，米国をTPP協定に引き込むことで日本にとっての不参加のコストを高める一方で，日本を引き込むことで米国にとってのTPP協定の魅力を高めるとのニュージーランドの戦略を裏付けている。

第3節 小　括

本章では，2006年にP4協定が発効するまでの経緯を概観した上で，TPPの設計者であるニュージーランドがTPPに込めた「積み石アプローチ」と「ドミノ効果」という2つの戦略について，同国のグローサー貿易大臣の証言を交えてその有効性を明らかにした。

本章での検証から，TPPはAPECでのボゴール宣言の採択を契機として，小国のニュージーランドが主導権を発揮して浮上した枠組みであることが明らかにされた。すなわち，ボゴール目標の達成を目指して着手されたEVSL協議が決裂したことを受けて，貿易自由化に積極的な参加国に絞ったP5FTA構想が生み出され，その実現に先鞭を付けるべくニュージーランドとシンガポールによるFTA（ANZSCEP）が成立した。それが母体となって，チリが参加したP3協定の交渉が開始され，その後ブルネイが参加してP4協定として発効した。このように，2006年の時点でP5FTA構想を実現するためのベースが着々と構築されていたのである。

本章で明らかになった興味深い点は，TPPを生み出した遠因の一端は日

19　2008年9月の米国によるTPP交渉への参加表明の際にニュージーランドのゴフ貿易大臣も，「米国とのFTA交渉の開始は過去10年来の主要な貿易上の目的だった」と述べている（MFAT 2008）。

本にあると言うことである。その意味は第1に，1998年にAPECで日本（農水省）がEVSLを葬り去ったことがP5FTA構想を生み，それがANZSCEPやP4協定を経て今日のTPPに至ったという事実である。ここで指摘しているのは，日本がEVSLに参加しなかったことの是非ではなく，それがAPECで貿易自由化を重視する参加国に対して，代替的な自由化戦略の必要性を自覚させたという効果である。第2に，第4章で後述するように，2006年に日本（経産省）が東アジアFTA構想を提唱したことが，アジアでの疎外感を強めた米国によるAPECでのFTAAP（アジア太平洋自由貿易圏）の検討提案を促し，その先遣隊であるTPPへの米国の参加につながったという事実である。後述する日本のTPP交渉参加を巡って真っ向から対立する農水省と経産省の過去の行動が，その後のTPPの生成に間接的とはいえ寄与した点は興味深い。無論，TPPの生成にはこれら以外の多種多様な要因が作用しているのは言うまでも無いが，日本の行動とTPPとの関係は，アジア太平洋の貿易自由化に与える日本の影響力の大きさを図らずも示していると言えよう。

第 3 章
日本の EPA への着手と進展（1999 年～2006 年）

　日本は長い間，GATT/WTO の下での多角的で無差別な貿易自由化を国是としてきたが，2000 年に入ると一転して EPA に着手し始めた[20]。その後の日本の EPA の交渉相手は，東南アジアを中心とする開発途上国から中国や EU を含む大市場国へと変化し，対象範囲も二国間から日中韓 FTA, EU, RCEP のような多数国間へと拡大してきた。その点で TPP は，経済大国である米国を含むという経済的な規模の大きさと，2015 年 7 月時点で 12 カ国から成るという参加国の多さの両面から，日本の EPA 推進の終着点とも言える。本章では，1990 年代後半から 2006 年 9 月の小泉首相の退陣までを対象に，日本の EPA への着手から定着に至る過程を概観する。具体的には，シンガポール，メキシコ及び ASEAN 全体との EPA に至る過程で，農産品の自由化を巡る軋轢の存在にもかかわらず，WTO 一辺倒から FTA の併用への転換がもたらされた背景を明らかにする。その上で，自民党農林族と農水省の方針転換を受けて EPA の政府統一方針が確立され，それと平行して行われた東南アジア各国との EPA 交渉では農業が障害とはならなかったものの，日本の農産品の除外の反動で相手国の自動車等の関税撤廃が得られない事態も発生し，EPA が官邸主導の度合いを強めていく過程を解明する。

---

[20] 本章では，引用や固有名詞を除いて，日本が締結・交渉する個別の協定を EPA と呼び，構想段階のものや第三国が締結・交渉する協定は FTA と呼ぶ。

第 1 節　シンガポールとの EPA 交渉[21]

　日本は，GATT/WTO 下での多角的貿易体制を重視し，FTA に代表される地域主義を批判してきた。1990 年代末にこうした立場の変更に先鞭を付けたのは，北米や欧州の経験に倣って，日本経済再生のための構造改革の手段として FTA に着目した通産省（当時）だった。つまり，FTA を一種の外圧として利用し，保護や補助金を求める非効率な国内産業に競争を導入することによって経済の構造改革を進めようとしたのである（宗像 2004, p. 153）。通産省通商政策局は，1998 年 10 月に FTA 推進への方針転換を決定し，通産相の与謝野馨の了承を得た。その際に用いられた「戦略的通商政策の推進」と題するペーパーでは，FTA の意義として「経済的効果」よりも先に「政治的効果」を挙げ，日米同盟の強化や台頭する中国への牽制を指摘した[22]。更に，1999 年 5 月に公表された 1999 年版通商白書には，「経済的社会的なつながりが深い地域において，‥‥試験的先行的にルール整備を進めることの意義も一般的にはより高いものとなろう」（通商産業省 1999, p.293）と明記し，FTA に積極的な評価を与えた[23]。同時に白書では，「WTO 加盟国のうち，制度的枠組みが存在する「地域統合」に参加している国は約 9 割に上り，加盟していない国・地域は日本，韓国，香港等ごく少数に過ぎない」（通商産業省 1999, p.287）とも明記し，日本の「遅れ」を強調した。

　このように，経産省は FTA の推進に舵を切ったものの，外務省を含む日本政府内には未だに多くの異論が残っていた。こうした中で，日本政府の変化を感じ取ったシンガポールは，1999 年前半に日本に対して EPA 締結を提

21　本節は，特に断らない限り大矢根（2012）の第 9 章に依拠している。
22　中国への牽制は通商政策局の主要な関心事ではなく，通産相や通産省上層部の関心を引くためのレトリックとして用いられた。このため，通産省内での検討では強調されたが，対中関係を刺激するのは外交上リスクが高く，日本国内でも問題を過度に政治化する恐れから，その後の議論では姿を消した（大矢根 2012, pp.205-210）。
23　大賀哲（2007）は，通産省（後の経産省）の通商白書と外務省の外交青書における FTA を巡る記述の変遷を詳細に分析している。

案した[24]（寺田 2013a, p.81）。この際シンガポールは，同国に農業がほとんど存在しないため，農産物の市場開放を重大な争点にせずに包括的な協定が実現できると示唆した。特に，同国のチュー駐日大使は，自ら自民党農林族議員を個別に訪問し，EPA 締結に向けて説得を重ねていった。こうしたシンガポール側の根回しが功を奏し，1999 年 12 月に東京で行われた首脳会談で，両国は産官学の専門家による EPA の共同研究に合意した。この際，WTO を重視する外相の河野洋平は共同研究に反対したものの，蔵相の宮澤喜一の説得を受けてしぶしぶ了承した（金 2008）。共同研究会は，2000 年 3 月から 5 回にわたって開催され，同年 9 月に交渉開始を提言する報告書が首脳に提出された。これを受けて，2000 年 10 月の東京での首脳会談で交渉開始が合意され，交渉自体は 1 年以内の終結を目指して 2001 年 1 月から開始された（表 3-1）。

　この時点での EPA に対する農水省の立場は，「農林水産物の関税は WTO で議論すべきで二国間交渉の余地はないため，シンガポールとの交渉でも更なる関税削減・撤廃には応じられない」（衆議院 2000）というものであった。このため農水省は，シンガポールとの EPA には反対しないが，農林水産品の完全な除外が前提との立場を採り，共同研究にも共同議長として参加しなかった。このように，農業には指一本触れないことが前提だったため，自民党の農林水産物貿易調査会でも当初は議論されなかった。しかし，2001 年 8 月の交渉の過程でシンガポール側が，「形だけでもいいからもうちょっと出してくれ」と農林水産品の追加的な自由化を要請したところ，農林水産物貿易調査会は一転して紛糾した（金 2008）。農林族議員の間には，シンガポールが前例となって他国との EPA で農林水産品の更なる自由化が迫られることへの懸念が強まったため，それを払拭すべく 2001 年 9 月に農林水産物貿易調査会で資料 3-1 の決定がなされた。その上で，シンガポールとの

---

[24] この時期にシンガポール側が EPA を提案した理由は明らかでないが，第 2 章第 1 節で述べたように，前年の P5FTA 構想が不発に終わったことを受けてニュージーランドとの FTA 交渉に合意したのとほぼ同時期であり，シンガポールが複数国間から二国間の FTA 推進に舵を切り，その先鞭として日本に声をかけたものと推測される。

表 3-1　日本の EPA の進捗状況

首相	相手国・地域	交渉開始	交渉妥結	協定署名	協定発効
森	シンガポール	2001.1	2001.10	2002.1	2002.11
小泉	メキシコ	2002.11	2004.3	2004.9	2005.4
	韓国	2003.12			
	マレーシア	2004.1	2005.5	2005.12	2006.7
	タイ	2004.2	2005.9	2007.4	2007.11
	フィリピン	2004.2	2004.11	2006.9	2008.12
	ASEAN 全体	2005.4	2007.8	2008.3	2008.12
	インドネシア	2005.7	2006.11	2007.8	2008.7
	チリ	2006.2	2006.9	2007.3	2007.9
	ブルネイ	2006.6	2006.12	2007.6	2008.7
	GCC	2006.9			
安倍	ベトナム	2007.1	2008.9	2008.12	2009.10
	インド	2007.1	2010.9	2011.2	2011.8
	豪州	2007.4	2014.4	2014.7	2015.1
	スイス	2007.5	2008.9	2009.2	2009.9
麻生	ペルー	2009.5	2010.11	2011.5	2012.3
野田	モンゴル	2012.6	2014.7	2015.2	
	カナダ	2012.11			
	コロンビア	2012.12			
安倍	日中韓	2013.3			
	EU	2013.4			
	RCEP	2013.5			
	TPP	2013.7			

資料：外務省（2015）を基に筆者作成。
注：1）首相の欄は，交渉開始時点の首相である。
　　2）TPP の交渉開始の欄は，日本が交渉に参加した時期である。

EPA は，前農相の谷津義男が強硬な反対派の桜井新等を説得し，農林水産物貿易調査会での了承を取り付けた（金 2008）。その後のシンガポールとの EPA 交渉は，2001 年 10 月の首脳会談で妥結が発表され，2002 年 1 月の署名を経て，2002 年 11 月に発効に至った。

資料 3-1　自民党農林水産物貿易調査会の決定（2001 年 9 月 3 日）

・国内農林水産業に悪影響が生じないよう十分配慮すること。
・特に、農林水産品の関税については、WTO の場で議論すべきものであることから、二国間の協定において更なる削減・撤廃を行わないことを基本方針とするとともに、今後検討される同種の二国間協定についても同様の考え方で対応すること。

資料：経済産業省（2002, p.17）。

　このように，WTO 一辺倒から FTA の併用という日本の通商政策の転換は，欧米に対する「遅れ」の回復という戦略的効果や，「中国への牽制」という政治的効果を経産省が喧伝することで成し遂げられた。そうした意図は，日本の FTA の嚆矢となったシンガポールとの EPA で，関税撤廃による物品貿易の拡大という経済的メリットがほぼ皆無なことからも明らかである。シンガポール側が関税を課していたのは 4 品目に過ぎず（関沢 2008, p. 43），日本側も，石油化学や繊維等の一部の工業品では追加的な関税撤廃に応じたものの（宗像 2002），農林水産品は WTO を超える自由化は一切行わず（金 2008），追加的な市場アクセスの改善効果はほとんど無い。更に，サービス貿易でも，海運等の一部の分野を除いて両国共に新たな自由化は行っていない（尾池 2006）。こうした事情を反映して，シンガポールとの

写真 3-1　シンガポールとの EPA に署名する小泉首相（2002 年 1 月 13 日）

資料：首相官邸ウェブサイト。

EPAには産業界から具体的な要望はなく（関沢 2008, p.43），経団連内部でも，経済的メリットのないシンガポールとのEPA締結について懐疑的な意見が多かった（金 2008）。このように，シンガポールとのEPAは官僚主導の賜であり，その意義は，日本型EPAの雛形を作成したことと（尾池 2006），日本政府内に根強くあったEPAに対するアレルギーを払拭したことにあると言えよう。

第2節　メキシコとのEPA交渉

　日本政府がシンガポールに次いで着手したのが，メキシコとのEPA交渉であった。EPAの締結については，1990年代後半以降のメキシコ側からの度重なる要請を受けて，2001年6月の日墨首脳会談で共同研究会の開催に合意した。その後，2002年7月に交渉入りを提言する研究会報告書がとりまとめられ，2002年11月から交渉が開始された。日本を交渉に駆り立てたのは，FTAから疎外されることによる不利益の解消だった。日本貿易会は2002年9月，メキシコの輸入額に占める日本のシェアが，NAFTAが発効した1994年の6.1%から2000年には3.7%に低下した結果，1999年の1年間で3,951億円相当の輸出利益が逸失し，これによって6,210億円の国内総生産の減少と31,824人分の国内雇用の喪失につながったとの試算を発表した（寺田 2013a, p.78）。これらの数値は，後に共同研究会報告書にも盛り込まれた（経済産業省 2002）。このように，FTAからの排除に伴う日本企業の損失が喧伝され，農水省も産業界の意向を無視できなくなった（坂井 2003）。これは，工業品との産業間リンケージが働いたことによって，農水省も農産品の自由化を含むEPAを検討せざるを得なくなったことを示している[25]。

25　経産官僚の関沢（2008, pp.48-50）は，メキシコとのEPAに対する産業界の関心は商社と一部の電気機器メーカー以外は低く，電機業界の懸念も2001年1月のメキシコ政府によるプロセック制度の導入で解消されており，それでも経団連が日墨EPAを推進したのは，実利ではなくシンクタンクとしての立場によると述べている。

日墨 EPA 交渉は，当初は 2003 年 10 月のフォックス大統領の訪日までの妥結が目指されていた。それに備えて自民党の農林族議員は，同党の農林水産物貿易調査会で農林水産物の取扱いについて国別・品目別に検討を行い，「FTA 交渉では『例外品目』や『経過期間』を設けて，農業構造改革に支障を及ぼさないように対処する」との基本方針を取りまとめた。その上で，メキシコとの EPA では豚肉を関税撤廃の例外扱いにすることを決定した（吉田 2012, p.619）。しかし，メキシコとの交渉は難航した。交渉の初期段階で日本側は，2001 年 9 月の自民党の決定に沿って，実行税率が無税の農産品のみを譲許すると提案したものの，メキシコ側は全品目の関税を撤廃する条件として，日本側も農産品を含む全品目の関税を撤廃するよう要求した（関沢 2008, p.46）。こうしたメキシコの強硬姿勢を受けて，日本は 2003 年 8 月末に，農産物輸入額の 9 割以上を無税とする譲歩案を提示したものの，同年 10 月の閣僚級協議は農産品を巡って決裂した。

　このような交渉の難航を受けて，マスコミは小泉首相の指導力に疑問を投げかけ，農業関係者の対応の悪さが原因との論調を強めた。また小泉首相も「農業鎖国はできない。競争に耐えていかなければ」とコメントし，農業を改革の対象とする可能性を示唆した（関沢 2008, p.59）。この時小泉首相は，9 月 20 日に自民党総裁に再選された後，11 月 9 日の衆院選では，自民党は過半数割れしたが与党では絶対安定多数を確保していた（読売新聞政治部 2005, p.286）。こうした状況下で，農業関係者は「抵抗勢力」のレッテルを貼られ，思い切った改革の対象となることを警戒した（関沢 2008, p.59）。自民党農林水産物貿易調査会の幹部は，「強硬論ばかりぶっていると，通商交渉だけでなく農政改革にも，官邸が口を出してきかねない」（朝日新聞 2003 年 12 月 13 日）と述べ，警戒感を露わにした。事実，小泉首相は日墨 EPA 交渉を官邸主導で進める方針を決定し，11 月下旬に内閣官房副長官補の谷内正太郎をメキシコに派遣した上で（河合 2012），12 月には官邸に二橋正弘官房副長官を議長とする「FTA 関係省庁会議」を設置した（柳原 2004）。

　その後は，2004 年に入って交渉が再開され，メキシコ側が要求する農産

品5品目（豚肉，牛肉，鶏肉，オレンジ生果，オレンジジュース）の扱いを巡って次官級協議で詰めが行われた。その結果，3月9日の閣僚級協議で，農産品5品目に対して関税割当（関税撤廃又は削減の対象となる輸入数量を予め限定する方式）を設けることで農産品の交渉が妥結した。また3月10日の閣僚級電話協議で工業品の交渉が妥結に至り，3月12日に大筋合意が発表された（吉田 2012, p.649）。

　メキシコとのEPA交渉は，その後の日本のEPAにおける農産品の自由化水準を規定する分水嶺となった。第1に，日墨EPAでは，自国の工業品の関税撤廃と日本の農産品の関税撤廃を関連づけるという，メキシコ側の「産業間リンケージ戦略」（第1章第4節を参照）によって，日本のEPAにおける農産品の自由化率は飛躍的に向上した。すなわち，第1章の表1-4に示したように，日本の農林水産品の自由化率は，対シンガポールの20%台から，メキシコの46%を経てASEAN3カ国では50%以上へと上昇した。第2に，日本として関税撤廃が困難な農林水産品（重要品目）の自由化に相手国が固執した場合には，相手国に限定した関税割当を設けることによって，双方の利害を調整するという打開策を確立した。日墨EPAにおける豚

写真3-2　メキシコとのEPAに署名する小泉首相（2004年9月17日）

資料：首相官邸ウェブサイト。

肉等5品目の扱いは，まさにこれに該当する。こうした自由化率の向上と重要品目への関税割当の導入の組合せによって，日本はより多くの国々とEPAが締結できるようになったのである。

第3節　ASEANとのFTAを巡る日中の角逐[26]

WTO重視を掲げてきた日本がEPA推進に舵を切ったことは，他のアジア諸国にも大きな影響を与え，それに反応した国の一つが中国であった[27]。中国の朱鎔基首相は2000年11月の中国ASEAN首脳会議で，ASEAN諸国に対してFTA（ACFTA）の締結を提案した（表3-2）。また，翌2001年11月の首脳会議では，中国とASEAN諸国は10年以内のFTA締結で合意した。中国の狙いとしては，①輸出市場の確保，②近隣諸国との安定した政治的関係の構築，③ASEANに内在する中国脅威論の払拭が指摘されている。こうした中国の攻勢を受けて，日本は中国の後塵を拝しているとの批判が噴出した。その一例として，2001年11月6日のASEAN＋3首脳会議後に行われた内外記者会見で邦人記者が，「ASEANは中国と自由貿易協定を組むことで基本合意したと聞いています。‥‥そのときに，‥‥アジア統合の中で，日本が取り残されることになるのかどうか，更にこういうASEANと中国との関係強化について総理はどのようにお考えになるのか」と切り出し，「ASEANとのFTAの相手国がなぜ日本でなくて中国になったのか」と食い下がったのに対し，小泉首相は日本の対応に言及しなかった（上久保 2009）。

中国の動きを受けて，今度は日本が反応した。小泉首相は2002年1月14日にシンガポールで政策演説を行い，その中で「日ASEAN包括的経済連携構想」を提案したのである（内閣官房 2002）。演説では，「今後，具体的提案をまとめ，日ASEAN首脳会議で合意することを目指す」と述べてお

26　本節は，特に断らない限り尾池（2007）に依拠している。
27　寺田（2007）も，東アジアにおける二国間FTAの「ドミノ現象」は，Baldwin（2006）の主張するように中国ではなく，日本が発端になったと論じている。

り，中国を意識して内容の検討よりも対外的な表明を優先したことがうかがえる。他方で小泉首相は，この構想の要素として「貿易，投資のみならず，科学技術，人材養成，観光等も含めた幅広い分野での経済連携の強化」を挙げ，貿易に言及はしたものの，それが関税撤廃を前提とするFTAを含むのかは判然としなかった（読売新聞 2002年1月20日）。また，同演説で小泉首相は「東アジアコミュニティ構想」を併せて提起し，その中心的なメンバーとして「日本，ASEAN，中国，韓国，オーストラリア，ニュージーランド」を列挙した。豪州とニュージーランドを加えた意図について，この演説の作成に当たった外務省アジア大洋州局長の田中均は，地域共同体の中に民主主義国家を入れて中国との力のバランスをとろうとした旨を述べている。

表3-2 日本と中国のASEANとのFTAを巡る動き

年　月	日　本	中　国
2000年11月		中国がACFTA締結を提案
2001年11月		10年以内のACFTA締結に合意
2002年1月	日本が包括的経済連携構想を提案	
2002年11月	包括的経済連携に関する共同宣言を採択	包括的経済協力枠組協定に署名
2003年10月	包括的経済連携の枠組みに合意	
2003年11月		包括的経済協力枠組協定が発効
2004年1月		中国が早期関税撤廃を実施
2004年11月	AJCEP交渉開始に合意	関税撤廃方法の大枠合意
2005年4月	AJCEP交渉を開始	
2005年7月		関税撤廃の実施開始

資料：尾池（2007）。

　これに対して，中国はASEANとのFTA締結を更に加速した。2002年11月の中国ASEAN首脳会談で「中国ASEAN包括的経済協力枠組協定」に署名し，中国とASEANのFTAであるACFTAの大枠を決定した。大枠の中では，物品貿易，サービス貿易，投資について段階的に交渉を進めることや，アーリーハーベストと呼ばれる一部約束の早期実施を含めた要素が規定され，枠組協定は2003年11月に発効した。更に中国は，2004年1月

からアーリーハーベストとして熱帯性農産品等の一部品目に対する関税の早期撤廃を実施し，ASEAN諸国側に歓迎された。その後，物品関税の撤廃交渉が行われ，2004年11月までに関税撤廃方法の大枠に合意し，2005年7月にはこれに基づいて関税撤廃が開始された。

写真3-3 政策演説する小泉首相（2002年1月14日）

資料：首相官邸ウェブサイト。

他方で，ASEANとのEPAに向けた日本の動きは緩慢だった。例えば，2002年6月のASEANとの政府協議で農水省は，「農産物市場の開放はWTO以外での交渉は難しい」と説明し（朝日新聞2002年6月28日），消極的な姿勢を示した。また，2002年1月の小泉首相の政策演説を受けて，同年11月の日ASEAN首脳会議では，「日ASEAN包括的経済連携に関する共同宣言」（外務省2002）を採択し，FTAの要素を含む連携実現の措置の10年以内の完了や日ASEAN委員会の設置等に合意した。しかし，FTAの内容や農産物の扱いを巡って外務省は歯切れの悪い説明に終始し（朝日新聞2002年11月6日），その背景にはコメの大輸出国であるタイを含むEPA

への農水省の抵抗があった（日本経済新聞 2002年11月6日）。更に，2003年10月の首脳会議では，「日ASEAN経済連携構想の枠組み」（外務省 2003）を決定した。しかしその後も，農業分野で譲歩を嫌う日本側が交渉期限の設定に難色を示し，それに対してASEAN側が協議の打ち切りを通告する等，協議は難航した（日本経済新聞 2004年8月7日）。最終的には，2004年11月の日ASEAN首脳会議で，ようやく翌年からのAJCEP交渉開始に合意した[28]。

このように，日本がASEANとのEPAに取り組むようになった背景には中国の存在が大きかった。すなわち，日本とシンガポールとのEPAを含む東アジアでの二国間FTAの進展に危機感を抱いた中国は，ASEAN全体とのFTAを提案し，猛烈なスピードでその実現に邁進した。中国に対抗してASEAN全体とのEPA構想を提唱した日本は，当初は農産品の自由化に踏み込む準備がなかったものの，中国の快進撃を受けて農水省の頑なな姿勢に対する批判が高まった結果，後述するようにASEAN各国とのEPAに踏みきり，最終的にはASEAN全体との交渉も開始するに至った。つまり，「中国への対抗」という政治的な争点が「EPAの締結」という経済的な争点とリンケージされ，前者の利益を得るためには後者の譲歩もやむを得ないとの認識を醸成したのである。

第4節　EPAに関する基本方針の確立

シンガポールとのEPA交渉が2001年10月に妥結したことを受け，メキシコ，韓国，ASEAN諸国とのEPAが模索される中で，2002年以降には関係府省がEPAに対する方針の確立に乗り出した。EPA転換への先陣を切った経産省は2000年以降，毎年の通商白書において東アジアでのEPA

---

[28] この期間に日本は，サービス貿易や投資等を含む包括的な協定を目指してフィリピン，マレーシア，タイといったASEAN各国と個別にEPA交渉を進めており，物品貿易を先行させた中国とは戦略が異なるが（尾池 2007），マスコミ報道では中国に対する日本の遅れが批判される傾向が強かった。

推進の旗を振り続けた（大賀哲 2007）。例えば，2003年版の通商白書では「東アジア・ビジネス圏」を提唱し，ASEANや韓国とのEPAを日中韓やASEAN+3に広げることを通じた東アジアでの地域経済統合の構想を示した。また，外務省は，2002年10月に「日本のFTA戦略」を発表し，従来のWTO重視からFTA推進に方針を転換した（海老名 2005）。これに対して農水省は，2002年7月に「我が国の食料安全保障と農産物貿易政策―自由貿易協定を巡って―」を取りまとめた。ここで農水省は，「FTAによって農林水産分野が直接的なメリットを受ける可能性は極めて低い」との認識を示した上で（田中 2008），FTAの締結に当たっては，メリットとデメリットの検証，農林水産業の構造改革努力への悪影響の回避，食料安全保障に関する日本の立場との整合性等を指摘し（Yoshimatsu 2006），FTAに対しては依然として消極的な姿勢を取り続けた。

しかし，その後のメキシコとのEPA交渉の難航や，ASEANとのFTA締結を巡る中国の先行を受けて，自民党農林族，農水省，農協は方針転換を迫られた。まずJA全中（全国農業協同組合中央会）は，約2カ月にわたる組織内での議論を経て（小林 2004），2004年2月に「韓国，タイ，フィリピン，マレーシア，インドネシアとの自由貿易協定（FTA）に関するJAグループの基本的考え方」を決定した（山田 2004）。「基本的考え方」で最も重視されているのは，「重要農産物に対する例外措置の確保」であり，米麦，牛肉・豚肉，乳製品等の重要品目を関税撤廃から除外することを求めている。他方で，新たな方針として注目されるのが，「農産物貿易の自由化と農業協力とのバランスの確保」である。これは，アジアの零細な大多数の農業者にとっては，日本の関税撤廃が実現しても農産物を輸出する余力は無く，むしろ農業インフラの整備や生産・流通ノウハウの向上等に関する農業協力を充実させる方が，農業者の真の利益につながるとの主張である（一箭 2005）。こうした理屈によって，JAを含む日本側が農業協力を供与する代わりに，東南アジア諸国側は日本の重要品目の関税撤廃を求めないという取引の成立を狙ったのである。ここでの方針転換は，タイを含むASEAN諸国とEPA交渉を開始するための地ならしだった。

第4節　EPAに関する基本方針の確立

　JA全中の方針転換を受けて，農水省は2004年6月に「経済連携（EPA）・自由貿易協定（FTA）交渉における農林水産物の取扱いについての基本方針」を策定し，EPA推進に転じた。「基本方針」では，総論として，「EPA・FTA交渉に当たっては，国民の食の安全・安心の確保，農林水産業の多面的機能への配慮，我が国の食料安全保障の確保や我が国の農林水産業における構造改革の努力に悪影響を与えないよう十分留意することとし，個別品目の事情に応じ，関税撤廃について例外品目及び経過期間を設定するという形で，品目別の柔軟性の確保を図る」と述べている（田中 2008）。次に各論では，関税交渉では相手国の関心に出来る限りの対応をするものの，関税割当品目，輸入割当品目，関税による保護効果が高い品目といった関税撤廃が困難な品目は例外とし，関税撤廃する品目については必要に応じて経過期間を設定するとしている。また，関税撤廃品目に対する二国間セーフガードの適用や，迂回輸入を防止するための適切な原産地規則の設定も求めている。更に，関税交渉と国際協力の適切なバランスの確保に言及する一方で，日本の農林水産物の輸出拡大の可能性のある品目については相手国に関税撤廃を要求するとし，守りから攻めへの転換も盛り込まれている（大賀圭治 2007）。

　この後農水省は，EPAに対して更に前向きな姿勢を示した。上記の「基本方針」の策定から僅か5カ月後の2004年11月12日に，「みどりのアジアEPA推進戦略」（農林水産省 2004）を決定したのである。「推進戦略」のポイントは，以前の「FTAによって農林水産分野が直接的なメリットを受ける可能性は極めて低い」という後ろ向きの姿勢を払拭し，食料輸入の多元化や輸出の促進といった農林水産業へのメリットを列挙することによって，EPAに対して最大限に前向きな姿勢を示したことにある（資料3-2）。他方で，日本の農産品の自由化を促進するような記述は一切無く，同年6月に策定した「EPA・FTA交渉における農林水産物の取り扱いについての基本方針」を引用することによって，重要品目は関税撤廃から除外する方針を堅持することを暗示している。

資料 3-2　みどりのアジア EPA 推進戦略（2004 年 11 月 12 日）

農林水産分野におけるアジア諸国との EPA 推進について
（みどりのアジア EPA 推進戦略）

1　総論

　我が国とアジア諸国は，政治，経済，社会，文化など様々な側面で密接な関係を構築してきた。アメリカやヨーロッパにおいて経済統合に向けた取組が進む中，アジアにおいても経済上の相互依存関係が深化しており，我が国は，WTO を補完するものとして，この地域との経済連携協定（EPA）の締結に積極的に取り組むこととしている。

　農林水産分野においても，我が国とアジア諸国は，貿易，投資，経済協力などを通じてつながりを深めてきたところであり，更なる関係の強化が重要である。このような観点から，現在進めつつある EPA の取組を積極的に推進することとし，これを活用して，我が国を含むアジアにおける食料安全保障や食の安全・安心の確保，農林漁業・食品産業の共存・共栄の実現，農山漁村の発展を図ることとする。

　また，交渉に当たっては，「経済連携（EPA）・自由貿易協定（FTA）交渉における農林水産物の取扱いについての基本的方針」に基づき，構造改革への取組と併せ，スピード感をもって臨む。

2　EPA 推進に当たっての 6 つのポイント

(1) EPA を通じた，我が国食料輸入の安定化・多元化。

　世界最大の食料純輸入国である我が国としては，国内における農業生産を基本に，食料の輸入，備蓄をバランスよく組み合わせることが重要であり，EPA を通じ，輸入先国における生産の安定を図るとともに，輸出規制，輸出税といった阻害要因の除去等に努め，食料輸入の安定化・多元化を図る。

(2) EPA を通じた，安全・安心な食料の輸入の確保。

　輸入食料の安全性に対する不安が高まる中，安全・安心な食料の輸入を確保するため，EPA を通じ，我が国の食品安全基準，動植物衛生条件等が輸入先国に的確に理解・遵守されるよう努めるとともに，アジアの衛生水準の向上に貢献する。

(3) EPA を通じた，ニッポン・ブランドの農林水産物・食品の輸出促進。

　アジア諸国の経済発展等が進む中，我が国の農林水産物・食品の輸出を促進するため，EPA を通じ，輸出拡大が期待される品目について相手国の対応を求め，ニッポン・ブランドの確立・浸透に資するとともに，我が国で育成された植物品種などについての知的財産権の保護や，相手国の輸出補助金の撤廃による公正な競争条件の確保に努める。

(4) EPA を通じた，我が国食品産業のビジネス環境の整備。

　我が国の経済活性化に重要な役割を担い，国産農水産物の販路でもある食品産業の発展に資するため，EPA を通じ，原材料供給の安定化を図るとともに，食品企業が進出する相手国における公正な競争条件の確保に努める。

(5) EPA を通じた，アジアの農山漁村地域の貧困等の解消。

　アジア諸国の国民の多くが居住する農山漁村に依然存在する飢餓・貧困，過酷な労働実態の解消・改善に貢献するため，EPA を通じ，相手国の農林漁業者の所得向上につながる市場アクセスの改善や原産地規則の設定に併せ，農林漁業協力等を適切に行い，農山漁村地域の生活

水準や福祉の向上，農林漁業労働者の権利の増進に努める。
(6) EPA を通じた，地球環境の保全，資源の持続可能な利用。
　温暖化をはじめとする地球環境問題に対応するとともに，森林・水産資源など有限な天然資源の持続可能な利用を確保するため，EPA を通じ，積極的な取組の重要性について相手国の理解を醸成し，違法伐採の撲滅や科学的知見に基づく水産資源管理などの取組の推進に努める。

資料：農林水産省（2004）。

　「推進戦略」が策定された 2004 年 11 月の時点では，メキシコとの EPA 交渉が妥結し，東南アジア 3 カ国との EPA 交渉が始まり，ASEAN 全体との交渉開始も決定していた。このように，個別の EPA 交渉の進展に引きずられる形で，それと整合性を確保できるように農水省は方針を転換していった。こうした農水省の方針転換の背景にあったのは，長期政権を確立しつつあった小泉首相から「抵抗勢力」のレッテルを貼られるという恐れであり，それを避けるために農林族や JA 全中と協議して作成した自らの「生き残り戦略」でもあったと考えられる。

　農水省の方針転換を受けて，2004 年 12 月 21 日の経済連携促進関係閣僚会議で「今後の経済連携協定の推進についての基本方針」（資料 3-3）が決定され，EPA に関する政府の統一方針が確立された（外務省 2004d）。「基本方針」は，日本にとっての EPA の意義を明示した本文と，EPA の相手国の選定基準を列挙した別添から成る。まず，EPA の意義に関しては，外務省は政治・外交戦略上のツールとしての側面を重視したのに対し，経産省は，経済的な利益の確保や構造改革の推進を重視していた。また，交渉相手国の選定基準については，農水省の意向も反映し，既に交渉が開始済みの東アジア諸国を追認するものとなっている。すなわち，1.の「有益な国際環境の形成」に関しては，(3) の基準によって，WTO 交渉で農産品の急進的な自由化を求める農産物輸出国は対象外と解釈する余地がある。また，2.の「経済的利益の確保」に関しては，(3) や (4) の基準によって，日本が輸入食料の多くを依存している農業大国を排除する余地がある。更に，3.の「実現可能性」に関しては，(1) や (2) の基準によって，重要品目の関税撤廃からの除外を認めない国や，日本の関税撤廃による不利性の回復を狙った EPA の

締結要求を惹起するような農業大国を排除する余地が残されている[29]。

資料 3-3　今後の経済連携協定の推進についての基本方針（2004 年 12 月 21 日）

今後の経済連携協定の推進についての基本方針

平成 16 年 12 月 21 日
経済連携促進関係閣僚会議

1. 経済連携協定（EPA）は，経済のグローバル化が進む中，WTO を中心とする多角的な自由貿易体制を補完するものとして我が国の対外経済関係の発展及び経済的利益の確保に寄与するものである。同時に，EPA は我が国及び相手国の構造改革の推進にも資するものである。
2. こうした EPA は，東アジア共同体の構築を促す等，政治・外交戦略上，我が国にとってより有益な国際環境を形成することに資する。
3. 我が国は，既にシンガポールとの間で EPA を締結し，メキシコとは署名を終えたほか，フィリピンとの間で大筋合意に達している。また，現在タイ，マレーシア及び韓国との間で交渉を行っている。更に，来年から ASEAN 全体と交渉を行うこととしているが，これら協定への取組は，東アジアを中心とした経済連携を推進するという我が国の方針を具体化するものであり，これらの早期締結に政府一体となって全力を傾注することとする。
4. 上記以外の交渉についても，EPA の我が国経済・社会における重要性にかんがみ，進行中の交渉の進展状況を勘案しつつ検討を進めていくこととする。交渉相手国・地域の決定にあたっては，経済上・外交上の視点，相手国・地域の状況等を総合的に勘案することとする。具体的には，別添の基準を十分踏まえるものとする。
5. その際，相手国との経済関係の現状等も踏まえつつ，いわゆる自由貿易協定（FTA）ではない経済連携のあり方，例えば，投資協定，相互承認協定の締結，投資環境の整備などについても選択肢として検討する。
6. EPA 交渉の推進にあたっては，我が国の WTO における交渉に資するものとなるよう努める。また，これまでの交渉の経験も踏まえ，交渉の進め方や作業を効率化するよう努めるとともに，必要な人的体制を更に整備することとし，民間専門家の一層の活用についても検討する。

（別添）

交渉相手国・地域の決定に関する基準

交渉相手国・地域の決定にあたっては，以下の視点を総合的に勘案するものとする。

---

[29] 例えば，日本が豪州に対して牛肉の関税を撤廃すれば，豪州と競合する米国が日本に同様の措置を求めることから，豪州とは EPA を締結しないといった趣旨である。

1. 我が国にとり有益な国際環境の形成
   (1) 東アジアにおけるコミュニティ形成及び安定と繁栄に向けた取組みに資するかどうか。
   (2) 我が国の経済力の強化及び政治・外交上の課題への取組みに資するか否か。
   (3) WTO交渉等の国際交渉において，我が国が当該国・地域との連携・協力を図り，我が国の立場を強化することができるか否か。
2. 我が国全体としての経済利益の確保
   (1) 物品・サービス貿易や投資の自由化により，鉱工業品，農林水産品の輸出やサービス貿易・投資の実質的な拡大，円滑化が図れるか否か。知的財産権保護等の各種経済制度の調和，人の移動の円滑化等により，我が国進出企業のビジネス環境が改善されるか否か。
   (2) EPA／FTAが存在しないことによる経済的不利益を解消することが不可欠か否か。
   (3) 我が国への資源及び安全・安心な食料の安定的輸入，輸入先の多元化に資するか否か。
   (4) 我が国経済社会の構造改革が促進され，経済活動の効率化及び活性化がもたらされるか否か。なお，農林水産分野については，我が国の食料安全保障の視点や，我が国で進行中の同分野の構造改革の努力に悪影響を及ぼさないか。
   (5) 専門的・技術的労働者の受入れがより促進され，我が国経済社会の活性化や一層の国際化に資するか否か。
3. 相手国・地域の状況，EPA／FTAの実現可能性
   (1) 我が国及び相手国・地域がそれぞれ相手方との関係で抱える，自由化が困難な品目にどのようなものがあるか。そうした双方の困難さにお互いが適切な考慮を払うことができるか否か。
   (2) 当該国・地域以外の国・地域に対し貿易投資上生じ得る影響を巡り摩擦等が生じないか。
   (3) 当該国・地域において，WTO及びEPA／FTA上の約束を実施する体制が整っているか否か。
   (4) 当該国・地域との経済連携のあり方として，関税の削減・撤廃を中心とするFTAが最も適切か否か。

資料：外務省（2004d）。

第5節　東南アジア諸国とのEPA交渉

難航したメキシコとのEPA交渉が2004年初めに妥結の目処が付いたことを受けて，日本のEPA交渉は一気に加速した。具体的には，2004年にはマレーシア，タイ，フィリピンの3カ国，2005年にはASEAN全体，インドネシアの2カ国・地域，2006年にはチリ，ブルネイ，GCC（湾岸協力理事会）の3カ国・地域，2007年にはベトナム，インド，豪州，スイスの4カ国とのEPA交渉が開始された（表3-1）。また，農産品の扱いを巡って難航したメキシコとのEPA交渉とは対照的に，東南アジア諸国とのEPA交

渉では，総じて農産品の自由化が大きな障害となることはなかった。2004年2月に交渉入りしたフィリピンとの交渉は，同年11月に僅か9カ月の交渉期間で妥結し，同年1月に開始されたマレーシアとの交渉も2005年5月に大筋合意に至った。他方で，同年2月に始まったタイとの交渉の妥結は2005年9月までかかり，当初は日本のコメの扱いを巡って難航したものの，最終的に交渉が遅延したのは，後述するように工業品の自由化が原因であった。

東南アジアとのEPA交渉が比較的円滑に進んだのは，農水省が戦略を変更したためである。その第1は，相手国に対する関税撤廃のオファー（申し出）を出し惜しみしないことである。日フィリピンEPA交渉の日本側首席交渉官を務めた外務審議官の藤崎一郎は，フィリピンを含むASEAN3カ国と同時に交渉している中で，オファーを小出しにすることで交渉が遅延するのを避けるため，「2004年7月末の第1次オファーの交換では，日本側は始めからできるだけ最後の姿に近い案を打ち出す方針をとった」と述べている（藤崎 2005）。この証言は，「オファーの小出しは交渉を長引かせ，相手国の期待感を高めかねないので，最初からできる限りのオファーを一括して行うとの考え方で交渉を行っている」との農水省国際調整課長の豊田育郎の発言とも一致している（豊田 2005）。また，農相の島村宜伸も，2004年10月26日の衆議院農林水産委員会で，「EPA交渉については，‥‥我が国の基幹品目，地域の農林水産業における重要品目など守るべきものを守り，譲れる・・・・・ものは譲る・・・・との考え方で対応してまいります」（傍点は筆者）と表明している（衆議院 2004）。このように東南アジア諸国とのEPA交渉では，日本が農産品のオファーを小出しにして難航したメキシコとの交渉の反省を踏まえて，相手国からの要求を待たずに，日本の当初オファーを改善するとの方針転換があった。

東南アジアとのEPA交渉が円滑に進んだ第2の要因は，農水省が日本の農産品の扱いと相手国への農業協力の供与を結びつける「リンケージ戦略」を導入したことである（石黒 2010）。上述したように，メキシコとのEPA交渉でメキシコ側は，自国の工業品の関税撤廃の条件として日本側の農産品

の関税撤廃を要求する「産業間リンケージ戦略」を行使したことによって，農水省は農産品の自由化水準の大幅な引上げを強いられ，そうした努力にもかかわらず閣僚級の協議決裂の責任を負わされた。その二の舞を避けるべく，東南アジアとのEPA交渉では，JA全中にも協力を求めて，相手国側が日本の農産品の関税撤廃からの除外を認める代わりに，日本側が相手国に対して農業分野の技術協力を供与するという「産業内リンケージ戦略」を実行したのである。その狙いは，日本側の農産品自由化が相手国側の工業品自由化と取引材料にされることを回避することにあった。このため農水省は，農林水産品と工業品を分離して交渉することに強く固執し（冨士 2004），農業の自由化と協力を結びつけた産業内リンケージ戦略を駆使することによって，農産品の交渉を工業品よりも先に終結することを目指した。

　こうした農水省の戦略変更は目に見える成果を生んだ。農産品の自由化を巡って難航が予想されたフィリピンやタイとのEPA交渉で，農水省が目論んだとおりに，工業品よりも先に農産品の関税交渉が妥結したのである[30]。具体的には，フィリピンとの交渉では，農産品については2004年11月13日に次官級の協議で合意に達したのに対し，工業品では事務レベル協議では決着がつかず，同年11月17〜18日のサンティアゴでのAPEC閣僚会議の際に行われた閣僚折衝で決着した（藤崎 2005）。更にタイとの交渉では，農産品は2005年3月に事務レベル協議で大筋合意に達した一方で，工業品の交渉は物別れに終わり，その妥結は中川経産相によるタクシン首相やソムキット副首相との会談で最終決着した同年8月まで大幅に遅れた（東 2007）。農水省はこうした成果を前にして，「メキシコやフィリピンとの交渉においては，農林水産分野が他分野に先行する形で大筋合意に達した。これは，農林水産分野が決して交渉の障害となっていないことを端的に示している」（長野 2005）と喧伝した。

---

[30] これに産業内リンケージ戦略がどの程度寄与したかの特定は困難だが，「農産品の自由化と技術協力を一体的に協議する必要があるため，農産品と工業品の自由化交渉は切り離すべき」と農水省が他府省や相手国を説得する論拠となり，次節で述べるように相手国による産業間リンケージ戦略の芽を摘む効果はあったと考えられる。

第6節　経産省の誤算

　東南アジア諸国とのEPAは、これらの国々で生産ネットワークを展開している製造業を中心とする経済界の要望も強く、経産省の優先事項だった。他方で、こうした農産品と工業品を分離した東南アジア諸国とのEPA交渉がもたらした帰結は、経産省にとっては大きな誤算だった。

　第1の誤算は、経産省が戦略分野と位置付ける自動車等で、相手国の関税撤廃を確保できなかったことである。自動車を例に取ると、2005年9月に大筋合意したタイとのEPA交渉では、タイの3000cc以下の乗用車が関税撤廃から除外された。タイ側は、2005年3月の農産品の妥結後も自動車の関税撤廃を求める日本に対し、「自国のセンシティブ品目である自動車での譲歩は日本の農産品の更なる自由化が条件」と主張したが、既に大筋合意を公表済みの農水省にその用意は無かった。その後のタクシン首相の要請を受けて、農水省は約20品目の追加的な自由化を提示したものの、タイ側は最後まで3000cc以下の乗用車の関税撤廃を拒否した（東 2007）。更に、この結果はフィリピンとのEPAにも波及した。2004年11月の大筋合意では、フィリピン側は完成車や自動車部品の関税は全て撤廃することを受け入れたが、その後の日本とタイとの合意を受けて、2006年9月の署名時には、3000cc以下の乗用車の関税を撤廃から20％への段階的削減に後退させた（鈴木 2007）。同様の問題は、2008年9月に妥結したベトナムとのEPA交渉でも発生し、ベトナム側の輸送機器関連品158品目が関税撤廃から除外され（助川 2009）、乗用車に課された83％の高関税が残ることになった（内閣官房 2011c）。

　第2の誤算は、EPA交渉が難航した批判の矛先が経産省に向けられたことである。それは、農産品に比べて工業品の交渉が難航したタイとのEPA交渉で顕著だった。農産品の交渉が妥結した2005年3月の交渉会合では、タイ側交渉団は、日本側センシティブ品目の農産物はタイ側が譲歩して合意したのに、タイ側センシティブ品目の鉄鋼製品では、「日本側（経済産業省）

は譲歩するどころか要求ばかり突きつけている」との不満を強めた[31]。こうした日本の交渉姿勢に対する反発は、「日本はタイの鉄鋼業を壊滅させようとしている」といった愛国心を鼓舞する主張と重なり、メディアを通じて急速に影響を及ぼした。更に、難航する自動車の関税を巡る交渉の打開を目指して、中川経産相がタクシン首相やソムキット副首相と会談すべくタイを訪問した2005年5月には、一方的に工業分野の譲歩を迫り、政治家に直接圧力をかけて決着に持ち込もうとする日本の交渉姿勢への反発が起きていた。このようにタイでは、農産品の交渉が妥結して工業品のみが残った2005年の3月以降、一方的な要求や政治的な圧力をかける日本の交渉姿勢への反発が急速に広まり、タイの経済団体もこの流れに歩調を合わせたため、政治家は日本への譲歩と取られる決断をすることが極めて困難となった（東2007）。

EPAの推進が日本農業の自由化促進の梃子になると目論んでいた経産省にとって、こうした東南アジア3カ国とのEPA交渉の帰結は想定外だった。すなわち、EPA交渉で日本の主要な輸出品目である自動車等の工業品の関税を相手国に撤廃させるためには、その見返りとして相手国の要求に応える材料が必要となる。しかし、第1章の第1-2表に示したように、日本の工業品の平均関税率は世界でも最低水準で、自動車を始めとしてWTOで無税を約束した品目も多いことから、取引材料となるような工業品はほとんど無い。このため、相手国に工業品の関税を撤廃させる残された交渉カードは日本の農産品の関税撤廃ということになるが、その扱いを決めるのは農水省であって経産省ではない。霞が関で経産省と農水省は対等であり、事務レベルで経産省から農水省に要請したとしても、自民党農林族やその支持基盤である農協の反発を考えると農水省がそれに応じるはずもない。そうなると、EPA交渉で農産品を自由化するというカードを農水省に切らせるため

---

31 この時期に外務省の経済連携課長を務めていた尾池（2007）も、東南アジア3カ国とのEPA交渉に関して、「日本では、日本側の農業等についての交渉姿勢の堅さのために交渉が難航したと思われがちだが、交渉上の実感からいえば、相手国側が日本側の要求に応じられなかったことが難航の主な原因であった気がする」と述べている。

には、「官邸主導」で押さえ込むか、「外圧」をかけてもらうしか手がない。その後の経産省の行動は、以前にも増してこうした思惑に貫かれたものに変化していく。

第7節　経済財政諮問会議のグローバル戦略

　2005年から2006年にかけては、経済財政諮問会議を舞台にEPAをより一層推進しようとする動きが顕在化した。2005年6月21日に閣議決定された「経済財政運営と構造改革に関する基本方針2005」(骨太の方針 2005)には、「グローバル戦略の強化」が柱立てされた(内閣府 2005)。その中には、「開かれた活力ある国を目指し、グローバル化に戦略的に取り組んでいく。経済外交、国内構造改革、地域経営、国際分業等を通じて、グローバル化への総合的かつ戦略的な取組を行うため、経済財政諮問会議において平成18年春を目途に「グローバル戦略～我が国の世界戦略」(仮称)を取りまとめる」と明記された(傍点は筆者)。ここで留意すべきなのは、グローバル戦略を策定する主体が、通常の「行政府」ではなく「経済財政諮問会議」とされている点である。前者であれば、貿易自由化に関する拒否権プレーヤーである農水省の合意が必要だが、後者であれば形式上はその必要が無い。つまりこの表現からは、小泉政権下で改革の牽引役として存在感を発揮した諮問会議を前面に出すことによって、農林族や農水省の抵抗を排除しようとの意図が見て取れるのである。

　これを受けて2006年には、経済財政諮問会議でグローバル戦略の作成に向けた議論が始まった。まず2月15日の会議には、有識者議員が「グローバル戦略の全体像」と題する資料を提出し、重点的に審議すべき項目として農林水産業やEPA等を列挙した(内閣府 2006a)。その中で農林水産業については、「高齢化と国際的な貿易枠組みの急速な変化に対し、早急に対応する必要がある」と指摘した。またEPAについては、「国内利害調整に手間取ってEPA締結のスピードが遅くなっている。EPA締結国数と質を飛躍的に高めるため、本年春までに交渉人材の拡充を含めた体制の見直しと工

程表作成に着手する」ことを提言した。EPA に関する有識者議員の批判に応える形で、3月7日には「経済連携促進に関する主要閣僚打合せ」が開催された（内閣官房 2006a）。同日の会議では、「官邸主導の下、政府一体となり経済連携に取り組むため、今後とも必要に応じこのような閣僚打合せを開催するとともに、主要関係省庁の局長級会合を頻繁に開催していくこと」が確認された。

続いて3月16日の経済財政諮問会議では、有識者議員が「グローバル戦略の具体化に向けて（その1）」と題する資料を提出した（内閣府 2006b）。その中では、「交渉国・地域の優先順位や時期を明確化する工程表を、経済連携促進に関する主要閣僚による会議において4月中に作成し、骨太の方針に盛り込むべく経済財政諮問会議に報告する」ことを求めた[32]。これに対して外相の麻生太郎は、上記の閣僚打合せの開催に言及した上で、「民間議員より御指摘があった工程表については、EPA 関係閣僚会議の間で議論させていただく」と応じた（内閣府 2006c）。更に、4月7日の会議では、グローバル戦略に関して、外国人の受入れを巡る議論が行われ、4月19日の会議では、グローバル戦略の中間とりまとめが有識者議員から提示された。

こうした経緯を経て、5月18日の経済財政諮問会議で「グローバル戦略」が決定された（内閣府 2006d）。EPA を含む貿易関連部分の記述は、資料3-4に抜粋したとおりである。EPA に関する具体的な進展としては、第1に、別添として EPA 工程表を初めて策定し、交渉の期限を明示したことである。この際、「平成16年12月に策定した基本方針に従い」との留保条件付きながら、「工程表に記載されていない国についても、前向きに取組む」旨が明記されている点も新たな進展と言える。第2は、「遅くとも2010年には我が国の全貿易額に占める EPA 締結国との貿易額の割合が 25% 以上になっていることが期待される」との数値目標を盛り込んだことである。「期待される」という婉曲的な表現は行政文書としては異例で、腰が引けているよう

---

[32] 経済財政諮問会議が EPA 閣僚会議に対して報告を求めるというのは、本来の諮問機関の性格を逸脱しているように思えるが、これも小泉政権下での諮問会議の強大さを反映したものであろう。

な印象も与える[33]。それでも，貿易額の割合を指標として用いることによって，貿易額が少ない小国との EPA の締結のみでは目標達成は困難であり，豪州のような貿易額の多い相手国との交渉妥結を促す効果がある。「グローバル戦略」の工程表や数値目標は，7 月 7 日に閣議決定された「経済財政運営と構造改革に関する基本方針 2006」（骨太の方針 2006）に引用され（内閣府 2006e），行政府を拘束することになった。

資料 3-4　グローバル戦略（抜粋）（2006 年 5 月 18 日）

4. 対外政策のあり方と国際社会への貢献
① EPA 工程表に沿った交渉の加速
- 自由貿易協定（FTA）の貿易自由化の効果は，貿易障壁の高さと潜在的な可能性も含めた貿易量の大きさに依存する。したがって，貿易量が大きく，日本企業の生産ネットワークが構築されている東アジアとの EPA 締結を加速化するとともに，経済安全保障上重要な資源産出国や，潜在的な貿易量の拡大余地の大きい人口大国との交渉に積極的に取り組むことが，国民の経済的利益全体を高める上で重要である。
- 今後 1 年程度は別添の工程表に沿って，スピード感をもって EPA 交渉を進める。更に，工程表に記載されていない国についても平成 16 年 12 月に策定した基本方針に従い，前向きに取組む。
- 今後，EPA 工程表の着実な推進により，遅くとも 2010 年には我が国の全貿易額に占める EPA 締結国との貿易額の割合が 25％以上になっていることが期待される。

② 東アジア経済圏の構築
- 「東アジア EPA」構想も含めて，東アジア共同体の在り方について，我が国がとるべき外交・経済戦略上の観点から，今後，主要閣僚による打合せや事務レベルの省庁間会議の場などを通じて，政府内で十分議論していく。

③ 東アジアにおける OECD のような国際的体制の構築に向けた取組
- 東アジアにおいて，OECD のような，統計整備や貿易，投資・金融市場，産業政策，エネルギー・環境等に関する政策提言・調整機能を持つ国際的体制の構築に向け，アジア太平洋地域にわたる協力も得ながら，積極的に取り組む。

④ WTO 交渉への積極的取組
- WTO ドーハラウンド交渉の 2006 年までの妥結に向けて積極的に取り組む。農業，非農産品市場アクセス，サービス，ルール，貿易円滑化等の主要分野における野心的かつバランスのとれた成果を目指す。農業交渉については，農業の総合的な戦略による改革努力と有機的に結びつけつつ，「守るべきところは守り，譲るところは譲る，攻めるところは攻める」という姿勢で，戦略的かつ前向きに対応し，WTO ドーハラウンドの成

---

[33] これらの表現から判断すると，作成主体が「経済財政諮問会議」であるにもかかわらず，農水省を含む EPA の関係府省と調整した形跡が見られる。それでも，従来の関係府省の事務方による協議では為し得ない進展が見られるのも確かである。

功に向けて努力する。また,「開発イニシアティブ」を着実に実施する。
⑤ APEC への積極的な取組
- ボゴール宣言の目標年である 2010 年に我が国が APEC を主催することに向けて,アジア太平洋地域の貿易・投資の自由化・円滑化,経済・技術協力,テロ・感染症対策の推進等に積極的に取り組む。

資料：内閣府（2006d）。

　この際経産省は,官邸主導を錦の御旗に関係府省の抵抗を押さえ込んだ小泉政権下の経済財政諮問会議の役割に着目し,グローバル戦略の策定に積極的に関与した。まず手順の面では,2006 年 2 月 21 日に開催された経産省の産業構造審議会第 2 回通商政策部会で,「グローバル経済戦略」の策定を提案した。その際には,原案を 3 月下旬に開催予定の第 3 回通商政策部会に提示すると同時に経済財政諮問会議にも報告した上で,同月中に「グローバル経済戦略」を決定・公表するとの予定を示した（経済産業省 2006a）。また,グローバル戦略の内容に関しては,経産省が提示した「論点メモ」では,これまでの日本の EPA の取組みに関して,「自動車,鉄鋼等戦略分野での関税削減」をどう評価すべきかが論点の一つに盛り込まれた（経済産業省 2006b）。また,同じく経産省が示した「参考資料」では,日本が東アジア経済統合をリードしていくためには,「国内構造改革（市場アクセス,労働力の移動）と表裏一体となった経済連携戦略が必要ではないか」との論点が提起された（経済産業省 2006c）。こうした資料からは,農業の構造改革が不十分なために EPA 交渉の市場アクセス分野で譲歩ができず,そのために自動車や鉄鋼等の関税撤廃が確保できないとの経産省の問題意識が透けて見える。

　経産省が 2006 年 4 月初めに決定した「グローバル経済戦略」は,経済財政諮問会議の「グローバル戦略」に反映された。二階経産相は 3 月 16 日と 4 月 7 日の 2 回にわたって,経済財政諮問会議で「グローバル経済戦略」について説明した。また内容の面でも,「グローバル経済戦略」で提言された「EPA に関するアクションプランの策定」は,「グローバル戦略」では上述の EPA 工程表として結実した。更に,東アジア EPA 構想や東アジア版

OECD構想の検討[34]，2010年に日本が議長国を務めるAPECの活用等に関する提言も盛り込まれた。他方で，東アジアEPA構想を含む「グローバル経済戦略」について，経産省は事前に関係府省との協議は一切行わず，外務省や農水省からは不評を買った。前年まで経産相だった農相の中川昭一は，「政府内で事前の相談もなく唐突だ。国家戦略を十分認識しているのか」と異例の激しさで批判した。また，調整役の面目を潰された外務省の幹部も「政府方針として示すには解決すべき問題が多く，時期尚早。どうして事前に相談しないのか」と不満を表明した（朝日新聞 2006年7月28日）。

では，なぜ経産省は経済財政諮問会議にそれほどの影響力を発揮できたのか。まず制度上の要因としては，外相や農相とは異なり，経産相は経済財政諮問会議の常任議員であることがある。首相が議長を務める諮問会議では，内閣府設置法で規定された閣僚の常任議員は官房長官と経済財政相のみだが，慣例として首相の指名により経産相は財務相や総務相と共に常任議員に就いている。常任議員であることによって，経産省は諮問会議の議題設定（アジェンダ・セッティング）に影響力を行使することができる。また，実務上の要因としては，経済財政諮問会議の事務局を務める内閣府に経産省の出身者が多いことである[35]。2001年の省庁再編で内閣府に移行した旧経済企画庁には，伝統的に通産省から多くの官僚が出向していたため，経済企画庁は「通産省の植民地」と呼ばれてきた。このため，経済企画庁が内閣府に統合された後も，経済企画庁に出向していた通産省の官僚は，内閣府の中で政策立案に携わることになった[36]。その結果，省庁再編の後に経産省は，通産省時代以上に首相直属の政策スタッフに接触するチャンスを多く持てるよう

---

[34] 東アジア版OECD構想は，2008年にインドネシアに本部を置くERIA（東アジア・アセアン経済研究センター）の創設という形で実現した。
[35] 内閣府で諮問会議を担当する局長級の政策統括官（経済財政運営担当）には，旧経済企画庁出身者が就くのが慣例となっているが，2002年と2013年には経産省出身者が就任した例もあり，その配下の参事官以下にも経産省出身者が多く在籍していることから，その影響力の大きさは容易に推察できよう。
[36] 小泉政権時代の諮問会議でさえ，「民間議員ペーパー」を起草したのは専門知識を持つ各省からの出向官僚であり（伊藤 2007），その過程で経産省の意向が反映される余地は大きかったと考えられる。

になったのである（上久保 2009）。

第8節 小　括

　本書の分析枠組みに従うと，1999年末からの日本のEPAへの着手とその後の進展は，促進要因である争点リンケージの発揮と抑制要因である拒否権プレーヤーの姿勢の変化が相まって実現したものと言える。

　まず，争点リンケージに関しては，WTO一辺倒からEPAの併用への通商政策の転換やASEANとのEPA推進は，主に経産省が欧米や中国に対する日本の「出遅れ」という政治的損失を強調し，そうした政治面とEPA締結という経済面とをリンケージさせることによって可能となった。また，メキシコとのEPAの場合には，EPA締結による日本の工業分野での利益を農業分野での不利益と結びつける産業間リンケージによって，農産品のみを対象とした二国間交渉では想定し得ないような日本の農産品の自由化が実現した。他方でこの期間中には，米国とのEPAは現実的な選択肢としては俎上に載っておらず，その点で狭義の外圧がEPAの推進要因として機能したとは言えない。

　これに対して，EPAの抑制要因に関しては，小泉政権の長期化に伴う与党内の凝集性の高まりやEPAの停滞に対するマスコミ批判の高まり等によって，拒否権プレーヤーである自民党農林族や農水省の姿勢が変化した。すなわち，シンガポールとのEPA交渉では一切の自由化を拒否したものの，小泉首相が政権基盤を固める中で，メキシコとの閣僚級協議の決裂やASEANとのFTA締結を巡る中国の先行を受けてEPA推進に舵を切り，重要品目の関税割当による自由化や関税交渉と農業協力との産業内リンケージ戦略を活用して，東南アジア諸国とのEPA締結を成し遂げた。しかしながら，こうした農水省の農工分離戦略によって，東南アジアとのEPA交渉で自動車等の関税撤廃を取りこぼした経産省は，経済財政諮問会議を梃子に更なる農業自由化の方策を模索し始めたのである。

第 4 章
第一次安倍政権（2006 年 9 月～2007 年 9 月）

　2006 年 9 月に発足した第一次安倍政権では，官邸主導政治を実現した小泉政権の余勢を駆って，当初は経済財政諮問会議を牽引役として EPA 政策に大きな進展が見られた。このプロセスには，その後の日本の TPP 交渉参加に至る過程と多くの共通点があり，その点で詳細な検討に値する。他方で，2007 年 7 月の参院選での惨敗とその後の安倍首相の退陣によって，そうした勢いは長続きしなかった。本章では，APEC での FTAAP の検討開始の経緯から説き起こし，安倍政権における EPA の展開について，経済財政諮問会議での議論，日豪 EPA の交渉開始，経済財政諮問会議のグローバル化改革専門調査会での議論を概観する。その上で，2007 年 4 月の米韓 FTA 交渉の妥結等を受けて日米 EPA が浮上し，同月の日米首脳会談で両国が第三国との EPA に関する情報交換に合意するまでの過程を明らかにする。

第 1 節　APEC における FTAAP の検討開始

　安倍首相が就任した 2006 年秋には，米国のブッシュ政権が提唱した FTAAP の検討がハノイの APEC 首脳会議で合意され，そうした動きはその後の米国の TPP 参加にもつながるアジア太平洋の貿易秩序に関する転機となった。
　FTAAP の構想は，ABAC（APEC ビジネス諮問委員会）が 2004 年 11 月にチリのサンティアゴで開催された APEC 首脳会議に提出した提言が発端である（椛島 2007）。この際 ABAC は，「アジア太平洋自由貿易圏（FTAAP）の実現可能性及び想定される範囲と特徴に関する研究」を提唱

した（外務省 2004c）。しかし，この提案に対する APEC 参加国の反応は冷ややかだった（尾池 2007）。小泉首相は 11 月 20 日の ABAC 委員との対話で，「基本的にはいい提案だと思う。但し，アジア太平洋地域には，米国，ロシア，中国，チリ等があり，ほとんどが WTO メンバーでもある。また，現実的には二国間の FTA を前進させることが先決で，FTAAP は将来的な課題と思う」と述べ，WTO 交渉や二国間の FTA 交渉を優先する考えを示した（外務省 2004a）。米国のゼーリック通商代表も，WTO 交渉に労力を傾注すべきとの理由で提案を拒否した（Searight 2000）。更に，11 月 20～21 日の APEC 首脳会議でも，「ABAC から提言されたアジア太平洋自由貿易圏（FTAAP）については，複数の首脳から慎重な発言があった。さらに，新たな FTA の取組みを開始するのではなく，building block として既存の取組みを活用することの重要性を複数の首脳が指摘した」（外務省 2004b）とされ，積極的な支持はなかった。このため首脳声明でも，ABAC が FTAAP の検討を提案した事実が明記されるにとどまった（外務省 2004c）。

しかし，それから 2 年後の 2006 年後半になると，米国は突如として APEC で FTAAP 構想の検討を提案した（菅原 2006）。その一環として，米国国務省のマハラック APEC 担当大使は，9 月上旬から頻繁にアジア各国を訪問するようになり（日本経済新聞 2006 年 11 月 12 日），これは FTAAP 構想への支持を要請するためだったとみられる。米国は，10 月には日本に対しても「域内で自由貿易協定について検討を始めたい」と打診し，日本政府は「米抜きの経済圏づくりを牽制する政治的メッセージ」（経産省幹部）と警戒しつつも，「北朝鮮問題を考えれば，回答はイエス以外にない」（外務省幹部）と，早速支持を表明した（朝日新聞 2006 年 11 月 20 日）。11 月 18 日にハノイで行われた日米首脳会談でもブッシュ大統領は，「APEC の重要性を強調しつつ，FTAAP を推進していきたい旨」述べ，安倍首相も「FTAAP については，重層的な取組の一つとして検討することは有意義」と応じた（外務省 2006a）。同日の ABAC 委員との対話で安倍首相は，「現行の WTO 体制・交渉との関係にも留意しつつ，重層的な取組みの一環として，FTAAP についての検討を行うことは有意義ではないか」と

述べており（外務省 2006b），日米首脳会談では無かった WTO への言及から察すると，本来は FTAAP に積極的ではなかったが，米国への配慮から検討は支持したと考えられる。

写真 4-1　ブッシュ大統領と会談する安倍首相（2006 年 11 月 18 日）

資料：首相官邸ウェブサイト。

　では，FTAAP を巡って米国の姿勢が豹変した背景には何があったのか。まずは，米国政府の高官の発言を通じて検証する。米国のシュワブ通商代表は 11 月 9 日，「APEC での議論として適切なテーマだ」と述べ，FTAAP 構想を提案していることを認める一方で，「ただ，すぐに FTAAP に向けた交渉が始まるわけではない」とも述べた（朝日新聞 2006 年 11 月 11 日）。その後も，米国がこのタイミングで FTAAP 構想を打ち出した理由を何度か問われたものの，シュワブ代表は「あくまで長期的な目標」と繰り返すだけで，明確に答えることはなかった（朝日新聞 2006 年 11 月 20 日）。シュワブ代表が明確に答えなかったのは，APEC での貿易交渉に対するアジア諸国の抵抗の強さを熟知する通商代表部は，実際には米国政府内で FTAAP 構想に消極的だったのが一因と考えられる（モリソン 2009）。

　これに対して，APEC 首脳会議の閉幕後になると，米国政府の高官は FTAAP 構想の意図を公言し始めた。米国国務省のマハラック APEC 担当

大使は11月22日,「アジア太平洋で自由貿易協定（FTA）や自由貿易圏構想が乱立し,米国の見解を示す必要があった」と説明した（朝日新聞 2006年11月25日）。更に,米国通商代表部のバティア次席代表は同年12月,後述する経産省のASEAN+6FTA構想とFTAAP構想との関連を否定した上で,「東アジアで様々なFTA構想が浮上し米政権は何が妥当か考える必要に迫られたのが実情だ。大事なのは第一に市場開放を促す質の高い協定であること。第二に環太平洋のつながりを強める内容であることだ」と述べた（日本経済新聞 2006年12月7日）。このように,ブッシュ政権がFTAAPを提唱した真の狙いは,APEC規模の貿易自由化の効用やその実現可能性というよりも,東アジアへの米国の関与という外交的な観点だったと考えられる（大矢根 2012, p.178）。

この点に関してDent (2008, pp.134-135) は,米国がFTAAP構想を推進した理由として以下の3つを挙げている。第1は,米国を排除した東アジアでの経済統合に向けた動きへの牽制である。特に,二階経産相が2006年4月に「グローバル経済戦略」の中で提唱したASEAN+6によるFTA構想は,米当局には「米国排除」と映り,日本側に強い不満が伝えられた（日本経済新聞 2006年11月11日）。二階構想は,ホワイトハウスの国家安全保障会議（NSC）の議題にも上り,米国政府内にはあからさまに不快感を口にする高官も出た（日本経済新聞 2006年11月12日）。第2は,難航していたWTO交渉の代替策である。ここで言う「代替策」とは,米国がAPECでのFTAという選択肢を持つことによって,WTO交渉の場でEU等に譲歩を迫る「牽制球」と,WTO交渉が失敗した際の「保険」という2つの意味があった。第3は,貿易自由化をAPECでの主要な議題に引き戻すことである。1998年のEVSL協議の決裂以降,米国は成果の乏しいAPECへの関心を失っていたが,先進国によるボゴール目標の達成期限である2010年が迫る中で,FTAAPはAPECでの貿易議論を活性化するための好材料という訳である。

ただし,FTAAPについて検討を開始するとの米国提案には,APEC参加国から賛否両論が出された。APEC参加国の高官に対するインタビュー

を通じて，本件を巡る各国の本音に迫った Dent（2008, pp.134-135）によれば，FTAAP 構想に積極的なのは，提唱国である米国に加えて，シンガポール，ブルネイ，カナダ，ニュージーランド，チリだったのに対し[37]，消極的なのは，中国，日本，タイ，インドネシア，マレーシア，フィリピンだったとされる。実際に，11月15日のハノイでの APEC 閣僚会議の際も，米国，チリ，シンガポール，ニュージーランド等が賛成を表明したものの，中国や東南アジア等の途上国を中心に「性急すぎる」，「WTO 交渉の障害になる」等と懸念を表明する国が続出した（朝日新聞 2006 年 11 月 16 日）。

　こうした APEC 参加国の対立を受けて，首脳宣言の文言を巡る協議も難航した。議長国のベトナムがまとめた 1 次原案は，FTAAP の実現可能性を検討してきた ABAC の提言に対し，「首脳は見解を共有する」と簡潔に記すだけで，提言を踏まえた対応は示さなかった。その後，2 次原案は米国の主張を反映し，「将来目標として FTAAP を積極的に検討する」という記述に改められた。宣言の最終版は慎重派の意向を受け，「将来目標」は「長期的展望」に弱められたが，共同研究に取り組む計画が示された（読売新聞 2006 年 11 月 20 日）。最終的に合意された APEC 首脳声明の該当部分は資料 4-1 のとおりで，「現時点ではアジア太平洋の自由貿易圏について交渉することには現実的な困難さ」，「ボゴール目標及び WTO・DDA 交渉の成功裡の終結へのコミットメントを確認」，「長期的展望」といった慎重派への配

資料 4-1　APEC 首脳宣言（抜粋）（2006 年 11 月 19 日）

> 我々は，現時点ではアジア太平洋の自由貿易圏につき交渉することには現実的な困難さがあるものの，APEC としてアジア太平洋地域における貿易と投資の自由化に向けた，より効果的な道筋を真剣に検討することは時宜を得ているとの，APEC ビジネス諮問委員会（ABAC）による見解を共有した。したがって，ボゴール目標及び WTO・DDA 交渉の成功裡の終結へのコミットメントを確認しつつも，我々は，実務者に対し，長期的展望としてのアジア太平洋の自由貿易圏を含め，地域経済統合を促進する方法及び手段についてのさらなる研究を実施し，2007 年に豪州で開催される APEC 首脳会議に報告するよう指示した。

資料：外務省（2006c）。

---

[37] 後述するように，ASEAN 諸国は総じて米国提案に消極的だった中で，2006 年 5 月に発効した P4 協定加盟国のシンガポールとブルネイのみが FTAAP 構想に賛同している点は興味深い。

慮をちりばめることによって,「アジア太平洋の自由貿易圏を含め,地域経済統合を促進する方法及び手段についてのさらなる研究を実施し,来年のAPEC首脳会議に報告する」ことを明記した(外務省 2006c)。

これを受けて,豪州が議長国となって2007年9月にシドニーで開催されたAPEC閣僚会議では,「地域経済統合の促進に関する報告書」が承認され,首脳会議に報告された(外務省 2007c)。同報告書はFTAAPに関して一定の結論を出すものではなく,今後の検討項目として,①FTAAPに関する論点整理,②域内の既存の二国間・複数国間のFTAの比較分析,③FTAAPに関する既存の分析の精査,④既存のFTAの結合や統合の実現可能性の検討,の4点を列挙したものとなった(資料4-2)。

資料4-2 地域経済統合の促進に関する報告書(抜粋)(2007年9月)

アジア太平洋の自由貿易圏の検討
　2006年,我々は長期的展望としてのアジア太平洋の自由貿易圏(FTAAP)の実現可能性に関する提言を求めた。FTAAPはアジア太平洋地域の経済統合に対して少なからず貢献することができるが,その意味するところはまだ十分に理解されていない。また,解決されるべき問題も明らかにされていない。
　APECメンバーが参加する多国間自由貿易協定はすでにいくつか存在しており,その他にも様々な検討段階のものが存在する。二国間及び多国間の自由貿易協定に関する検討のための分析材料は相当量入手できる。しかし,FTAAPがもたらす課題のみならず,FTAAPによってもたらされる機会についての取組をAPECエコノミーの間で充実させることにより,より多くのことが学べることは明らかである。また,あり得べきFTAAPの様々な側面について議論するため,高級実務者による貿易政策対話を追加的に行うことは有益である。

合意された行動:
◆我々は,以下を含む,様々な現実的かつ段階的な取組を通じて,FTAAPのための選択肢及び展望の検討を行う。
　* 今後の準備段階の一部として,解決を要するであろうFTAAP関連課題の一覧表の作成,及びそれらが与えうる意味あいの検討。
　* 類似点・相違点についての知識の拡充をはかるとともに,FTAAP構想をすすめるために取り得る方途を特定するための,地域内の既存の二国間及び多国間協定についての分析的研究の実施。
　* あり得べきFTAAPに関連して行われた分析作業を改めて精査し,更なる分析作業の必要性を吟味。
　* 既存の自由貿易協定の結合または統合の実現可能性の検討。

資料:外務省(2007d)。

第 2 節　経済財政諮問会議での議論の進展

　安倍政権における EPA への取組みは，2006 年 11 月に経済財政諮問会議を舞台に始まった。まず，2006 年 11 月 2 日の閣議前に，官房長官，外相，財務相，厚労相，農相，経産相の 6 閣僚が出席して，経済連携促進に関する主要閣僚による打合せが開催された。その際には，安倍政権の発足を受けて，EPA 交渉を迅速に進めていくことの重要性と現在進行中の EPA 交渉の現状を確認した上で，今後の経済連携の進め方について関係閣僚の間で意見交換を行い，東アジア EPA 等より広い経済連携のあり方について引き続き議論していくこととされた（内閣官房 2006b）。

　同日 11 月 2 日に開催された経済財政諮問会議では，4 名の有識者議員が「グローバル化改革に向けて―EPA 交渉の加速を中心に―」と題する資料を提出した（内閣府 2006f）。提言のポイントは以下の 4 点に要約できる（資料 4-3）。第 1 は，グローバル化改革に関する専門調査会の設置であり，EPA の加速を中心とした経済連携の在り方や農業改革等について，日本を開いた国にするとの観点から課題の整理と具体的な検討を集中的に行い，2007 年春までに中間的な報告を行うとしている。第 2 は，2006 年 5 月の「グローバル戦略」で初めて策定された EPA 工程表の 2007 年春までの改定であり，2 年間で EPA 締結国を少なくとも 3 倍増とすることを目標に掲げるべきとしている[38]。第 3 に，EPA 工程表の改定に当たって，新たな対象国を選定し，日米 EPA，日中 EPA の可能性を検討すべきとしている。第 4 は，農業改革であり，国境措置の撤廃に向けた更なる取組として，国境措置を撤廃した場合の農業への影響に関する試算の早急な公表と，国境措置撤廃

---

[38] 提言の内容は，2007 年 1 月 25 日に閣議決定された（安倍政権としての成長戦略である）「日本経済の進路と戦略」に反映され，「EPA（経済連携協定）については，国内農林水産業への影響を十分踏まえ，その体質強化の進捗に留意しつつ，取組を強化する。その結果，今後 2 年間で EPA 締結国が少なくとも 3 倍に増加（12 か国以上）していることが期待される」と明記された（内閣官房 2007a）。

のスケジュールも含めた農政全体の改革工程表の2006年度内の作成を求めている。

資料4-3 経済財政諮問会議の有識者議員の説明資料（2006年11月2日）

グローバル化改革に向けて
―EPA交渉の加速を中心に―

平成18年11月2日
伊藤隆敏
丹羽宇一郎
御手洗冨士夫
八代尚宏

　人口減少による成長制約を克服するには、グローバル化のメリットを最大限活用する必要があり、「主張する経済外交」を展開すべきである。とりわけ、経済連携協定（EPA）交渉の加速がその鍵である。
　我が国は、これまで二国間協定を中心に取り組んできたが、さらにEPAのみならずWTOも含めた多国間交渉において主導権を発揮するには、改革が十分進んでいない岩盤のような分野での取り組みが不可欠である。総理大臣の強いリーダーシップの下、各省の利害を超えて、真の国益の観点からグローバル化改革を進める必要がある。
　その際、以下の点が特に重要であり、経済財政諮問会議に専門調査会を設置して、課題の整理と具体策の検討を行うべきである。

１．EPA交渉の加速
(1) 当面のEPA交渉の加速
　我が国のEPA交渉は、本年5月に策定されたグローバル戦略の「EPA工程表」に沿って進められているが、年内は特に以下の点に留意して交渉を迅速に進める必要がある。
① 日インドネシアEPAは、今月の大統領訪日までに大筋合意する。
② 日ASEANのEPAは、「EPA工程表」の目標どおり来年春までに実質的な交渉を終了する。
③ 共同研究が終了した日インドEPAは、年内に交渉を立ち上げる。
④ 日豪EPAは、年内に共同研究を終了し、交渉に着手する。
⑤ 日韓EPAの早期交渉再開に向けて努力する。
(2) EPA交渉の更なる加速に向けての課題
① 目標設定のあり方について
▶ 有効なEPAを迅速に締結するため、抽象的な「交渉方針」ではなく、具体的かつ明確な「交渉重点目標」を設定すべきである。
② ASEANを含めた多国間交渉について
▶ ASEAN+1を早期に締結する。さらに、ASEAN+3、ASEAN+6など、アジアにおける多国間EPAのさまざまな可能性を検討する。

③ 関税自由化について
▶ 我が国より高い自由化率を実現している他国の例を参照しながら，将来の WTO ドーハラウンド合意，2010 年の APEC ボゴール目標*を先取りした関税自由化を行う。
*先進国は 2010 年までに貿易・投資を自由化する
④ EPA 工程表の改定について
▶ 2 年間で EPA 締結国を少なくとも 3 倍増とすることを目標に，来春までに「EPA 工程表」を改定すべきである。その際，新たな対象国を選定し，日米 EPA，日中 EPA の可能性についても検討すべきである。

2．国境措置に依存しない競争力のある農業の確立
　これまでは，農業への影響が比較的小さい EPA にとどまっていたが，今後は農業を含めた本格的交渉が必要となる。グローバル化を恐れる農業ではなく，グローバル化を梃子として強い農業をめざすことが，日本の農業にとっても，消費者にとっても重要である。農業改革は，「食料・農業・農村基本計画」（平成 17 年 3 月），「21 世紀新農政 2006」（平成 18 年 4 月）に沿って進められているが，競争力のある農業の確立を目指して，更に以下の改革に取り組むべきである。
―農業部門の生産性の向上（農地の集約化・規模拡大を加速する更なる改革等）
―国境措置撤廃に向けた更なる取り組み
① 国境措置撤廃の農業への影響の試算を早急に公表
② 国境措置撤廃のスケジュールも含めた農政全体の改革工程表を，今年度内を目途に作成

3．人の移動
　外国人人材の受入れは，グローバル化のメリットを最大限活用する上での重要課題の一つであり，労働市場改革に関する集中審議の際に別途討議する。

4．世界に開かれたビジネス環境，金融・資本市場の整備
　国内のビジネス環境や投資環境を，世界に開かれた「自由と規律」あるものにしなければならない。そのために，内外の投資家から信頼される金融・資本市場を実現するための課題や阻害要因を抽出し，その改革工程を明確化すべきである。

5．専門調査会における検討の進め方
　「グローバル化改革に関する専門調査会（仮称）」においては，① EPA の加速を中心とした経済連携の在り方，② 農業改革，③ 金融・資本市場改革などについて，オープン・ジャパンの観点から課題の整理と具体策の検討を集中的に行い，来年春までに経済財政諮問会議に対して中間的な報告を行ってはどうか。

資料：内閣府（2006f）。

　経済財政諮問会議の有識者議員の提言は，後述する日豪 EPA の交渉開始を始めとして，その後の日本の EPA 政策に大きく影響した。他方で，その提言の全てが受け入れられた訳ではない。例えば，有識者民間議員は，関税

撤廃等のスケジュールを盛った農政の改革工程表を作るよう提案したが，松岡利勝農相が「厳しい国際交渉が展開される中で日本だけが丸裸になるのは問題だ」と強く反対して見送られた（日本経済新聞 2006年11月3日）。具体的には，松岡農相は「有識者議員御提案の改革工程表については，関税削減のスケジュールであるとしても，それを明らかにすることはWTO交渉やEPA交渉において，G6などが自国の利害をベースにつばぜり合いをしている最中に，我が国だけが一方的に裸になることを明らかにするのは，工業製品も含めた交渉全体の国益や戦略の上でもあり得ないことだと思う」（内閣府 2006g）と述べている。このように，有識者議員の提言は関係府省に対する強制力を持つものではない。しかし，それを否定するためには所管大臣が首相の面前で反対理由を明確にする必要があり，その点で正当性の無い理由で関係府省がサボタージュすることを防ぐ効果はあったと考えられる。

第3節　日豪EPA交渉の開始

　上記のように，経済財政諮問会議の有識者議員の提言が大きな影響力を発揮した一例が，日豪EPAの交渉開始である。

　日豪EPAは，日本にとって初めての農産物の大輸出国との交渉であり，それに反対する農水省や農業団体を押さえ込んで交渉に着手した点で，後述するTPPと多くの共通点がある。すなわち，上述の有識者議員による提言のとおりに，2007年4月までが期限とされていた政府間共同研究の最終報告書のとりまとめが2006年12月に前倒しされた上に，関税撤廃による国内農業への影響を懸念し，共同研究の終了を区切りにEPA構想を葬ろうと目論んでいた農水省の意向に反して交渉入りが決まったのである。その背景には経産省の存在があった。日豪EPAの必要性として，日本が中国に対抗して打ち出した通商戦略の柱である「東アジア経済圏構想」を進めるために，豪州とのFTA合意が不可欠との認識を広めた（読売新聞 2006年12月6日）。また，豊富な資源に目を付けた中国は2005年5月に豪州とFTA交渉

を開始しており，経産省は「このままでは中国に全て持って行かれる」と早急な交渉入りを主張した（朝日新聞 2006 年 12 月 5 日）。このように，経産省は中国を牽制する地政学的な手段としての日豪 EPA の意義をアピールし，中国への対抗心を露わにする安倍政権の関心を引いたと考えられる[39]。

　ただし，交渉開始への道のりは平坦ではなかった。日豪の両政府は，2006 年 11 月 7 日にキャンベラで開催された EPA 交渉に向けた次官級協議で，年明けにも正式交渉に入ることで大筋合意した（日本経済新聞夕刊 2006 年 11 月 7 日）。この時点までは，「中国との経済覇権争いの中で，EPA のバスに乗り遅れるな」というムードが広がっており，自民党の農林族議員の間にすら，日豪 EPA への反対意見は驚くほど少なかった。しかし，交渉入りの合意に達する見通しとなった 11 月中旬になって，関税撤廃による農産物への被害に対する懸念が自民党農林族議員の間で広がり，ムードが急に変わり始めたのである（岡田 2007）。同時に，自民党農林水産物貿易調査会では，既に関税率が低い豪州との EPA は日本の輸出拡大という観点からはメリットがないとの見方が大勢で，経産省幹部による「両国間の良好な貿易関係の意思表示」との説明も説得力を欠いていた（吉田 2012, pp.711-712）。

　これを受けて，自民党農林水産物貿易調査会会長の大島理森は，政府の交渉入りに待ったをかけた。同調査会の会合で，「豪州から農畜産品の関税撤廃を要求されることが明々白々であるが故に，農畜産業が致命的な打撃を受けるのを分かりながら交渉に入るべきではない」との「所見」を配布したのである。更に大島会長は，11 月 29 日の事務次官会議で予定されていた日豪 EPA の交渉入りの決定を延期させた上で，同日の調査会会合に松岡農相を呼び，「松岡大臣には「農業の除外と再協議」を入れてもらうように更に努力してもらいたい。我々の仲間である中川昭一政調会長にも申し入れて，総理官邸にも足を運んで最大限の努力をしよう」と述べた（吉田 2012, pp.711-712）。

---

[39] 松岡農相も 2006 年 11 月 2 日の経済財政諮問会議で，「豪州との EPA の戦略性は積極的に評価している」と述べており（内閣府 2006g），中国への対抗策としての地政学的な価値が閣内で共有されていたことがうかがえる。

12月1日には、農水省が豪州産の小麦、砂糖、乳製品、牛肉の4品目に対する関税を撤廃した場合の国内生産の減少額が約8千億円に達するとの試算を公表した（農林水産省 2006a）。同日の夕方には、農林水産物貿易調査会会長の大島理森、総合農政調査会会長の谷津義男、農林部会長の近藤基彦の農林三役が首相官邸を訪問して官房長官の塩崎恭久に面会し（吉田 2012, p.713）、重要品目を交渉の対象から除外するか、「再協議」とするよう求める安倍首相宛の要望書を提出した（朝日新聞 2006年12月2日）。こうした農林族の要請を受けて、日豪間で2005年11月から行われてきた政府間共同研究の最終報告書を巡る協議が行われ、12月4日に妥結した（朝日新聞 2006年12月5日）。報告書には、「日豪双方にセンシティビティが存在すること」や「交渉においては、『除外』及び『再協議』を含むすべての柔軟性の選択肢が用いられること」が明記された（外務省 2006d）。

最終報告書は、12月4日の自民党農林水産物貿易調査会に報告された。その場で報告書自体は了承されたものの、その条件として大島会長は、「豪州がわが国の重要品目の柔軟性について十分に配慮しなければ、政府は交渉の継続について中断を含め、厳しい判断をもって臨むこと」が明記された「日豪EPA・FTA交渉入りにあたっての決議文」を配布し、満場一致で採択した。決議文にある「中断」の2文字は、JA全中の宮田会長が「ぜひ付け加えて欲しい」と党側に要望していたものだった。この決議文は、その後に政調審議会、総務会でも採択され、「党議」決定として政府を縛ることになった（吉田 2012, pp.713-714）。共同研究の最終報告書は、12月5日に経済連携促進関係閣僚会議で了承された（読売新聞 2006年12月6日）更に、12月7日には、自民党農林水産物貿易調査会の決議文をベースとした決議が、衆議院農林水産委員会で採択された（衆議院 2006）。決議では、重要品目を除外又は再協議とすることが第一文に、重要品目に十分な配慮が得られない場合には交渉を中断することが第三文に明記された（資料4-4）。12月12日には、同様の決議が参議院農林水産委員会でも採択された（参議院 2006）。

資料 4-4　日豪 EPA に関する衆議院農林水産委員会の決議（2006 年 12 月 7 日）

1　米，小麦，牛肉，乳製品，砂糖などの農林水産物の重要品目が，除外又は再協議の対象となるよう，政府一体となって全力を挙げて交渉すること。
2　現在進行中の WTO 交渉や，米国，カナダ等との間の農林水産物貿易に与える影響について十分留意すること。
3　交渉に当たっては，交渉期限を定めず，粘り強く交渉すること。万一，我が国の重要品目の柔軟性について十分な配慮が得られないときは，政府は交渉の継続について中断も含め厳しい判断をもって臨むこと。
4　交渉を進める中においても，国内農林水産業の構造改革の努力を加速し，国際競争力の強化につながるよう全力を挙げるとともに，交渉の帰趨いかんでは，国内農林水産業，関連産業及び地域経済に及ぼす影響が甚大であることを十分に踏まえて，政府を挙げて対応すること。

資料：衆議院（2006）。

　日豪 EPA 交渉の開始は，12 月 12 日に行われた安倍首相とハワード豪州首相との首脳電話会談で合意された。この際安倍首相は，「交渉にあたっては，センシティビティに十分配慮し，特に日本にとっての農業等の重要性を認識しながら，相互利益の実現を目指す考えである」旨を述べた（外務省 2006e）。また，政府間共同研究の最終報告書も同日に公表された。更に，農水省は 12 月 15 日に「日豪 EPA 交渉入りに当たって」と題する農林水産大臣談話を発表した（農林水産省 2006b）。談話では，「豪州が日本への輸出に関心を寄せている農林水産物の多くは，コメ，小麦，牛肉，乳製品，砂糖など我が国にとって極めて重要な品目で，‥‥EPA により，一律に関税撤廃が行われれば，‥‥農林水産業その関連産業，更には，地域経済を崩壊に導く」とした。その上で，「日豪 EPA による関税撤廃は，‥‥他の農林水産物輸出国からの更なる自由化要求につながり，極めて厳しい国際貿易問題を惹起する可能性もある」と述べ，「コメ，小麦，牛肉，乳製品，砂糖をはじめとする重要な農林水産物が「除外」又は「再協議」の対象となるるよう，粘り強く，交渉に当たる覚悟である」と締め括られている。

第4節　グローバル化改革専門調査会の提言

　2006年11月2日の経済財政諮問会議で設置が了承されたグローバル化改革専門調査会は，2006年12月28日に第1回の会議を開催した（内閣府2006h）。調査会の会長には，経済財政諮問会議の有識者議員である伊藤隆敏東大教授が，会長代理には浦田秀次郎早大教授が，それぞれ就任した。また専門委員に就任したのは，上村達男早大教授，北岡伸一東大教授，斉藤惇産業再生機構社長，髙木勇樹農林漁業金融公庫総裁，本間正義東大教授であった。その場では，専門調査会の下に「EPA・農業ワーキンググループ」と「金融・資本市場ワーキンググループ」を設置して集中的な審議を行い，その成果を2007年春までに専門調査会から経済財政諮問会議に中間報告を行うこととされた。

　これを受けて，2007年1月31日にEPA・農業ワーキンググループの第1回会議が開催された（内閣府2007a）。主査には，グローバル化改革専門調査会の会長代理の浦田秀次郎早大教授が，副主査には本間正義東大教授がそれぞれ就き，他のメンバーは，伊藤隆敏東大教授，大泉一貫宮城大教授，北岡伸一東大教授，木村福成慶大教授，少德敬雄松下電器産業顧問，髙木勇樹農林漁業金融公庫総裁の6名であった。その際に了承された同ワーキンググループの検討項目は資料4-5のとおりであり，EPAを推進するためには農産物に対する国境措置である関税の撤廃が必要で，それに耐え得る競争力のある農業を確立する必要があるという思想が貫かれている（内閣府2007b）。

資料 4-5　EPA・農業ワーキンググループの検討項目（2007年1月31日）

(1) WTO／EPA
　貿易，サービス，投資などの活発化により我が国の生産性向上を図ることが重要である。WTOへの貢献も含め，スピード感のある中長期的なEPA戦略について具体的に検討する。
① EPA締結の直接メリット（日本企業の活動，消費者利益），間接メリット（政治的・経済的関係の深化），コストについてどう考えるか。
② EPA締結の相手国の選択はどのようにあるべきか。
③ 複数国間のEPAの構築にどう取り組むか。

④ WTO／EPA で日本が積極的な役割を果たすにはどうすればよいか。
(2) 農業改革
　我が国の成長力を強化するためグローバル化改革を進めるうえでは，農業改革が重要である。国境措置に依存しない競争力のある農業の確立のため，以下について具体的に検討する。
① 国境措置の削減もしくは合理化による生産者へのデメリット，消費者へのメリットについてどう考えるか。過去の農産物貿易自由化による影響についてどう評価するか。
② 担い手への支援集中をいかに効果的に行うか。農地の集約・効率的利用の促進に向けてどのような改革が必要か。また，これまでの農業改革による生産性向上効果をどう評価するか。更なる生産性向上，輸出できる農業の確立のためにはどのような改革が必要か。
③ 国境措置の削減及び合理化と，農業の生産性向上を同時並行的に加速することはできないか。

資料：内閣府（2007b）。

　2007 年 2 月 26 日に開催された第 4 回の EPA・農業ワーキンググループでは，農水省が関税を撤廃した場合の国内農業への影響に関する試算結果を提示した（農林水産省 2007）。試算によれば，関税を撤廃した場合，農業総産出額 8 兆 5,000 億円の約 42％に相当する約 3 兆 6,000 億円の国内農業生産額が減少すると見込まれた。その結果，国民総生産（GDP）は日本の GDP 全体の約 1.8％に当たる約 9 兆円減少し，農業・食品産業・その他関連産業の生産額の減少に伴って約 375 万人が失業すると試算された。その場合，40％の食料自給率は 12％に低下すると見込まれた。更に，関税撤廃による 3 兆 6,000 億円の減少を食い止めるためには，農業者への直接所得補償として新たに約 2 兆 5,000 億円が必要になることも示された（内閣府 2007c）。要するに，農水省の試算は，グローバル化改革専門調査会の設置の際に経済財政諮問会議の有識者委員が示した，農産物の関税撤廃と直接補助金による所得補償への転換を真っ向から否定したものとなっている。

第 5 節　米韓 FTA 交渉の妥結

　2007 年 4 月 2 日，米国と韓国の FTA 交渉が妥結した。米韓 FTA の最終的な関税撤廃率は，米国側が 100％，韓国側が 99.9％で，韓国側が関税撤廃から除外したのはコメ・コメ調製品の 16 タリフラインのみであった（内閣

官房 2010e)。韓国が，農産品を含めて高水準の自由化を決断したことは，日本の政府関係者にも驚きを持って迎えられた（尾池・馬場 2007）。

写真 4-2 米韓 FTA の署名式（2007 年 6 月 30 日）

資料：在韓米国大使館ウェブサイト。

米韓 FTA 合意は，日本の EPA を取り巻く状況に次のような影響をもたらしたと考えられる。第 1 は，米国が韓国からの輸入品に限って関税を撤廃する結果，自動車や家電に代表される日本企業が米国市場への輸出で韓国企業に劣後することを懸念し，日本政府に米国との EPA 締結を求めるようになる効果である。第 2 は，2007 年時点の農産品の平均関税率が 49% で（WTO 2008），日本の倍以上もあった韓国が，関税をほぼ全廃する FTA を締結したことによって，農業への配慮で FTA 締結が遅れている日本も，韓国に倣って大胆な農業自由化を行うべきとの圧力が高まる効果である。

第 1 の効果に関しては，経団連は現にその半年ほど前の 2006 年 11 月 21 日，「日米経済連携協定に向けての共同研究開始を求める」と題した提言を発表していた（日本経団連 2006）。提言では，日米 EPA が必要とされる背景として，① 日米同盟を重視するという政治的メッセージ，② 東アジア地域経済統合と米国との橋渡し，③ 米国と第三国との FTA による日本の競争上の不利性の回避，の 3 点を挙げている。その上で，日米 EPA のメリッ

ト・デメリットを分析し，その必要性・実現可能性を検証するために，両国政府が産学官共同による研究を速やかに開始するよう要望している。経団連の提言が，当時進行中だった米韓FTA交渉を意識していたことは明らかである。すなわち，日米EPAの必要性の一つとして「米国と第三国とのFTAによる日本の競争上の不利性の回避」を挙げ，提言にも「特に現在，交渉中の米韓FTAが仮に締結，発効に至った場合は，対米ビジネスにおいて日本企業が韓国企業との競争上，著しく不利な条件に置かれることが懸念される」と明記されているからである。

他方で，他のEPAと比べると，米国とのEPAに対する経団連の熱意はやや劣っていた。第1は，上記の提言が産学官による共同研究の開始要請にとどまり，早急に交渉開始を求めるような切迫感が示されていないことである。第2に，上記の提言では，配慮すべき課題の筆頭に農業分野を挙げていることである。具体的には，日米EPAの交渉に当たっては，国内農業分野のセンシティビティに配慮し，国内農業の競争力強化への取組みも含めた適切な国内対策を取ることが必要と指摘している。また，EPA締結に伴う関税の撤廃によって，農産物輸入の米国への依存が更に高まることの是非について検討する必要があるとも述べている。第3に，米国とのEPAを求める提言はこの1回に過ぎないことである。これに対してEUとのEPAでは，経団連は2007年6月，2009年4月，2009年11月の3回にわたって提言を発表して執拗に交渉開始を求めており，熱意の差は明白である。

第2の効果に関しては，関税撤廃に伴う農業対策を積極的に提起したのは経産省だったが，それは必ずしも米国とのEPAを前提としたものではなかった。すなわち，2008年4月の産業構造審議会通商政策部会で経産省は，韓国，EU，米国等の先進国はFTAを経済成長戦略の柱と位置付け，影響が生じる産業への国内対策を講じていることを紹介し，その中で米国の貿易調整支援策と共に韓国の農業対策に言及した（経済産業省 2008）。他方で，米韓FTAの日本の産業界への影響については，2007年4月の同部会において，米国の平均関税率は3.7%で，既に自由化がかなり進展していることから，「一定程度存在」すると述べるにとどまっている（経済産業省 2007a）。

つまり，経産省の資料からは，韓国企業と米国市場への輸出で競合する日本企業の利益を守るために，農業対策を講じて日米 EPA を推進すべきとの強い主張は感じ取れない。むしろ，大胆な農業自由化を決断した韓国の事例を喧伝し，日本でも関税撤廃を前提とした農業対策の検討が必要との雰囲気を醸成することによって，その後の EPA 交渉でのフリーハンドを確保しようとの意図が感じられるのである[40]。

第6節　日米 EPA の検討開始

　EPA・農業ワーキンググループは，2007 年 1 月から 2007 年 4 月まで 9 回にわたって会合し，2007 年 4 月 23 日の第 9 回の会議で，「EPA 交渉の加速，農業改革の強化」を副題とする第一次報告（内閣府 2007e）を取りまとめた（資料 4-6）。同報告は，金融・資本市場ワーキンググループの第一次報告と合わせて，「グローバル化改革専門調査会第一次報告」として，2007 年 5 月 8 日のグローバル化改革専門調査会で了承された（内閣府 2007d）。この中で，日米 EPA に関しては，日米間の経済関係の強化や米韓 FTA の締結に伴う日本企業の米国市場での不利性の解消といったメリットの一方で，WTO 体制や日本農業への影響といった課題にも言及し，2006 年 11 月の経団連の提言と同様に，まずは産学官の共同研究の開始を求める内容となっている。

資料 4-6　EPA・農業ワーキンググループ第一次報告（抜粋）（2007 年 4 月 23 日）

　米国との EPA は，両国間の関税撤廃に加え，投資，サービス等広範な分野をカバーすることにより，両国の貿易・投資を更に活発化させるとともに，日米間の緊密な関係を更に強化するものとなろう。また，米国は，商用車，乗用車，薄型 TV など我が国企業の関心品目で関税が存在しており，米韓 FTA の締結によって，我が国企業が米国市場で不利となる可能性も

---

[40] その後，経産省が韓国の農業対策を再び喧伝するのは，第 8 章で後述するように，2010 年 10 月の菅首相による日本の TPP 交渉参加の検討表明の後である。すなわち，同年 12 月の通商政策部会では，韓国の盧武鉉大統領が「外圧ではなく，国を強くするために自ら国を開く」と国民に呼びかけたとした上で，「政治主導で予算にメリハリをつけ手厚い農業対策」をとったことを紹介している（経済産業省 2010b）。

ある。
　他方，日米 EPA については，以下のような論点がある。

(a) 我が国と米国は合わせて世界の GDP の約 4 割を占めており，両国が EPA を締結することにより，WTO を含む世界の貿易体制に大きな影響を与えるという意見がある。しかしながら，日米という経済規模が大きな国の間の EPA が世界全体の貿易自由化にもプラスの効果があるとの意見もある。

(b) 日米両国は，全体としてみると比較的関税率が低いので，日米 EPA を締結する経済的なメリットは，関税撤廃だけでは大きくない。むしろ，投資，サービス分野，基準・認証制度，人の移動（査証等）における連携等，幅広い分野で交渉に取り組むことが必要ではないか。

(c) 米国からの輸入農産物は，米，小麦，豚肉等，我が国の農業への影響が大きいものが多いため，我が国農業の強化をどのように迅速に行うか。

　以上のような論点を検討するため，まずは日米 EPA に関する産官学の共同研究を立ち上げる必要がある。日米 EPA の締結は今後の重要課題である。早急に共同研究開始について先方に働きかけるべきである。

資料：内閣府（2007e）。

　また，経産省も米国や EU との EPA の推進を対外的に表明し始めた。一例として，2007 年 4 月 16 日に開催された産業構造審議会第 5 回通商政策部会に「EPA の取組状況と今後の進め方」と題する資料を提示し，その中で「東アジアでの経済連携はある程度道筋」が付いたとの認識を示した上で，「今後，東アジア以外の大市場国にいかに対応するかが鍵。米国，EU への対応を含め検討」（経済産業省 2007a）と明記した。また，委員からの指摘に答える形で経産省の事務方は，「日米，日 EU，日中が後回しになっているのはなぜかというのは非常に重要なご指摘だが，一言でいえば，それぞれ農業におけるハードルが高いということに尽きる」（経済産業省 2007b）とした上で，「日米，日 EU，日中，日韓については，何もしないということではなく，次のステップで検討していく必要があると考えている」（経済産業省 2007c）と述べている（傍点は筆者）。

　こうした中で，日米 EPA を巡る関係府省間の不協和音も顕在化した。上記の資料を巡って，農水省幹部は「なんてことを書くのか」と経産省に怒声混じりの電話をかけた。日米 EPA となれば，韓国のようにコメ以外のほぼ全ての農産物の関税を撤廃させられかねず，国内農家との調整役となる農水

省への相談なしに「米・EUとのEPAを検討」を明記した経産省に対して怒りを露わにしたのである（日本経済新聞 2007年5月11日）。他方で経産省幹部は，米韓FTA交渉の妥結時には，「農水省の目を覚ますにはちょうどいい」と述べており，それを積極的な通商戦略に転じるきっかけにしたいとの思惑を示していた（朝日新聞 2007年4月3日）。

こうした流れを受けて外務省は，2007年5月9日の経済財政諮問会議に，2006年5月に策定したEPA工程表の改定版である「EPA交渉に関する工程表」を関係府省と調整の上で提示した（外務省 2007b）。その中で，日米EPAに対する日本政府の立場が初めて表明され，「米国・EUを含め，大市場国，投資先国等については，諸外国の動向，これまでの我が国との経済関係及び各々の経済規模等を念頭におきつつ，将来の課題として検討していく」と明記された（傍点は筆者）。この文言は，外務省を調整官庁とし，日米EPAに積極的な経産省と消極的な農水省を交えた困難な協議の結果として作成されたものである。例えば，「諸外国の動向」という要素は，韓国が米国やEUとFTA交渉を進めている点で，日米EPAの促進材料であるのに対し，「将来の課題」という表現は，近い将来に日米EPAに着手することはないという意味で抑制材料となっている。

第7節　日米首脳会談での合意

米韓FTAの妥結を受けて，日本政府も米国とのEPAの検討に着手した。首相就任後に初めて訪米した安倍首相は，2007年4月27日のブッシュ大統領との日米首脳会談で，「グローバル貿易，エネルギー及び環境に関する課題に対処するための日米協力」と題した共同文書に合意した。その中には「第三国とのFTAに関する情報交換」という項目が盛り込まれ，「安倍総理とブッシュ大統領は，日米政府関係者による各々の第三国とのFTA／EPAに関する情報交換における進展を歓迎した」と明記された（外務省 2007a）。この表現から分かるように，日米間での第三国とのFTAに関する情報交換は，2007年初めから専門家レベルで行われていたが（朝日新聞 2007年

4月28日），それを首脳同士で確認したことは新たな進展であった。この合意は，将来のFTA交渉に向けた事実上の「事前協議」と捉えられた（朝日新聞 2007年4月28日）。他方で，日米がそれぞれ第三国と締結・交渉中のFTAについて情報交換を行うとしながらも，「日米FTA」という言葉は避けており，貿易自由化に神経をとがらせている両国の国内産業関係者を刺激したくないとの配慮も感じられた（読売新聞 2007年4月28日）。

写真4-3 ブッシュ大統領と会談する安倍首相（2007年4月27日）

資料：首相官邸ウェブサイト。

更に，2007年6月19日に閣議決定された「経済財政改革の基本方針2007」（骨太の方針2007）でも，日米EPAに関する日本政府の姿勢に進展が見られた。すなわち，その別表として添付されたEPA工程表に，「世界では，大経済圏を含む各国間でFTA交渉が活発化しつつあるが，米国・EUを含め，大市場国，投資先国等については，諸外国の動向，これまでの我が国との経済関係及び各々の経済規模等を念頭におきつつ，将来の課題として検討していく」という5月の経済財政諮問会議に提示されたEPA工程表と同じ表現の後に，「可能な国・地域から準備を進めていく」という文言が追加されたのである（内閣官房 2007b）。これも5月のEPA工程表と同様に，外務省・経産省・農水省が三つ巴となった激しい協議の妥協の産物で

あった。

第8節　参院選での惨敗と安倍首相の辞任

　経済財政諮問会議を牽引役に与党と行政府の拒否権プレーヤーを押さえ込み，農業大国や大市場国との EPA 交渉を推進しようとする安倍政権の戦略は，2007 年 7 月 29 日の参院選での自民党の大敗によって一気に失速した。
　参院選では，農村部と重なる 1 人区で自民党候補が相次いで敗北した結果，自民党が 37 議席にとどまったのに対し，民主党は 60 議席を確保した。選挙期間中に，全農家を対象にした戸別所得補償制度の導入を公約した野党の民主党は，自民党政権が導入を進めた大規模農家のみを対象とする新たな補助金制度を「小規模農家の切り捨てだ」と批判した（朝日新聞 2007 年 7 月 31 日）。このように，参院選で農家の戸別所得補償を掲げた民主党に敗北を喫した与党内では，農業の「改革」よりも「保護」を優先する空気が広がり（日本経済新聞 2007 年 9 月 9 日），保護拡充を訴える声が自民党内部でも増えていった（日本経済新聞 2007 年 8 月 2 日）。安倍政権の停滞は，頻繁な農相の交代によって更に深まった。自殺した松岡利勝の後を受けて 2007 年 6 月 1 日に農相に就任した赤城徳彦は，自らの事務所費問題等の責任を取って 8 月 1 日に辞任した（毎日新聞 2007 年 8 月 2 日）。その後，安倍首相は 8 月 27 日に内閣改造を実施したものの，農相に就いた遠藤武彦には，自らが組合長を務める農業共済組合の不正が発覚し，就任から僅か 8 日目の 9 月 3 日に辞任に追い込まれた（読売新聞 2007 年 9 月 3 日）。
　参院選での大敗を受けて，経済財政諮問会議の地盤沈下も露わになった。参議院で与党が過半数を割り込んだ結果，政策は与野党協議で決まるようになり，構造改革の司令塔としての経済財政諮問会議の地位は低下を余儀なくされた（日本経済新聞 2007 年 9 月 13 日）。安倍首相に近い官邸関係者も，2007 年 8 月下旬の時点で「諮問会議の運営方法そのものが変わらざるを得ない。民間議員が出すペーパーで『高めの球』を投げる方法はもう使えないのでは」と述べている（朝日新聞 2007 年 8 月 28 日）。その後の経済財政諮

問会議の帰趨は，まさにそのとおりになった。具体的には，9月12日に開催が予定されていた内閣改造後初の経済財政諮問会議では，民間議員が農業・農地改革を含む新たな地域経済活性化戦略の年内策定を提言する予定になっていたが，同日の安倍首相の辞任表明によって，急遽棚上げされたのである（毎日新聞 2007年9月14日）。このように，小泉政権以降の構造改革路線の失速は明らかであった。

第9節 小　括

2007年7月の参院選で敗北するまでの第一次安倍政権では，日豪EPAの交渉開始や日米EPAの検討開始といった日本のEPA史上に残る大きな進展があった。その背景も，本書が着目するEPAの促進要因と抑制要因の組合せによってうまく説明できると考えられる。

まず，EPAの推進要因に関しては，交渉の対象国が日本に外圧を行使できると言われる米国や中国ではないことから，外圧が機能していないことは明らかである。他方で，争点リンケージは，日豪EPAの交渉開始に至った主要な要因と考えられる。日豪EPAには日本側の経済的メリットがないとして反対する自民党農林族（吉田 2012, p.777）や農業団体（今野 2007）の主張に対し，経産省は，「中国への牽制」という地政学的な意義を強調することによって，安倍政権からの支持の獲得に成功した。換言すれば，経済的な損益を巡る「ロー・ポリティックス」を安全保障上の損益に関する「ハイ・ポリティックス」とリンクさせ，前者に対する後者の重要性を強調することによって，日豪EPAの経済的なメリットの乏しさを打ち消すことに成功したのである。こうした経済（EPAの締結）と外交・安全保障（中国への対抗）との争点リンケージは，日本のEPAへの着手やASEANとのEPA開始の際にも用いられた手法であり，ナショナリズムを刺激するそうしたレトリックの政治家やマスコミに対する説得力の高さを物語っている。

他方で，EPAの抑制要因に関しては，安倍首相が官邸主導政治を体現した小泉首相の禅譲によって就任した経緯もあり，小泉政権の余勢を駆って拒

否権プレーヤーの押さえ込みに成功したと言える。具体的には，経済財政諮問会議の有識者議員に提案させる形で，日豪 EPA の交渉開始，EPA の締結国に関する数値目標の設定，EPA 工程表の改定，日米 EPA の検討開始といった農業界からの抵抗が強い関門を次々と突破した。更に，グローバル化改革専門調査会の下に設けられた農業・EPA ワーキンググループの第一次報告には，政府を拘束する訳ではないものの，日米 EPA の検討を含む先鋭的な提言が含まれ，その後の政府による日米 EPA の検討の進展を後押しした。こうした中で，自民党の農林族議員も抵抗を試みたものの，日豪 EPA では交渉参加を半ば前提とした条件闘争に終始し，重要品目が関税撤廃から除外されるとの確約が取れない中での交渉入りを許すことになった。

第5章
福田政権（2007年9月～2008年9月）

　2007年7月の参院選での自民党の大敗は，参議院で与党が過半数を割り込む「ねじれ国会」の中で就任した福田政権下でのEPA政策にも大きな影響を与えた。本章では，安倍政権下で合意された第三国とのFTAに関する日米間の情報交換の進展から説き起こし，その後の経済財政諮問会議でのEPAを巡る議論を概観した上で，APECでのFTAAPを巡る議論の進展を要約する。こうした検討作業を通じて，参院選での大敗のトラウマと次期衆院選への危機感を募らせる自民党内で，豪州や米国といった農業大国とのEPAへの取組みが後退していく過程を明らかにする。

第1節　日米のFTAに関する情報交換

　2007年4月の日米首脳会談で安倍首相とブッシュ大統領が合意した「第三国とのFTAに関する情報交換」は，同年9月の安倍首相の退陣後に実現した。
　まず，日米首脳会談後の最初の情報交換は，2007年10月18日に東京で行われた日米貿易フォーラム第4回会合の中で実施された（外務省 2010b）。この会合の議長は，日本側が小田部陽一外務省経済局長，米国側がカトラー通商代表部代表補であり，両国から関係府省が参加した。この際に，分野毎により詳細な情報交換を行うことが合意され，2007年12月6～7日に東京で開催された日米次官級経済対話では，米国側が情報交換の対象となる分野別の議題項目を提案した。日本側は河野雅治外務審議官，米国側はプライス大統領補佐官（国際経済担当）が代表を務める同対話では，FTAに

関する情報交換に関し,「日米の各々が進めている FTA の現状につき情報交換を行った。各々の EPA／FTA 政策についての理解を深める上でこのエクササイズは有意義であることにつき一致,これを継続することで合意した」と発表された（外務省 2007e）。これを受けて 2008 年には,第三国との FTA に関する個別分野毎の情報交換が日米間の事務レベルで実施された（コラム 5-1）。

コラム 5-1　第三国との FTA に関する米国との協議

　筆者は 2008 年 6 月,第三国との FTA に関する情報交換のための米国との協議に臨んだ。これは第 4 章で述べたように,2007 年 4 月の安倍首相とブッシュ大統領との日米首脳会談での合意を受けたもので,テレビ会議の形で行われた。その時点で筆者は,米国を含む米州諸国との EPA を担当していたため,農水省を代表して参加することになった。情報交換の電話会議は何回かに分けて行われたが,当日は農産品に特化した議論だったので,農水省の参加が求められたのである。

　日本と米国がそれぞれに締結した第三国との FTA に関する情報交換が議題であるため,日本側はマレーシアとの EPA,米国側は韓国との FTA（米韓 FTA）を選び,事前に協定の条文を交換した上で,当日は農産品の合意内容を説明し,質疑応答を行うという形式で進められた。日本側の出席者は,経済連携課長を始めとする外務省の担当者数名と農水省からは筆者を含む 2 名だった。これに対して米国側は,米国通商代表部で米韓 FTA の農産品市場アクセス交渉に従事したという担当官 1 名のみだった。結果は簡潔にまとめて公表されると聞いていたが,米国側の政権交代でうやむやになったように思う。

　米国側の発言で印象に残ったのは次の 3 点である。第 1 は,「日本の EPA の自由化率があまりにも低いので驚いた」という米国側の率直な指摘である。表 1-4 に示したように,マレーシアとの EPA における日本側の農林水産品の自由化率は 53％に過ぎない。無論,電話会議の前に米国側に渡していたのは,マレーシアとの EPA の物品貿易に関する譲許表（個別品目毎に関税譲許の扱いを明記した一覧表）であり,自由化率の具体的な数字を示したわけではない。しかし,譲許表を見れば関税撤廃からの除外を示す「X」の記号がずらりと並んでいることから,日本側の農林水産品の自由化率の低さは一目瞭然

というわけである。

　第2は、米国が締結するFTAでは、いやしくも「自由貿易協定」である以上は、米国側も相手国側も全品目の関税撤廃が大原則で、関税撤廃からの除外について交渉する権限は事務方には与えられていないとの説明である。確かに、米国側にも相手国側にも、関税をすぐに撤廃することができない政治的に機微な品目が存在するのは確かだが、それに対しては時間をかけた段階的な関税撤廃やセーフガードの創設などで対処する方法を模索するのが事務方の役割だと述べていた。無論、こうした米国側の発言は、将来を見据えた日本への牽制という意図も込められていたものと思う。

　第3は、そうは言っても米韓FTAでは、韓国側がコメを関税の撤廃から除外しており、それと関税全廃を原則とする米国のFTA政策との整合性をどう理解するかという問題である。これに対して米国側の担当官は、米韓FTAにおける韓国側のコメの扱いは、盧武鉉大統領がブッシュ大統領に対して電話で直接要請して認められたものであり、事務方としてはあずかり知らぬ問題だとの回答だった。米国では、政治家が判断すべき領域と行政官が委ねられている領域とは明確に区別されているということなのだろう、というのがそれを聞いた筆者の感想であった。

　他方で米国政府は、日本とのFTAに関しては少なくとも表面上は慎重な姿勢を堅持していた。例えば、2008年3月4日に米国通商代表部が米国議会に提出した年次報告書では、日本とのFTA交渉の可能性について、「双方経済の規模や複雑さなどを考慮すると、両国間の経済史上で最も大がかりな事業となる」として、慎重な姿勢を示した（朝日新聞 2008年3月6日）。また、その半年程前の2007年10月には米国通商代表部のカトラー代表補も、日米間のFTAの可能性について「まだ機は熟していない」と語っている（日本経済新聞 2007年10月22日）。こうした米国側の消極姿勢の理由について、日本側の報道では、「日本の農産物市場の閉鎖性」を挙げる向きが多かったが（日本経済新聞 2007年10月22日）、米国政府が自国の弱みを自ら明言するはずがないことを考慮すれば、それは一面的に過ぎよう。つまり、実際には、現在25％の米国のトラックの輸入関税が撤廃されれば、日本車の輸入増で米国の自動車業界は打撃を受けかねず（読売新聞 2007年

4月28日），不振の自動車業界には日本車の対米輸出増大を警戒する動きがあることも（毎日新聞 2007年4月3日），米国の慎重姿勢の一因だったと考えられるのである。

第2節　経済財政諮問会議での議論の失速

　福田政権では，EPA の推進を巡って，小泉政権や第一次安倍政権で見られたような政策決定パターンが鳴りを潜めた。すなわち，経済財政諮問会議で有識者議員の先鋭的な提案を首相が是認し，その内容を閣議決定される骨太の方針に盛り込むことによって，関係府省の抵抗を排除するという手法が見られなくなったのである。

　福田政権下の経済財政諮問会議で EPA が取り上げられたのは，政権の発足から約半年が経過した 2008 年 3 月 18 日であった。同日の会議で 4 名の有識者議員は連名で，「開かれた国に向けて，一歩前へ」と題する資料を提出し，次のような提言を行った（内閣府 2008a）。第 1 は，小泉政権時代の 2006 年 7 月に閣議決定された「骨太の方針 2006」に盛り込まれた「2010 年には EPA 締結国との貿易額を 25％以上になっていることが期待される」との目安を実現すべく，「2010 年までの工程表を作成し，それを『骨太の方針 2008』に反映させる」ことである。第 2 は，EU との EPA を進めるために，「民間レベルで行われている共同研究を政府レベルに引き上げること」である。第 3 は，日米 EPA について，「政府間の情報交換を進め，政府部内での検討を深める」ことである。第 4 は，米国や豪州等の EPA 締結による関税撤廃で損失を被る農業を念頭に，「適切な補償措置を講ずるための全体像をパッケージとして示すこと」である。

　この際，外務省は関係 4 省でとりまとめた EPA 工程表の改定版を提出して説明した（外務省 2008）。その中で，米国や EU との EPA については，「米国及び EU を含めた大市場国及び投資先国との取組については，諸外国の動向，これまでの我が国との経済関係及び各々の経済規模等を念頭におきつつ，将来の課題として検討を進めていく。また，日米，日 EU 経済関係の

更なる発展を促すような基盤を整えていく方策は何かについて，民間で行われている議論も踏まえつつ，引き続き真剣に検討を進め，可能なものから，米国・EUと共に，準備を進めていく」と明記された。この文言は，2007年6月に閣議決定された「骨太の方針2007」と比べると後段の第2文が追加されているが，推進派の外務・経産両省と慎重派の農水省の主張を事務レベル協議で折衷した妥協の産物であり，冗長で意味不明なものとなっている。

有識者議員との議論では，高村正彦外相や若林正俊農相は提言に対して慎重な姿勢に終始した（内閣府 2008b）。まず，「2010年までのEPA工程表の作成」に関しては，高村外相は「更に農水省と検討が必要」とした上で，「我々としては，25％（は）やりたいとは思っている。ただ，それを今，ここで書くことがオーストラリアとの交渉の上で有利かどうか」（内閣府 2008b, p.8）と述べ，反対の姿勢を示した（朝日新聞 2008年3月19日）。また，米国やEUとのEPAについては，若林農相は，「世界全体の貿易自由化の推進を図ろうとするWTO交渉推進のインセンティブを小さくし，また，世界的な自由貿易体制の構築に悪影響を及ぼす危険性がある」（内閣府 2008b, p.6）という理由で反対した[41]。更に，「補償措置の提示」を巡っては，若林農相は「私はEPA交渉に当たって補償的な措置が示されることが必要だということは絶対に反対。……交渉をするときに，補償措置を一定の数値的な意味合いを込め，あるいは考え方を示すということは，……相手国からも，これは降りる用意があるなということを示してしまうということになるから，……補償措置を言い出すことは絶対にできないと思う」（内閣府 2008b, p.10）と述べ強く拒否した。

議論のとりまとめとしての福田首相の指示も明確さを欠いていた。EPAに関する議論の最後に福田首相は，「グローバル化戦略，中でもEPAの推進は，成長戦略の大きな柱である。しかしながら，難しい問題があるところ。今日の民間議員の提案を踏まえ，関係大臣で一歩出るようにして取り組

---

[41] 他方で甘利明経産相は「米国・EUも積極的にアジアとのFTAに取り組み始めているところである。そこで，……大市場国との経済連携を積極的に推進するべきだと思う」と述べ，積極的に取り組むように訴えた（内閣府 2008b, p.7）。

んでいただきたい」（内閣府 2008b, p.8）と述べ，今後の取組みは関係閣僚に委ねる姿勢を示した。また，同日に議論された「農業の活性化」に関する議論の最後でも，福田首相は「農業活性化は，言うは易し，行うは難しだが，なんとかしなければいけない。また，短期的というよりは，やはり中長期的に考えるべき問題でもあると思う。‥‥そういう中で，EPA という問題もあるから，非常に複雑で難しい。でもこれは解かなければいけない問題だと思うので，これを解く知恵を是非皆様方にもお出しいただきたい」（内閣府 2008b, p.13）と述べ，早急に取り組むべきといった指示は出さなかった。

　2008 年 6 月 27 日に閣議決定された「骨太の方針 2008」は，以上のような福田政権の姿勢を反映し，EPA に関しては特段の進展が見られないものとなった（内閣官房 2008）。すなわち，諮問会議の有識者委員が求めた「2010 年に向けた工程表」は別表として添付され，新たに米国や EU との EPA も項目立てされた。他方で，その内容は「将来の課題として検討を進めていく。また，日米，日 EU の経済関係の更なる発展を促すような基盤を整えていく方策は何かについて，民間で行われている議論を踏まえつつ，引き続き真剣に検討を進め，可能なものから，米国，EU とともに，準備を進めていく」とされ，3 月の経済財政諮問会議に提出された EPA 工程表の改定版と全く同一であった。こうした経緯は，福田政権下では EPA に関する政府内の調整は専ら官僚に委ねられ，政治家の関与は乏しかったことを物語っている。

第 3 節　FTAAP の検討の進展

　福田政権時代には，国内での EPA 議論の停滞とは対照的に，APEC での FTAAP に関する検討作業は着実に進展した。

　ペルーが議長国となった 2008 年の APEC プロセスでは，「地域経済統合の促進に関する報告書」に沿って，FTAAP の検討が更に進められた。同報告書で特定された 4 つの検討項目のうち，1 番目の「FTAAP に関する論点

写真 5-1　APEC 貿易投資委員会の模様（2008 年 8 月 20 日）

資料：APEC 事務局ウェブサイト。

整理」はニュージーランドと中国，2 番目の「域内の既存の二国間・複数国間の FTA の比較分析」はペルー，3 番目の「FTAAP に関する既存の分析の精査」は韓国が，それぞれ作業をリードすることになった（APEC 2009）。その上で，2008 年 8 月 19〜20 日の第 3 回 APEC 貿易投資委員会では，上述の 2 番目と 3 番目の作業項目について集中的に議論された（APEC 2008）。その際，3 番目の「FTAAP に関する既存の分析の精査」に関しては，「FTAAP の実現可能性に関する制度的な課題の分析」の必要性が提起され，その中で FTAAP の基盤として活用できる地域協力の仕組みとして，ASEAN+3，ASEAN+6，NAFTA と並んで P4 が議事録に明記された（資料 5-1）。これは，APEC 文書で P4 が取り上げられた最初の事例と考えられ，2008 年 8 月の時点で，APEC 参加国の間では既に P4 が FTAAP への道筋の一つとして視野に入っていたことがうかがえる[42]。

---

[42] この会議には筆者も農水省の代表として参加しており，P4 協定の存在を認識した最初の機会となった。

資料 5-1　APEC 貿易投資委員会の議事録（抜粋）（2008 年 8 月）

あり得べき FTAAP に関連する既存の分析作業のレビュー

20. インドネシア，ペルー，韓国を代表して韓国は，あり得べき FTAAP に関連する既存の分析作業のレビューと追加的な分析作業の必要性の評価を含むペーパーを会合に報告した。(2008/SOM3/CTI/036 を参照)。FTAAP に関する 50 以上の既存の分析作業のレビューは，FTAAP の合理性，望ましさ，実現可能性及び持続可能性に関する課題に答えると共に，FTAAP に向けた現実的な道筋に関するアイデアを共有するために実施された。これらの分析に基づいて，APEC に対して以下を提案した。
- 厳密に設計されたシナリオに基づいて，FTAAP のあり得べき効果を定性的に推定するための更なる分析を行う。すなわち，
  ○ ① 異なる自由化の規定，② 異なる進化の経路，③ 異なるメンバーの組合せ，④ 異なる対象の範囲，⑤ 異なる RTA の種類を含む事例特定的な試みを考慮する。
  ○ 分野別の試みやメンバー固有の試みを考慮する。
- FTAAP の実現可能性に関連する制度的な課題に関して，記述的で直感的な分析を行う。
  ○ 既存の FTA/RTA とどのように調和させるか。
  ○ 基盤として ASEAN+3，ASEAN+6，NAFTA 及び P4 等の地域協力の仕組みをどのように活用するか。
  ○ モダリティと関連する対象範囲，メンバー及び期間をどのように策定するか。
  ○ APEC の制度上の改革に関連する課題。
  ○ 地域の制度設計の観点からの FTAAP の政治経済的な側面。

資料：APEC (2008)。

第 4 節　小　　括

　福田政権では，ASEAN との EPA 交渉の最終合意やその署名といった成果はあったものの，日米 EPA を含む新規の EPA についてはほとんど進展が見られなかった。その背景について，EPA の促進要因と抑制要因に関する本書の作業仮説に照らして整理すれば次のとおりである。

　まず，EPA の促進要因の一つである外圧については，福田政権時代の米国は，第三国との FTA に関する情報交換協議には積極的に取り組む一方で，日本との FTA 交渉自体には慎重姿勢を維持しつつ日本側の検討を見守る姿勢を示したことから，米国からの外圧は認められない。他方で，もう一

つの促進要因である争点リンケージについては，安倍政権との顕著な相違が見られた。すなわち，安倍首相は，経済と外交・安全保障とのリンケージを念頭に，豪州や米国とのEPAを中国への対抗策という地政学的な手段と位置付けて積極的に推進したのに対し，中国に融和的な姿勢で知られる福田首相は，そうした戦略には与しなかった。このため，福田政権におけるEPAの推進力は弱かったと判断することができる。

　これに対して，EPAの抑制要因である拒否権プレーヤーの動向はどうだったのか。まず，与党内の拒否権プレーヤーである農林族議員は，2007年7月の参院選での自民党大敗の一因が，補助金の対象を大規模農家に限定する競争力重視の農業政策にあったとの危機感を強めた。これに対して民主党は，自民党の農政を「小規模農家の切り捨て」と批判し，全農家への戸別所得補償制度の創設を公約して，農村部と重なる一人区で圧勝した。この時点で，衆議院議員の任期は2009年9月10日までで，2年以内の衆院選の実施が不可避と認識した農林族議員は，農産物貿易の自由化につながる農業大国とのEPAに従来にも増して抵抗するようになった。行政府の拒否権プレーヤーである農水省も農林族議員に歩調を合わせ，経済財政諮問会議の有識者議員が主導する先鋭的なEPA推進提案に激しく抵抗した。このように，EPA推進に対する拒否権プレーヤーの抑制効果は高まっていたと考えられる。

第 6 章

麻生政権（2008 年 9 月〜2009 年 9 月）

　麻生政権の発足が 2008 年 9 月 24 日なのに対し，米国のブッシュ政権によるTPP 交渉への参加表明は同月の 22 日とほぼ同じ時期であった。米国の参加表明によって TPP への注目度は一気に高まり，米国から日本への参加の打診を受けて，麻生政権は歴代内閣の中で初めて TPP 交渉への参加問題に直面することになる。本章では，2008 年 2 月の米国による TPP 交渉への参加表明から説き起こし，その後の米国から日本に対する様々なレベルでの TPP 参加の打診の経緯を振り返った上で，TPP への関与のあり方について日本政府内でどのような議論が行われたのかを明らかにする。その上で，2009 年 8 月の衆院選に向けた民主党のマニフェストに盛り込まれた日米 FTA 構想を巡る顛末を振り返る。

第 1 節　米国の TPP 交渉への参加表明

　2006 年 5 月に発効した P4 協定の第 20 章では，投資と金融サービスの分野を新たに追加するための交渉を協定発効から 2 年以内に開始することが規定されている（MFAT 2005）。これを受けて，米国の通商代表部は 2008 年 2 月 4 日，2008 年 3 月からの開始が予定されていたこの 2 分野の追加交渉への参加を表明した（USTR 2008a）。この声明の中では，P4 協定は主に米国がシンガポールやチリと締結した FTA を基にしたものとした上で，2 分野への交渉参加と併せて，P4 協定に全面的に参加するか否かを決定するための詳細な検討プロセスを開始するとも述べている。

　こうした検討を踏まえて，米国のシュワブ通商代表は 2008 年 9 月 22 日，

P4協定参加4カ国の貿易大臣と会談し，米国がP4協定に全面的に参加するための交渉を開始することを発表した[43]（USTR 2008b）。この声明では，TPPへの潜在的な参加の関心を表明したその他の国々との議論が進行中とした上で，TPPが地域経済統合を促進するというAPECの目的を補強し，FTAAPの構築に向けた潜在的な経路になり得ると述べている。また声明には，TPPの最初の交渉会合が2010年の初めに開催予定であることも明記されている。米国のTPP交渉への参加表明を受けて，11月20日にはペルーのリマで開催されたAPEC閣僚会議の際に豪州とペルーがTPP交渉への参加を表明した（日本経済新聞 2011年11月22日）。その後，ベトナムもTPP交渉への参加を表明し，TPP交渉への参加国は8カ国に拡大するに至った。

第2節　米国から日本への打診

米国のブッシュ政権がTPP交渉への参加を正式に表明したのは，上述のとおり2008年9月22日であったが，その際の声明にも暗示されていたように，日本政府にも事前に参加の打診がなされていた。

まず，P4を巡って公になっている日米間の最初の接触は，2008年8月26日に行われた経産省の岡田秀一通商政策局長と在京米国大使館の経済担当公使との会談である。在京の米国大使館が本国に送った秘密公電によれば，この席で岡田局長は，「シンガポールが進めているP4に注目している」と述べたとされる（日本農業新聞 2011年8月7日）。当該新聞記事に引用されている秘密公電の内容はこれだけだが，会談内容の全てを公電にするわけではなく，それが機微な内容であれば尚更であることを考えると，こうした席で経産省のTPPに対する姿勢について，より突っ込んだ意見交換がなされた可能性は否定できない。

---

[43] この声明では，2006年に発効済みのP4協定を「環太平洋戦略的経済連携協定」（TPSEPA），P4に米国が参加して策定される協定を「環太平洋パートナーシップ協定」（TPPA）と使い分けており，本書でもこの用例に従う。

第2節　米国から日本への打診　107

　次に，2008年9月12日には，米国通商代表部のカトラー代表補と外務省の小田部陽一経済局長との電話会談が行われた[44]。この会談は，同月22日の米国によるTPP交渉への参加の事前通告と日本への参加の打診という2つの意味を持っていた。この際には，外務省が作成した日本政府の米国に対する回答案が事前に関係各省の間で協議され，そこで合意された「我が国としても，本件構想への関与のあり方について真剣に検討を進めたい」との立場が米国側に伝達された。ここで用いられた「真剣に検討を進める」という表現は一見前向きにも見えるが，これは米国の要請を無下に断れないという外交的な配慮であり，この時点で日本がTPP交渉に参加できると考えていた政府関係者はいなかったと考えられる。というのは，その頃にはP4協定が原則として全品目の関税撤廃に合意済みであることは周知の事実であり（日本経済新聞 2008年10月20日），農産品の関税撤廃が困難な日本には参加のハードルがあまりにも高いと考えられていたからである。

　こうした事務レベルの接触は更に続いた。訪日した米国通商代表部のカトラー代表補は，2008年10月13日と14日の両日に外務省，経産省，農水省の局長級と個別に会談した。この席で，日本のTPP交渉への参加に関して，外務省の小田部経済局長と経産省の岡田通商政策局長は，「現時点で日本政府は協議に参加できないが，将来の参加に向けた日米間の話し合いを進めたい」と持ちかけたのに対し，農水省の吉村馨国際担当総括審議官は，「（P4に加盟する）ニュージーランドと自由貿易協定を結ぶことに農業界は関心を持っていない」と否定的に答えた（日本農業新聞 2011年8月7日）。

　更に，米国等のTPP参加国からは，日本に対して閣僚レベルでの打診もなされた。具体的には，APEC閣僚会議出席のためペルーのリマを訪問した二階俊博経産相は，2008年11月20日に，米国，豪州，シンガポールの通商担当大臣との非公式会合（レジェンド・グループ会合）に出席した（外務省・経済産業省 2008）。この4カ国会談は，既にTPPへの参加を表明していた3カ国が「日本を口説く場」となり，二階経産相は豪州のクリーン貿

44　本段落は，筆者の農水省における実務経験に基づいている。

易相らから「仲間入り」を熱心に誘われた[45]（朝日新聞 2008 年 11 月 25 日）。また，APEC 閣僚会議の場で二階経産相は，「現下の金融危機における地域経済統合の取組の確実な前進のため，CEPEA，ASEAN＋3，TPP などの取組を同時並行で進めるべき」と主張した（外務省・経済産業省 2008）。この時点では，日本が参加する地域経済統合の枠組みは CEPEA と ASEAN＋3 のみであり，二階経産相の発言は，TPP は日本以外の第三国が進めるものという前提での発言と解釈されていたが，その後の展開を考えると，TPP に言及したのは米国等の TPP 参加国への配慮があったものと考えられる。

写真 6-11　APEC 閣僚会議に出席する中曽根外相と二階経産相（2008 年 11 月 20 日）

資料：外務省ウェブサイト。

---

[45] 筆者も APEC 会合への参加のためにリマに出張していたものの，この際の二階経産相の会談内容は事後的にも知らされなかった。

第 3 節　オブザーバー参加を巡る政府内の検討[46]

　米国が TPP 交渉への参加を表明した 2008 年 9 月以降，外務省や経産省は米国を始めとする TPP 交渉の参加表明国から相当の情報収集をしていたと推察される。他方で，最も積極派とされる経産省でさえ，この時点では日本の TPP 交渉への参加は困難と考えていた模様である。すなわち，2008 年 11 月の APEC 閣僚会議の際に，二階経産相は「(国内で) コンセンサスが得られていない」と述べ，経産省幹部も，TPP が掲げる「2015 年までの関税原則全廃」という目標はハードルが高く，「参加したくてもできない」と述べているからである (朝日新聞 2008 年 11 月 25 日)。

　このため，この時期の日本政府内での議論は，少なくとも当面は日本自らが参加することはないとの前提で，2009 年の 3 月からの開始が予定されていた TPP 交渉への対応に絞られていた。2009 年初めの関係府省間の協議では，米国や豪州の閣僚から TPP 交渉への参加を直接打診された二階大臣の強い意向を受けた経産省は，TPP 交渉会合に日本がオブザーバーとして参加すべきと主張した。2008 年 9 月の米国による参加表明を受けて，豪州，ペルー，ベトナムが TPP 交渉への参加を表明したが，ベトナムだけはその時点で参加を正式に確約しない準参加国 (associate member) という位置付けであり，日本もそれに倣おうというわけである。経産省としては，日本がオブザーバーとして TPP 交渉に参加することによって，交渉の情報を収集すると共に，将来の参加の芽を残したいという思惑だったと考えられる。

　これに対して外務省は，ベトナムは近い将来に TPP 交渉に正式に参加するとの前提で準参加国として認められているのであり，それとは異なる日本が同様にオブザーバー参加するのは無理というのが TPP 参加国の立場であるとし，TPP の交渉会合の終了後に TPP 参加国からブリーフを受ける形での情報収集の実施を提案した。こうした外務省案に対して農水省内では，日

---

[46] 本節は，筆者の農水省における実務経験に基づいている。

本がTPPに参加する余地はないことから政府として情報収集もすべきでないとの意見と，農水省の姿勢にかかわらず外務省や経産省は情報収集を行うのだろうから，農水省も同行してそれに関与すべきとの両方の意見があった。最終的には農水省も，外務省に窓口を一元化して対外的に目立たない形でTPP交渉参加国からブリーフを受けることは否定しないとの立場をとった。

第4節　オバマ政権のTPP参加見直し

　TPPへの対応を巡るこうした日本政府内での協議も，米国における共和党から民主党への政権交代に伴って一旦停止されることになる。米国等が参加したTPP交渉は，2009年3月からの開始が予定されていたものの，2009年1月に発足したオバマ政権は翌2月，政権交代に伴う通商政策のレビューを行うためとして，最初の交渉会合の延期をTPP参加国に求めたのである（滝井 2011）。他方で，TPPへの交渉参加に向けた米国の動きは完全に停止した訳ではなかった。すなわち2009年7月22日には，APEC貿易大臣会合の際に，TPP交渉への参加を表明している8カ国が初めての非公式閣僚会合をシンガポールで開催し，どのような手順で交渉するかについて意見交換を行った（日本経済新聞 2009年7月23日）。とは言っても，日本のTPPへの関心はひとえに米国の参加表明に起因したものであり，政権交代によって米国の参加自体が不透明になったことを受けて，日本政府内でのTPP交渉参加を巡る議論の熱も冷めていった。

　例えば，経産省の官僚は，2009年5月18日の産業構造審議会通商政策部会で，「経産省としてはTPPに入りたいと思っているが，政府として言えるのは『TPPはやる意欲はあるが，準備が整っていない』ということ。TPPは100％の関税削減を目指しており，日本が直ちに入るのは厳しい。TPPから置いていかれないように常に情報を収集し，インプットできるようにしていきたい」と述べている（経済産業省 2009）。また，2009年6月23日に閣議決定された「経済財政改革の基本方針 2009」（骨太の方針 2009）

では,「経済連携協定については,「2010年に向けたEPA工程表」に基づき,引き続き積極的に推進する」と明記されたのみで,前年度までのようなEPA工程表は添付されず,個別のEPAに対する新たな方針も示されなかった(内閣官房 2009a)。他方で,「骨太の方針 2009」には,「2010年に我が国が議長を務めるアジア太平洋経済協力(APEC)において, 地域の統合と発展に向けた新たなビジョンを示し,その実現に向けリーダーシップを発揮する」との記述が盛り込まれ,APECの開催をEPA推進の足がかりにしようとの意図が既にこの時点で頭出しされていたことは注目に値しよう。

第5節　民主党の日米FTA構想

　麻生首相は2009年7月21日に記者会見を開き,同年9月10日に議員の任期切れを迎える衆議院の解散を表明した。投票日が8月30日に設定されたのを受けて,野党第一党の民主党は7月27日,衆院選向けのマニフェストを発表し,その中で「米国との間で自由貿易協定(FTA)を締結し,貿易・投資の自由化を進める」との公約を盛り込んだ(日本経済新聞 2009年7月28日)。日米FTA締結に関する公約は,民主党の外交防衛会議の原案にはなく,鳩山由紀夫代表や小沢一郎代表代行ら執行部の判断となった後,「外交」の分野に一言だけ明記された。鳩山代表は外交分野の議論に深く関わっていなかったとされ,小沢代表代行の持論が幹部間でも本格的に議論されないまま通ったとされる(朝日新聞 2009年8月8日)。
　これに対して,自民党の農林部会は翌日の7月28日,「民主党マニフェスト『米国とのFTA締結』についての声明」を発表した(自由民主党 2009)。声明では,米国とのFTA締結による農産物貿易の自由化によって,「米国から膨大な農産物が輸入され,国内農産物の市場を奪い,数兆円規模の影響が出るものと見込まれる」ことから,「国内の農業・農村,強いては地域経済社会が成り立たなくなるほど,致命的な大打撃を受けることは必至」であり,「日本の農業・農村社会を崩壊に導くものであって,われわれは容認できず,断固,反対する」と述べている(資料6-1)。また,JA全中も7月31

写真 6-2　マニフェストを発表する民主党の鳩山代表（2009 年 7 月 27 日）

資料：民主党ウェブサイト。

日，「日米 FTA 断固阻止等に関する声明」を発表した（全国農業協同組合中央会　2009a）。声明では，「原則関税撤廃をめざす FTA 交渉において，米国との締結をすすめようとするならば，米国は自らの関心品目である米，麦，豚肉，牛肉等の関税撤廃を求めてくることは必至であり，これらの品目の関税が撤廃されれば，わが国農業・農村，ひいては地域経済社会にも壊滅的な打撃を与えることになる」として，「所得の増大を望む農家や，自給率の向上を望む国民を裏切る公約であると言わざるをえず，断じて認められない」と表明した。

資料 6-1　自民党農林部会の声明（2009 年 7 月 28 日）

民主党マニフェスト「米国との FTA 締結」についての声明

平成 21 年 7 月 28 日
自　由　民　主　党

　昨日，公表された民主党のマニフェストの中で，「政権交代で変わるのは，あなたの生活です」の文中 7 の外交において，「米国との間で自由貿易協定（FTA）を締結し，貿易・投資の自由化を進める」ことが明記されている。しかるに，このことは，日本の農業・農村社会を崩壊に導くものであって，われわれは容認できず，断固，反対する。
　民主党が米国との間で FTA を結び，農産物の貿易を自由化した場合，米国から膨大な農産

物が輸入され，国内農産物の市場を奪い，数兆円規模の影響が出るものと見込まれる。このことは，取りも直さず，国内の農業・農村，強いては地域経済社会が成り立たなくなるほど，致命的な大打撃を受けることは必至であり，日本農業を売り渡すことに等しい。

　加えて，民主党は同マニフェストの中で「主要穀物等では完全自給をめざす」と公約しているが，自己矛盾以外何ものでもない。

　もとより，民主党の農政改革の方向については，自由貿易を前提としての考え方であり，われわれは「米価が一俵当たり5千円になる場合は，米の輸入完全自由化しかありえない」と反論を加え続けてきた。

　われわれの反論が，今回の民主党マニフェストによって裏付けられたことになり，民主党の農政に対する姿勢が明白になった。「政権交代で変わるのは，日本農業の崩壊」である。われわれは，改めて，民主党政権の下では，日本の農業が立ち行かなくなり，忽ちにして行き詰ることを確認する。

　ここに，わが党は，民主党が如何に政権担当能力を持たない危険な政党であるかを全国の農家・国民に訴えるとともに，自民党は現実を踏まえながら，厳しい農政の明日を切り拓いていくことを宣言する。

資料：自由民主党（2009）。

　こうした農協の反発を受けて民主党は，声明が発表されたのと同日の7月31日，羽田孜最高顧問（元首相）や北澤俊美副代表らがJA全中の茂木守会長を訪問した。民主党の農政に対する不信感を隠さない茂木会長に対し，羽田最高顧問はその場で，「FTAを『締結』とした表記は取り消す」と確約した（産経新聞 2009年8月8日）。更に，民主党は8月5日，農林漁業再生本部の平野達男副本部長がJA全中を訪問し，『『日米FTA断固阻止等に関する声明』について」と題する申し入れを行った（民主党 2009a）。「申し入れ」では，全中の7月31日付けの上記声明で，民主党のマニフェストが，米国との間で「米，麦，豚肉，牛肉等の関税撤廃」を容認していると一方的に決めつけたことは遺憾とした上で，「FTAの交渉を行う際には，……米などの重要な品目の関税の引き下げ，撤廃をしないことを条件に交渉する」と述べ，いわゆる重要品目の関税撤廃からの除外が前提であることを明確にした。

　自民党や農業団体からの激しい反発に直面した民主党は，菅直人代表代行が8月7日に臨時の記者会見を開き，日米FTAに関する公約の修正文を発表した[47]。具体的には，「米国との間で自由貿易協定（FTA）を締結し」と

の当初の公約を「米国との間でFTA交渉を促進し」(傍点は筆者)と修正した上で,「その際,食の安全・安定供給,食料自給率の向上,国内農業・農産の振興などを損なうことは行わない」との一文を追加した(朝日新聞2009年8月8日)。しかし,こうした修正に対してもJA全中は引き続き反発し,8月11日に再び「日米FTA問題に関する声明」を出した(全国農業協同組合中央会 2009b)。声明では,「日米FTAの問題について,民主党は『締結』を『交渉促進』に修正するとの報道がなされているが,それによって我々の懸念は決して払拭されるものではない」と述べている。その上で,「日米FTAは,二国間の経済交渉であり,一方の国が『締結』を『交渉促進』に方針転換しても,何ら変わりなく,交渉入りすれば関税撤廃が求められることから,交渉入りすること自体問題である」として,「断じて日米のFTAは認められない」と結論づけている。

　結局,日米FTAに対する民主党の姿勢は曖昧なままだった。衆院選の期間中の2009年8月17日に行われた党首討論会で,「日米FTA交渉に入るべきではない」と主張する共産党の志位和夫委員長に対して民主党の鳩山代表は,「私は全くそう思っていない。‥‥米国との付き合い方は今まで防衛に偏っていたと思っている。軸足をより経済にシフトさせるべきではないか。その中でFTA交渉を進めたらよろしい」と反論し,日米FTAを推進する考えを示した。他方で,自民党の麻生太郎総裁の「民主党は日米FTAを『締結』すると公言していたが,『交渉を促進』にした。日本の農業についてとても真剣に考えているとは思えない」との指摘に対しては,鳩山代表は「相手があるので締結すると言っても百%かなうとは限らない。マニフェストの性格上,促進に改めた」と述べ,必ずしも積極的ではない(朝日新聞2009年8月29日)。更に,民主党政権発足後の2009年9月に岡田克也外相

47　民主党のマニフェストの修正に対して,民主党の小沢代表代行は2009年8月9日,「農業の戸別所得補償制度の導入を前提に,農産物も含む日米FTA締結をめざすべきだとの考えを改めて強調」し,「農協がわいわい言っているケースもあるそうだが,全くためにする議論だ」と批判した(朝日新聞 2009年8月9日)。こうした発言から,日米FTAをマニフェストに盛り込んだのはやはり小沢だったと推測できよう。

は,「マニフェストに書いたが,日米 FTA が農業に悪い影響を出さないようにということも強調しており,そういう前提の中で議論を進めていきたい」と述べ,積極的に取り組む意向は示していない(朝日新聞 2009 年 9 月 18 日)。

第 6 節 小　括

　麻生政権が発足した 2008 年 9 月には,米国が TPP 交渉への全面的な参加を表明し,これによって TPP の政治的・経済的な意義は著しく高まった。にもかかわらず,日本の TPP 交渉参加に向けた動きが顕在化することはなかった。この背景を,本書の作業仮説を用いて検証すると以下のとおりである。

　まず,EPA の促進要因については,米国が TPP 交渉への全面的な参加表明をする前後に,事務レベルや閣僚レベルで日本に対する参加の要請が行われており,この点では米国からの一定の外圧は存在したと言える。実際に,米国からの打診を受けた当事者である経産省は,それを契機として TPP 交渉へのオブザーバー参加を模索する動きを見せている。他方で,米国からの打診は高圧的なものではなく,日本における農産物貿易自由化の困難性を踏まえると,そもそも米国自身も日本が TPP 交渉にすぐに参加するとは考えていなかったと思われる。一方で,もう一つの促進要因である争点リンケージに該当するような動きは観察されなかった。

　次に,TPP を含む EPA の抑制要因に関しては,2007 年の参院選での自民党の大敗,その結果としてのねじれ国会の発生,間近に迫った次期衆院選への思惑といった要因から,与党自民党内の凝集性は低く,拒否権プレーヤーの影響力は福田政権時に引き続いて大きかったと考えられる。特に,参議院で第一党となった民主党との対立点の一つが戸別所得補償制度を巡る農業政策のあり方であり,次の衆院選への影響を考えると,自民党として農業票を敵に回すような EPA 政策の進展は考えられなかった。麻生政権下で,米国から TPP 交渉参加への打診がなされたにも関わらず,それが事実上黙

殺されたのは，そうした国内の抑制要因によるところが大きかったものと考えられる。

第7章
鳩山政権（2009年9月～2010年6月）

　政権交代前に日米FTAを巡って混乱した民主党は，政権に就いた直後から米国との軋轢に悩まされることになった。米国を外した東アジア共同体構想に執着する鳩山政権と，TPP交渉参加を奇貨としてアジア回帰を鮮明にするオバマ政権との確執は覆いがたいものとなっていった。これが，その後に民主党政権下でTPP参加問題が浮上する伏線の一つになっていく。本章では，2009年9月以降の民主党政権下での日米関係や，オバマ政権のアジア回帰の一環としてのTPP交渉への参加を巡る動きについて概観した上で，民主党政権下でのEPA政策の展開過程を振り返る。その際特に重視するのは，次章で述べる菅首相による2010年10月のTPP交渉参加の検討表明の前に，その布石として鳩山政権下でどのような種が播かれていたのかを明らかにすることである。

第1節　鳩山政権下の日米の軋轢

　鳩山政権では，2009年9月16日の発足直後から，米国との関係がぎくしゃくした。そうした日米間の軋轢の背景には，経済面と安全保障面での行き違いがあった。
　まず，経済面の軋轢の原因としては，民主党が衆院選のマニフェストで掲げた「東アジア共同体」の扱いがあった（資料7-1）。具体的には，岡田克也外相は10月7日の講演において，東アジア共同体構想への参加国として「日本，中国，韓国，東南アジア諸国連合（ASEAN），インド，豪州，ニュージーランドの範囲で考えている」と述べ，米国を想定していないこと

を明言したのである（日本経済新聞 2009 年 10 月 8 日）。こうした岡田外相の発言に対しては，直後に在米日本大使館を通じて日本政府に不快感の表明があった（朝日新聞 2009 年 10 月 15 日）。また，鳩山首相は 10 月 10 日に中国の北京で開催された第 2 回日中韓サミットにおいて，「日本外交について，日本はアジアの一員であり，日米関係を重視しながらも，アジア重視の政策を進めていく，日中韓で実際の協力を進め，開放性，透明性，包含性という考えの下に三国を核として地域協力を進め，その先に東アジア共同体を構想していく」と発言した（外務省 2009a）。鳩山首相のこうした言動は，米国に対し「新政権は米国離れを志向している」との疑念を生んだ（日本経済新聞 2010 年 10 月 18 日）。

資料 7-1 民主党のマニフェスト（抜粋）（2009 年 8 月 11 日）

7 外交
51. 緊密で対等な日米関係を築く
    - 日本外交の基盤として緊密で対等な日米同盟関係をつくるため，主体的な外交戦略を構築した上で，米国と役割を分担しながら日本の責任を積極的に果たす。
    - 米国との間で自由貿易協定（FTA）の交渉を促進し，貿易・投資の自由化を進める。その際，食の安全・安定供給，食料自給率の向上，国内農業・農村の振興などを損なうことは行わない。
    - 日米地位協定の改定を提起し，米軍再編や在日米軍基地のあり方についても見直しの方向で臨む。
52. 東アジア共同体の構築をめざし，アジア外交を強化する
    - 中国，韓国をはじめ，アジア諸国との信頼関係の構築に全力を挙げる。
    - 通商，金融，エネルギー，環境，災害救援，感染症対策等の分野において，アジア・太平洋地域の域内協力体制を確立する。
    - アジア・太平洋諸国をはじめとして，世界の国々との投資・労働や知的財産など広い分野を含む経済連携協定（EPA），自由貿易協定（FTA）の交渉を積極的に推進する。その際，食の安全・安定供給，食料自給率の向上，国内農業・農村の振興などを損なうことは行わない。

資料：民主党（2009b）。

他方で，安全保障面でのより深刻な軋轢の原因は，沖縄県の米軍普天間飛行場の移設問題であった。民主党は，2009 年の衆院選のマニフェストに「米軍再編は見直しの方向で臨む」と明記し，普天間飛行場を名護市辺野古

の米軍キャンプ・シュワブ沿岸部に移設するとの日米合意の見直しを打ち出した。鳩山首相は，衆院選期間中に更に踏み込んで「最低でも県外へ」と訴えた。しかし，政権獲得後，現実には県外移設の実現も現実路線への修正もできず，政権は立ち往生した。11月13日の東京での日米首脳会談では，オバマ大統領が「基本は守るべきだ」と計画の履行を促し，「時間がたてば，より問題の解決が難しくなる」と早期の決着を迫ったのに対し，鳩山首相は「できるだけ早く結論を出したい。信じてほしい」と述べた。また，2010年4月12日にワシントンの核安全サミットの際に行われた日米の非公式首脳会談では，オバマ大統領は苛立ちを露わに「あなたは『トラスト・ミー』と言った。しかし，何も進んでいないではないか」と不満をぶつけた。迷走を続ける鳩山政権に，米国側の不信感は頂点に達した（読売新聞「民主イズム」取材班 2011）。

　こうした日米間の不協和音を受けて，2009年10月の時点では，早くも日米関係の悪化を懸念する報道が頻発するようになった。例えば，米紙ワシントン・ポストは10月22日付けの1面で，米軍普天間飛行場の移設問題をはじめとする鳩山政権の日米同盟への対応について，米国務省高官が「いま最も厄介なのは中国ではなく日本」と述べたと伝えた（朝日新聞夕刊 2009年10月23日）。このように，民主党政権の発足直後から，米軍普天間飛行場の移設問題や東アジア共同体等を巡って日米関係が大きく悪化したことを受けて，日米関係を改善するための取組みが日本側に強く求められるようになり，それが日本のTPP交渉参加問題にも影響を及ぼすことになる。

第2節　オバマ政権のTPP交渉参加表明

　一方米国は，オバマ大統領への政権交代後に，改めてTPP参加に向けて動き始めていた。その一環として，APEC閣僚会議開催中の2009年11月11日にシンガポールで行われた会談で，米国のカーク通商代表は直嶋経産相に対してTPP交渉への合流を打診した。これに対して，直嶋経産相は「すぐには参加できない」と答えた模様だと伝えられている（日本経済新聞

2009年11月27日）。この打診は，実はオバマ政権が凍結していたTPP交渉への参加準備の一環であった。

　11月13日に東京で行われた日米首脳会談では，上述のように，米軍普天間飛行場の移設問題に注目が集まった。こうした中で，アジア太平洋の地域情勢については，オバマ大統領が「アジア太平洋地域の重要性について，明(14)日実施予定のアジア政策スピーチに言及しつつ，米国はアジアへの積極的な関与を行っていく旨，米国は地域における重要なプレーヤーである旨」を述べた。これに対して鳩山首相は，「アジアにおける米国のプレゼンスを期待している旨，このこと故に日米同盟が我が国外交の基軸であるということも申し上げている旨，米国のプレゼンス，日米同盟があることから，東アジア共同体構想を提唱している旨」を述べた（外務省 2009d）。外務省の発表資料には，翌日のオバマ大統領のアジア政策スピーチへの言及はあるが，米国のTPP交渉参加表明への言及はなく，日本に対して首脳レベルでTPP参加の打診がなされたか否かは不明である。他方で，地域経済統合の範囲として「アジア太平洋」を標榜する米国と「東アジア」を念頭に置く日本とのすれ違いは明白で，日米首脳会談は，日米同盟と東アジア共同体との関係を

写真7-1　日米首脳会談の模様（2009年11月13日）

資料：首相官邸ウェブサイト。

整理し切れない民主党政権の迷走を改めて白日の下に晒す結果となった。

　オバマ大統領は，日米首脳会談の翌日11月14日に東京のサントリーホールでの演説の中で，オバマ政権としてのTPP交渉への参加決定を表明した。具体的には，「米国はまた，広範にわたる締約国が参加し，21世紀の貿易合意に相応しい高い基準を備えた地域合意を形成するという目標をもって，太平洋を超えたパートナーシップ諸国と関与してゆきます」と述べたのである（White House 2009）。ただし，オバマ大統領の発言は，ホワイトハウスが発表した日本語訳では，「太平洋を超えたパートナーシップ諸国と関与」という曖昧な表現となっており，米国がTPP参加を明言したのかは必ずしも明確でない。このため，同演説を報じた主要紙（朝日新聞，読売新聞等）はいずれも，米国のTPP交渉への参加表明には言及しておらず，同時期にシンガポールで行われていたAPEC首脳会議でのクリントン国務長官の発言（朝日新聞 2009年11月15日）や，カーク通商代表の発言（読売新聞 2009年11月15日）を引用して，米国のTPP交渉への参加決定を伝えた新聞が多い。しかし，英語の原文を見ると，この部分は「Trans-Pacific Partnership countries」と固有名詞を意味する大文字で表記されており，2008年9月にブッシュ政権が一旦参加を表明したTPPを指していることは明らかである。

　これを受けて，カーク通商代表は12月14日，米国のTPP交渉への参加を米国議会に対して正式に通知した（USTR 2009）。また，この時点では既に，第1回のTPP交渉会合が2010年3月に行われることが発表されていた。

第3節　経済連携に関する閣僚委員会の設置

　政権交代前に日米FTAを巡って混乱した民主党のEPA対応は，2009年10月にEPA戦略の策定に向けて動き出した。岡田外相は，2009年10月27日の閣僚懇談会で，EPA・WTO交渉を政治主導で加速させるために，外務・財務・農林水産・経済産業の4閣僚から成る閣僚委員会の設置を提案

し，了承された（読売新聞 2009年10月28日）。閣僚委員会の創設を公表した同日の記者会見で岡田外相は，外務省内にEPA・WTO推進本部を同日設置したことを併せて発表し，取組みが遅れているEPAを政治主導で推進するとの意気込みを示した。この時点で外務副大臣だった福山哲郎は，岡田外相は就任直後に外務省に対して5つの指示を出し，その一つが「FTA・EPAの推進」だったと述べており（山口・中北 2014, p.121），閣僚委員会の設置は岡田の肝煎りだったことがわかる。また，この時点での設置は，事後的に見れば，翌月の米国によるTPP交渉参加を踏まえて，日本の将来的なTPP交渉への参加を視野に入れたものであったとも推察できる[48]。

他方で，推進本部での議論の内容について岡田外相は，「当面議論すべきは，すでに現在交渉が始まっていて遅延しているものについて交渉を前進させるための議論を行っていきたいというように思います。もちろん将来的に戦略的に日本としてEPAのどこに重点をおいて絡んでいくことが望ましいのかというようなことも課題としてあると思いますけれども，今すぐそういう議論をするという予定はございません」と述べ，マニフェストに掲げた日米EPAの扱いに表面上は慎重な姿勢を示した（外務省 2009b）。

これを受けて11月6日には，第1回の閣僚委員会が開催された（読売新聞 2009年11月7日）。同日の記者会見で岡田外相は，「外務，財務，経産，農水の4大臣で，今後月一回ぐらいのペースでこの閣僚委員会を行い，そしてその合間に副大臣クラスの会議を月2回のペースで行う」旨を紹介した上で，「どうしても細部に亘って担当官のところ（で議論すること）になってしまいますと，例えばEPAを締結することの重要性とかそういうことよりも，自分のところをしっかり守るという考え方になりがちでありまして，政治主導でどこに問題があるかということを明らかにしながら，大臣同士で物事を決めていくことを確認したところであります」と述べ，政治主導への意

---

[48] この時期筆者は，農水省でAPECに加えて米国やEUとのEPAを担当していたが，米国のTPP交渉参加決定の情報を事前には把握していなかった。ただし，外務省や経産省は，在米日本大使館等を通じて米国通商代表部と恒常的な接触を持っていることから，それを事前に察知していたと考えられる。

気込みを再度力説した（外務省 2009c）。

その後，第2回の閣僚委員会は12月18日に開催され，ペルー，インド，豪州とのEPA交渉等への対応が議論された（外務省 2009e）。また，2010年1月22日の第3回閣僚委員会では，ペルー，豪州，韓国，EUとのEPA交渉への対応について突っ込んだ議論がなされた（外務省 2010a）。更に，3月25日の閣僚委員会では，韓国やEUとのEPA交渉を重点的に進める方針が確認された（朝日新聞 2010年4月23日）。この頃，EPAへの対応は国家戦略室が主導するとの方針を決め，国家戦略相の仙谷由人が閣僚委員会に加わった（朝日新聞 2010年10月28日）。更に4月27日の閣議では，鳩山首相から「包括的な経済連携協定に関する対応について」の発言があり（内閣官房 2010a），この際，FTA・EPAの推進に向けて仙谷国家戦略相が国内の総合調整に当たり，岡田外相が相手国と調整するよう指示が出された（日本経済新聞夕刊 2010年4月27日）。これを受けて，5月18日には鳩山首相が出席して「包括的経済連携に関する閣僚委員会」が開催され，鳩山首相はEUや韓国との間を含むEPAの推進に向けて関係閣僚間で協力して取り組むよう指示した[49]（内閣官房 2010b）。この頃には，11月までに経済連携に関する基本方針をまとめることで一致していた（朝日新聞 2010年10月28日）。

第4節　新成長戦略の策定

前節では日本政府の公式な動きに注目したが，2009年11月のオバマ政権によるTPP交渉への参加表明を受けて，日本政府内でもTPP交渉参加に向けた水面下での動きが再開された。それが初めて明るみに出たのは，米国政府がTPP交渉参加を米国議会に通知した2009年12月だった。「経済産業省は政府が策定する経済成長戦略に，環太平洋地域の自由貿易協定

---

[49] 当初の「EPA・WTO閣僚委員会」が「包括的経済連携に関する閣僚委員会」に変わった時期は不明だが，4月27日首相の指示を受けて変更された可能性がある。

(FTA) への参加を目指す方針を盛り込む方向で調整に入った」という報道がなされたのである（日本経済新聞 2009 年 12 月 17 日）。鳩山政権下で策定が進められていた新成長戦略の実質的な作成主体は経産省であり，自らが起草する政策文書にかねてから模索してきた TPP 交渉への参加を盛り込もうとする意図は驚くに値しなかった[50]。報道が意図的なリークか否かは不明だが，おそらく経産省の内部では，報道されたような選択肢も実際に検討されていたと想像される。しかし，この時点では少なくとも事務レベルでは，報道されたような提案が経産省から関係府省に対して正式になされることはなかった。

その代わりに経産省が提示してきたのは，「新成長戦略」での FTAAP への言及であった（内閣官房 2009b）。2009 年 12 月 30 日に閣議決定された「新成長戦略（基本方針）」には，「アジア経済戦略」の項目に，「2010 年に日本がホスト国となる APEC の枠組みを活用し，2020 年を目標にアジア太平洋自由貿易圏（FTAAP）を構築するための我が国としての道筋（ロードマップ）を策定する」との記述が盛り込まれた（資料 7-2）。特筆すべきなのは，本文書の関係府省への協議の際に，そのとりまとめに当たった国家戦略室が，「民主党政権では政治主導の政策決定を行うこととしているので，事務レベルでの調整は行わない」旨を伝達してきたことである[51]。結果的に，FTAAP への言及を含む上記の内容は，ほぼ修正なしで閣議決定された。

---

[50] 鳩山政権で成長戦略を取りまとめたのは国家戦略室だが，実質的な作成に当たったのは，「旧政権時代から成長戦略を手掛け，・・・新政権下においてもいち早く検討を進めていた」（高田 2012, p.17）経産省だったと考えられる。成長戦略と APEC の両方を主管するのは経産省のみであることがその証左である。
[51] この点は，筆者の農水省における実務経験に基づいている。なお，関係府省との協議を省略するよう指示したのは，内閣府副大臣の古川元久国家戦略室長だったと考えられる。2009 年 10 月に閣議決定された「予算編成等の在り方の改革について」の作成過程で同様の指示をしているからである（高田 2012, p.11）。

資料 7-2　新成長戦略（基本方針）（抜粋）（2009 年 12 月 30 日）

> （切れ目ないアジア市場の創出）
> 　まず，日本企業が活躍するフィールドであるアジア地域において，あらゆる経済活動の障壁を取り除くことが必要である。このため，より積極的に貿易・投資を自由化・円滑化し，また知的財産権の保護体制の構築などを行うことにより，アジアに切れ目のない市場を作り出す。そのきっかけとして，2010 年に日本がホスト国となる APEC の枠組みを活用し，2020 年を目標にアジア太平洋自由貿易圏（FTAAP）を構築するための我が国としての道筋（ロードマップ）を策定する。

資料：内閣官房（2009b）。

　鳩山首相が辞任し菅首相が就任した直後の 2010 年 6 月 18 日には，これと同一の表現を盛り込んだ「新成長戦略」（内閣官房 2010c）が閣議決定された。この際，「新成長戦略（基本方針）」には見られなかった進展としては，「アジア諸国を含めた主要国・地域との経済連携の進め方などの検討を行い，2010 年秋までに『包括的経済連携に関する基本方針』を策定する」との方針が盛り込まれたことがある（資料 7-3）。この点は，前節で述べたように，鳩山首相の辞任直前の 5 月に関係府省間で合意していた内容を反映したものである。また，別表として添付されたアジア経済戦略に関する工程表には，「2020 年までに実現すべき成果目標」として「アジア太平洋自由貿易圏（FTAAP）の構築を含む経済連携の推進」が再確認され，そのために「APEC エコノミーとの交渉」を進めることも明記された（内閣官房 2010c, p.62）。更に，「APEC エコノミーとの交渉」に含まれる項目の一つには「日米間の経済連携の在り方の検討」が盛り込まれた。経産省が提起したこうした記述には，民主党マニフェストの「米国との FTA 交渉の推進」を根拠として，FTAAP 構築のためには米国との経済連携が不可欠で，そのためには TPP 交渉への参加も必要と主張する布石の意図が込められていたと考えられる。

資料 7-3 新成長戦略（抜粋）(2010 年 6 月 18 日)

> アジア諸国を含めた主要国・地域との経済連携の進め方などの検討を行い，2010 年秋までに「包括的経済連携に関する基本方針」を策定する。
> 　上記基本方針を踏まえて，国内産業との共生を目指しつつ，関税などの貿易上の措置や非関税措置（投資規制，国際的な人の移動に関する制限等を含む）の見直しなど，質の高い経済連携を加速するとともに，国内制度改革等を一体的に推進する。
> 　特に，「東アジア共同体構想」の具体化の一環として，2010 年に APEC（アジア太平洋経済協力）をホストする機会を通じて，アジア太平洋を広く包含する FTAAP（アジア太平洋自由貿易圏）の構築のためのあり得べき道筋を探求するに当たって強いリーダーシップを発揮する。

資料：内閣官房（2010c）。

　これまで見てきたように，新成長戦略に FTAAP を潜り込ませた経産省の狙いは次のように整理できる。まず閣議決定文書の内容面では，基本方針には「あらゆる経済活動の障壁を取り除く」，新成長戦略には「質の高い経済連携の加速」といった記述が盛り込まれ，事後的に見れば例外のない関税撤廃を原則とする TPP への参加を連想させるが，より抽象的な表現とすることで TPP との直接的な関連付けを避ける工夫がなされている。また，手順の面では，政権交代時の民主党政権の看板であった政治主導を最大限に活用し，事務レベルでの関係府省間の協議を省略することによって，行政府内の拒否権プレーヤーを排除しようとしている。更に，APEC との関係では，日本の APEC の議長国としての役割を喧伝することによって，APEC で FTAAP 構築に日本がリーダーシップを発揮する手段として，自らが TPP 交渉に参加するように誘導する意図が見られる。このように，日本の TPP 交渉への参加を直接持ち出すのではなく，まずはより長期的な目標である APEC での FTAAP 構築へのコミットメントを政府内で確立するという経産省の迂遠だが巧妙な戦略が，後で効果を発揮することになる。

第 5 節　小　括

　2009 年 9 月に発足した鳩山政権下では，その後の菅政権のような TPP 交

渉参加に向けた兆候は表面的には見られない。しかし実際には，2009年11月のオバマ政権によるTPP交渉への参加決定を奇貨として，日本のTPP交渉参加に向けて多くの種が播かれていた。そうした流れを，本書の作業仮説を用いて整理すると以下のとおりである。

まず，EPAの促進要因については，米国のオバマ政権が2009年11月に改めてTPP交渉への参加を表明し，その前に日本に対する閣僚レベルでの参加要請も行われたことから，米国からの一定の外圧は存在した。しかし，この時点で米国からの首脳レベルでのTPP交渉への参加要請は確認されておらず，米国が日本に強力な外圧を行使した傍証材料は存在しない。他方で，EPAのもう一つの促進要因である争点リンケージに関しては，経産省が主導してその萌芽が見られた。すなわち，新成長戦略（基本方針）に「FTAAP構築の道筋」の策定を盛り込んだ上で，新成長戦略で「包括的経済連携に関する基本方針」の策定を決定した。これは，2010年に日本がAPECをホストし，首相がAPEC首脳会議の議長を務める晴れ舞台では，FTAAPに関する成果が不可欠という認識を民主党政権内に醸成した（篠原2012, p.6）。このような国際会議を梃子にする経産省の戦略は，外交に弱いとされる民主党には特に有効だったと考えられる（朝日新聞 2010年10月22日）。日本がAPEC首脳会議でFTAAPの構築に向けた成果を出すには農産物貿易の自由化が不可欠であることを暗示するもので[52]，本書の作業仮説に基づけば，農産物貿易の自由化と外交的成果との争点リンケージと言える。

これに対して，EPAの抑制要因である農林族と農水省に関しては，民主党への政権交代に伴って，その影響力を減殺するような大きな制度上の変化が起こった。まず，与党内の拒否権プレーヤーである農林族議員に関しては，第1章第4節で述べたとおり民主党にも農林族議員は存在したが，鳩山政権の発足時に小沢一郎幹事長の鶴の一声で政策調査会が廃止され（山口・

---

[52] 2010年7月の参院選での与党の過半数割れを受けて，経済産業省の幹部が「これから政府全体で農業問題に取り組み，EPAを次々に結ぼうと思っていたが」（日本経済新聞 2010年7月21日）との嘆きは，そうした目論見を裏付けている。

中北 2014, p.71），行政府に入らなかった与党議員にはそもそも意見表明の機会が無かったことから，その政治的な影響力も乏しかった。次に，行政府内の拒否権プレーヤーである農水省に関しては，「経済連携に関する閣僚委員会」の設置によって，農水官僚の影響力は削がれることになった。上述したように，その設置を主導した岡田外相は，「担当官レベルでは，EPA 締結の重要性よりも自分のところをしっかり守るという考え方になりがちなので，大臣同士で物事を決めていく」と述べている。本書の作業仮説によれば，これは政治主導という民主党政権の金看板を後ろ盾に，行政府の事務レベルでの拒否権プレーヤーである農水官僚の押さえ込みを図ったものと言える。

このように，鳩山政権では TPP 交渉参加に向けた具体的な動きは表明化しなかったものの，日米関係の悪化の影で，EPA の促進要因の向上と抑制要因の抑止をもたらすような変化が水面下で起こっていたのである。

第 8 章
菅政権（2010 年 6 月～2011 年 9 月）

　鳩山政権下では，2009 年 11 月にオバマ政権が TPP 交渉への参加を改めて表明したにもかかわらず，日本の TPP 交渉参加に向けた動きは表面化しなかった。これに対して菅政権では，実際には政権の発足直後から閣内では TPP 交渉への参加が提起され，2010 年 10 月の菅首相による TPP 交渉参加の検討表明につながることになる。つまり，鳩山政権下で進められていた日本の TPP 交渉参加に向けた経産省主導の水面下での下地作りが，米国や中国との関係悪化や日本の APEC 主催等を契機に一気に表面化したのである。本章では，米国等が参加して始まった TPP 交渉の進展から説き起こし，菅政権下での TPP を巡る日本国内の動きについて，閣内，行政府内，民主党内の動きを順次概観した上で，その背後にある経産省の目論見を明らかにする。その上で，2010 年 11 月の「包括的経済連携に関する基本方針」の閣議決定を受けて，TPP に関する情報収集のための関係国との協議が開始されると共に，APEC で TPP が FTAAP 実現の道筋の一つとして公認され，日本国内と APEC での TPP を巡る流れが合流するまでの過程を整理する。

第 1 節　TPP 交渉の進展

　2010 年 3 月に米国を始めとする 8 カ国が参加して開始された TPP 交渉は，2010 年 10 月にブルネイで開催された第 3 回会合で一つの転機を迎えた。この場で，マレーシアの正式参加が承認される一方で，カナダの参加申請が拒否され，準参加国として交渉に参加してきたベトナムに対しても，早期に交渉参加を決定するよう圧力がかけられたのである（Inside US Trade

2010)。この際のカナダは，TPP 交渉への参加の意思を対外的には公表せず，2010 年 3 月に TPP 参加国に非公式に書簡を送付してその意図を伝達し（高橋 2011），水面下で TPP 参加国と協議を行った。しかし，主に農産品の自由化への覚悟が十分でないことを理由に米国とニュージーランドが反対し，それによって参加を拒否されるに至った。これに関して，ニュージーランドのグローサー貿易大臣は「(乳製品等の) 供給管理制度は関税撤廃とは全く整合的でない」と述べている[53]（Groser 2011c）。こうしたカナダの扱いが日本で報道されたのは，以下で述べるように菅首相の所信表明演説を受けて，日本で TPP 交渉参加が論争の的となっていた 2010 年の 10 月下旬であり，日本政府関係者の間に，TPP 交渉に参加するためには事前に関税撤廃を約束することが必要なのではないかという警戒感を呼び起こすことになった。

第 2 節　経済連携に関する閣僚委員会の再開

　鳩山首相の辞任を受けて 2010 年 6 月 8 日に就任した菅首相は，日本の TPP 交渉参加に向けた準備に水面下で着手した。当時民主党の幹事長代理だった細野豪志は，菅首相が就任直後に消費税増税を打ち出した理由を巡って，「わずか 3 日で鳩山マニフェストを菅マニフェストに変えるという荒わざを，ほとんど寝ずにやった。反省ばかりではだめ，未来に向かったものにしよう，ということで菅さんが持ち出したのが消費税と TPP（環太平洋経済連携協定）だった」と述べている（日本再建イニシアティブ 2013, p.245）。また，野田政権で内閣官房副長官を務めた齋藤勁も，「消費税や TPP についても，当時，菅総理一人だけが発言してきたわけではなくて，党内にチームがあって，どう提案し，どう政策を実行していくかについて議論があったということです。それがなければ出てこないわけで，決して思いつきの発言

---

[53]　カナダの供給管理制度とは，乳製品と家禽の生産者を保護するために，国内の生産・流通規制と高関税による貿易規制が一体として実施されている制度である。

ではありません」と説明している（山口・中北 2014, p.213）。これらの証言から，菅政権でのTPP交渉への参加検討表明は，後述するように10月の所信表明演説の際に唐突に打ち出された訳ではなく，行政府と与党の一部の関係者の間で政権の発足当初から周到に準備されていたのである。

TPP交渉参加に向けた菅政権の動きを振り返ると，まず7月27日，菅首相の出席の下で「包括的経済連携に関する閣僚打ち合わせ」が首相官邸で開催された（日本経済新聞 2010年7月28日）。同日の打ち合わせの内容は公表されていない。しかし，閣僚委員会に首相が出席するのは，閣僚に対して指示を出す場合か，閣僚間での議論を踏まえて結論を出す場合かのいずれかであり，同日の会議は菅政権が発足して初回であることを踏まえると，その目的は前者で，閣僚に対してEPAへの積極的な取組みを要請することにあったと考えられる。

菅首相の指示を受けて，7月29日には菅政権で最初の「包括的経済連携に関する閣僚委員会」が開催された（朝日新聞 2010年10月28日）。その場で提起されたのがTPP交渉への参加であった。その会議に出席していた農相の山田正彦は以下のように証言している（山田正彦 2013, p.52）。

　　突然，岡田克也外務大臣が口火を切ってTPPをやらねばならないと言い出した。当時，官房長官が仙谷由人衆議院議員で大きくうなずいて賛同する。
　　その場の雰囲気は威圧的で，すでに主要閣僚で話ができていて，ただ農水大臣である私を納得させればいいといった状態だった。私はまさかそのような話が出るとは思ってもいなかったので，一瞬慌てた。
　　直ちに反対する。
　　「TPPは単なる農業だけの問題ではないんだ。わからないでいい加減なことを言ってもらっては困る」
　　仙谷官房長官が「‥‥開国なくして座して日本は死を待っていいのか」と開き直って啖呵を切る。
　　私は黙って仙谷官房長官を睨む。

その場に重い空気が漂ったが，その日の関係閣僚会議は物別れに終わった。

　日本のTPP交渉参加が閣僚間で初めて議論されたのが，7月29日の閣僚委員会だったことは，当時の農水副大臣だった篠原孝による次の証言からも裏付けられる。「TPP（環太平洋パートナーシップ）などという言葉は，カタカナ言葉や英語の言葉がよく使われる官僚世界でもほとんど使われなかった。確かではないが，私は2010年7月下旬のEPA（経済連携協定）・FTA（自由貿易協定）関係閣僚会議の後，山田農林水産大臣（当時）からの報告で，初めて聞いたように記憶している」（篠原 2012, p.1）。こうした山田農相と篠原副大臣の証言から明らかなのは，TPP交渉参加の準備は，閣僚レベルだけでなく事務レベルを含めて農水省を外し，内閣官房を中心に外務省や経産省の間で秘密裏に行われていたということである。自民党政権下では，閣僚レベルで議論をする案件について，事前に関係府省の事務レベルで協議がなされないということはあり得なかった。しかし，民主党政権が掲げる政治主導と言うスローガンは，そうした慣行を覆すことを正当化した。

　2010年の9月に入ると，日本のTPP交渉参加の急先鋒である経産省は，それに向けた動きを矢継ぎ早に表面化させた。例えば，NHKの番組に出演した大畠章宏経産相は9月19日，TPPについて「日本の参加を進めることが大事だ」と述べ，参加に強い意欲を示した（読売新聞 2010年9月20日）。また，大畠経産相は9月22日の報道各社とのインタビューで，貿易や投資等を自由化する経済連携協定（EPA）締結に向け，ネックとなっている国内の農業問題を解決するため，経産，農水の両省で「EPA対策検討チーム」を設置し，月内にも発足させる予定であることを明らかにした[54]（毎日新聞 2010年9月23日）。次に9月24日には，TPPを巡り，日本政府が交渉参加を検討する意向を米国に伝える方向で調整することがわかった

54　筆者の記憶によれば，こうしたチームは実際には設けられなかった。

旨が報道された（日本経済新聞 2010 年 9 月 24 日）。更に 9 月 27 日には，11月までに策定予定の「包括的経済連携に関する基本方針」に，その目玉として TPP への参加を打ち出す予定との報道もなされた（読売新聞 2010 年 9 月 27 日）。

　この頃，東アジア共同体構想等を巡って冷え込んだ米国との関係改善に向けた布石も打たれていた。9 月 23 日にニューヨークで行われた日米首脳会談で，菅首相はオバマ大統領に対して，「自分も鳩山総理が提唱した『東アジア共同体』構想に賛成しているが，米国を含めた共同体として構想したいと考えている」（外務省 2010c）と述べた。この発言は，「東アジア共同体構想の参加国として米国を想定していない」と述べた 2009 年 10 月の岡田外相の姿勢からの明確な方針転換であり，アジア太平洋の重視を強めるオバマ政権に対し日本側から歩み寄る形で軌道修正を図ったものと言える。

第 3 節　菅首相の所信表明演説

　菅首相は，10 月 1 日の第 176 国会冒頭の所信表明演説で，TPP 交渉への参加検討を表明した（内閣官房 2010d）。TPP に関する菅首相の発言は，以下のとおりである。

　　　私が議長を務める APEC 首脳会議では，米国，韓国，中国，ASEAN，豪州，ロシア等のアジア太平洋諸国と成長と繁栄を共有する環境を整備します。架け橋として，EPA・FTA が重要です。その一環として，環太平洋パートナーシップ協定交渉等への参加を検討し，アジア太平洋自由貿易圏の構築を目指します。東アジア共同体構想の実現を見据え，国を開き，具体的な交渉を一歩でも進めたいと思います（傍点は筆者）。

　TPP 交渉への参加検討は，菅首相の所信表明演説にどのような経緯で盛り込まれたのだろうか。当時の農相だった鹿野道彦によれば，所信表明演説

の案文が農水省に協議されたのは9月末で、官邸から最初に提示された案文は、「農林水産業を改革しながらTPPへの参加を目指す」という内容だった（鹿野 2013, p.38）。他方で、当時の農水副大臣の篠原孝によれば、TPPのくだりは削除すべきと主張したものの菅首相の意向だとして押し切られ、最終的に農水省の意見が反映されたのは、原案の「環太平洋パートナーシップ協定への参加を検討」が「環太平洋パートナーシップ協定交渉等への参加を検討」（傍点は筆者）に変更されたことだけだった（篠原 2012, p.2）。また、所信表明演説の政府内での調整のプロセスについても、鹿野は「官邸サイドは事務方を通じての調整は一切受け入れなかったことから、私自ら調整に動いた」と述べている（鹿野 2013, p.39）。ここでも、民主党政権が掲げる政治主導を名目に、行政府内の事務レベルでの拒否権プレーヤーである農水官僚を排除しようとしたことが分かる。

写真8-1 所信表明演説する菅首相（2010年10月1日）

資料：首相官邸ウェブサイト。

更に、菅首相の所信表明演説を巡る協議では、経産省が将来の布石として「新成長戦略」に盛り込んでいたFTAAP構築への言及が功を奏した。鹿野は、「この時点で総理の所信表明演説で軽々に発言することは避けなければならないという思いと、一方で、この年の6月に閣議決定された「新成長戦

略」における「2020年を目標にアジア太平洋自由貿易圏（FTAAP）を構築するための我が国としての道筋（ロードマップ）を策定する」という記述との整合を図る形での着地点の模索に苦心した」（鹿野 2013, p.39）と述べている。ここで鹿野は，2010年6月に閣議決定された「新成長戦略」を引用しているが，「FTAAP構築のための道筋の策定」が最初に盛り込まれたのは，第7章第4節で述べたように2009年12月に閣議決定された「新成長戦略（基本方針）」である。いずれにしても，日本政府としてFTAAPの構築にコミットした以上は，そのあり得べき道筋の一つであるTPP交渉への参加検討を完全に否定することは，農相としても困難な状況に追い込まれていた。このように，政治主導を盾に関係府省との事務レベル協議を迂回して前年末に閣議決定した「基本方針」が，ここに至って効力を発揮したのである。

では，所信表明演説へのTPPの盛り込みは，本当に「政治主導」を反映したものだったのだろうか。これに関して篠原は次のように述べている（篠原 2012, p.4）。

> 私は，きわめて危険な匂いをここから感じ取った。政治主導と言いつつ，ごく限られた主要省庁の役人が官邸入りし，その官僚たちの意のままに，所信表明演説原稿が書かれていることが明らかだからである。……経済界の舵取りをもって任じてきた経産省が，外務省と手を組んで，今までの不始末を一気に取り戻そうと，無知な官邸をそそのかして入れ知恵したのが突然のTPP言及である。……TPPを推進しようとする外務省と経産省から官邸に出向した官僚たちが，内閣の改造を機に，政権与党の不慣れさに乗じたことになる。つまり，「黒子」の官僚につけ込まれてしまったのだろう（傍点は筆者）。

こうした篠原の説明によれば，TPPへの言及は政治主導ではなく，経産省による官僚主導の賜だったことになる[55]。

他方で，TPP交渉への参加検討を表明した菅首相の所信表明演説に対し

て，米国の外圧は作用していなかったと見られる。寺田（2013b）によるインタビューに対して外務省幹部は，菅首相のTPP推進発言は「外務省にとっても唐突感のあった」もので，「菅政権内において米国から日本に対してTPP参加への強い働きかけはなかった」と証言している（寺田 2013b, p.188）。オバマ政権は2009年11月にTPP交渉への参加を決定し，その際鳩山政権に対しても交渉参加を打診していたことは，第7章第2節で述べたとおりである。しかし，その後のオバマ政権内では，韓国，パナマ，コロンビアとのFTA締結にかなりの労力を要したため，二国間FTAに対する拒否反応があり（寺田 2013b, p.187），特に国内の自動車産業や労働組合からの反発が強い日本のTPP交渉参加については方針を決めかねていたと推測される。このように，菅首相のTPP交渉への検討表明は米国の外圧を受けたものではなく，因果関係はそれとは逆で，菅首相の検討表明によって米国内で対日FTAへの関心が喚起されることになったのである（寺田 2013b, p.188）。

第4節　民主党内での論争の勃発

日本のTPP参加を巡っては，与党の民主党でも議論が開始された。10月5日に衆議院議員の山口壯を座長とする「APEC・EPA・FTA対応検討プロジェクトチーム」が発足し，10月21日には，前農相の山田正彦を会長とする「TPPを慎重に考える会」が結成された。1カ月にわたる白熱した議論の結果，プロジェクトチームは11月4日，横浜でのAPEC首脳会議の際のTPPに関する菅首相の発言として，「情報収集のための協議を始める」という表現にすべきとの提言まとめた（民主党 2010）。後述する「包括的経済連携に関する基本方針」は，そうした民主党の意向を踏まえたものでもあった（鹿野 2013, p.45）。

55　経産省や外務省に対する篠原の批判に対しては，官僚にそそのかされるほど官邸が無知ならば，民主党はそもそも政治主導を喧伝する資格はないとの反論があり得よう。

この際の与党内における議論の場の設置は、閣内に入れず政策決定から疎外された民主党議員の要求を反映したものだったが、TPPに反対する農水省がけしかけた面もあった。すなわち、政治主導の掛け声によって行政府内の事務レベルでの拒否権が制約された農水省は、自民党政権下で農林族議員に頼ったのと同様に、民主党内でTPP反対の声を巻き起こし、政治レベルでの拒否権プレーヤーに仕立てようと算段したのである。このように、民主党政権の発足に伴う「政務三役モデル」（田中 2012）の導入によって、政策決定から除外されていた与党議員が参加する議論の場が設けられたことによって、鳴りを潜めていた官僚による与党議員への根回しも復活した。例えば、農水副大臣の篠原孝は農水省の事務方に対し、「農地のある選挙区の国会議員のところは全部説明に行け」という指示を出し、TPPの問題点を整理した資料を国会議員に配って説明に回らせた[56]（山田修路 2013, p.10）。

第5節　TPPに込めた経産省の思惑

菅政権で日本のTPP交渉参加を先導したのは経産省だった。ここで、経産省が日本のTPP参加に込めた思惑を明らかにするために、まずは経産省が上述の与党議員に対する根回しに使った「EPAの政治力学」（資料8-1）と題する資料を紹介する[57]。

まず、第1段目の「EPAには反射的不利益を受ける第三国が反応」は、EPAの「ドミノ効果」を述べたものである。つまり、日本がTPPに参加して関税を撤廃すれば、日本に物品を輸出する際に、TPP参加国の米国は無

---

[56] ただし、農水省の一員として与党議員への根回しに走った筆者の印象からすれば、日本のTPP参加に向けて周到に準備を重ねていた経産省が先行し、農水省が後を追うという展開だったように思う。と言うのは、筆者が説明に赴いた議員の中には、既に経産省から説明を受けたというケースが多かったからである。篠原も、そうした事情を察知したが故に、巻き返しを狙って上記の指示を出したと考えられる。

[57] この資料は、2010年11月の「包括的経済連携に関する基本方針」の策定時に行われた「EPAに関する各種影響試算」の付属資料である「経済産業省試算（補足資料）」（経済産業省 2010a）にも添付されており、資料10-1はそこからの抜粋である。

税で日本に輸出できて有利になるものの（貿易創出効果），EU や中国といった非参加国は日本への輸出に関税が課され不利になることから（貿易転換効果），EU や中国はそうした損失を解消しようとすることを意味している。次に，第 2 段目の「TPP 参加で，交渉力が強化し，交渉の自由度が拡大」というのは，EU や中国が貿易転換効果の解消を狙って日本に EPA 締結を求めてくることから，これらの国々との EPA 交渉で日本は以前よりも有利になることを表している。更に，第 3 段目の「全方位で『国を開く』覚悟を示して初めて相手を動かせる」とは，日本が農産品を含む全品目の関税撤廃を原則とする TPP に参加すれば，米国のような TPP 参加国が得る貿易創出効果のメリットと，EU や中国のような非参加国が被る貿易転換効果のデメリットとの乖離が大きくなり，後者の国々が日本との EPA をより真剣に求めるようになることを示している。つまり，日本が TPP に参加して農産物の関税撤廃を進めれば進めるほど，日本の EU や中国との EPA 交渉が進展するという趣旨である。

資料 8-1　経産省の説明資料（2010 年 10 月）

```
EPAの政治力学

EPAには反射的不利益を受ける第三国が反応
          ↓
TPP参加で，交渉力が強化し，交渉の自由度が拡大

  EUは，米国のアジアでの動きに追随
  1993年    米がAPEC首脳会合を主催    → 1994年    アジア欧州会合（ASEM）構想
  2007年4月  韓米FTA交渉妥結           → 2007年5月  韓EU FTA交渉開始
  2010年9月  マレーシアのTPP参加確実に → 2010年10月 マレーシアEU FTA交渉開始
  
  巨大市場を背景に自国産業育成を志向する中国との二国間交渉には限界あり
          ↓
全方位で「国を開く」覚悟を示して初めて相手を動かせる
```

資料：経済産業省（2010a）。

第 5 節　TPP に込めた経産省の思惑　139

　経産省が TPP に込めた思惑に関する傍証材料としては，2010 年 7 月末まで経済産業審議官を務めていた石毛博行の発言もある。2010 年 11 月 16 日に開催された東京財団主催の「2010 年横浜 APEC をふりかえる」と題するフォーラムで，石毛は概ね以下のように述べている。① 日本は，2008 年にペルーでの APEC で米国から TPP への参加を誘われたが，WTO ドーハラウンド交渉を優先するという基本的な立場上，受け入れる状況になく断った。② 経産省は，TPP への参加について 2010 年 5〜6 月に内部で検討したものの，2010 年 7 月の参院選での与党敗北で一時頓挫した。③ しかし，最近の円高により農業に遠慮していた産業界にも危機感が募り，尖閣諸島問題が追い風になって，2010 年 11 月の APEC での総理発言に至った。④ 関税障壁が高い中国や EU は，日本との EPA 交渉に否定的だったが，EU は今般の日本の TPP へのコミットを受けて前向きな姿勢に変わった。⑤ TPP をこのように高く掲げるカードとして使えば有益である。石毛のこうした証言も，日本の TPP 交渉参加に込めた経産省の狙いが，それを発端とするドミノ効果の発揮によって，EU や中国との EPA 交渉を進めるという戦略面にあったことを裏付けている。

　最後に，石毛が上述の講演で言及した経団連の TPP に対する姿勢を検証する。経団連が 2010 年 1 月 12 日に発表した「2010 年の重要政策課題」（日本経団連 2010a）と題する要望書の中では，個別に言及がある EPA は「EU との EPA 交渉の開始」のみで，米国との EPA 交渉や TPP 交渉への参加は含まれていない。第 4 章第 5 節で述べたように，経団連は EU との EPA 交渉開始を求める提言を 2009 年までに 3 回も発表しており，EU と FTA を締結した韓国との競争条件を回復するために最優先していた。これに対して，経団連の提言に日本の TPP 交渉参加が盛り込まれたのは，2010 年 10 月 21 日の「APEC 首脳会議に向けての緊急提言」（日本経団連 2010b）が最初であった。つまり，経団連が日本の TPP 交渉参加を対外的に求めたのは，菅首相による 10 月 1 日の参加検討表明の後であり，石毛の発言とは異なって経団連が最初から TPP を重視していた訳ではない。換言すれば，日本国内で TPP 交渉参加を主導したのは経産省であり，それによって EU や

中国との EPA 交渉も進展するという経産省の主張に便乗した経団連は，後追い的に日本の TPP 交渉への参加を求めるようになったと考えられる[58]。

第6節　包括的経済連携に関する基本方針の策定

　首相が所信表明演説で言及した以上，日本の TPP 交渉参加の検討は既成事実となり，それへの対応が政府内で検討された。その結果，2010 年 11 月 9 日に閣議決定されたのが，「包括的経済連携に関する基本方針」(内閣官房 2010g) である (資料 8-2)。TPP に関連する言及は 2 箇所あり，第 1 は「特に，政治的・経済的に重要で，我が国に特に大きな利益をもたらす EPA や広域経済連携については，センシティブ品目について配慮を行いつつ，すべての品目を自由化交渉対象とし，交渉を通じて，高いレベルの経済連携を目指す」である。また，第 2 は「FTAAP に向けた道筋の中で唯一交渉が開始している環太平洋パートナーシップ (TPP) 協定については，その情報収集を進めながら対応していく必要があり，国内の環境整備を早急に進めるとともに，関係国との協議を開始する」である (傍点は筆者)。前者は，「センシティブ品目への配慮」については農水省の主張を取り入れたものの，「すべての品目を自由化交渉対象」とすることで，交渉入り前から関税撤廃の除外を求める国は TPP への参加資格はないとする TPP 参加国の主張に応えたものである。これに対して後者は，「交渉には参加せず当面情報収集を中心とした協議を行い，TPP に参加するかどうかは別途判断することとなった」(篠原 2012, pp.9-10) という点で，決定の先送りとなっている。

---

[58] 筆者は 2009 年末まで農水省で EU との EPA も担当し，EU 韓国 FTA 交渉の妥結を受けて経産省が中心となって模索した EU との EPA 交渉開始が，自動車の関税撤廃を懸念する EU 側の抵抗で難航する様子を目の当たりにしていた。このため経産省や経団連は，EU を日本との EPA に引きずり込む材料を欲していたのである。

第 6 節　包括的経済連携に関する基本方針の策定　141

資料 8-2　包括的経済連携に関する基本方針（抜粋）（2010 年 11 月 9 日）

2　包括的経済連携強化に向けての具体的取組
　我が国を取り巻く国際的・地域的環境を踏まえ，我が国として主要な貿易相手国・地域との包括的経済連携強化のために以下のような具体的取組を行う。特に，政治的・経済的に重要で，我が国に特に大きな利益をもたらす EPA や広域経済連携については，センシティブ品目について配慮を行いつつ，すべての品目を自由化交渉対象とし，交渉を通じて，高いレベルの経済連携を目指す。
　(1)　アジア太平洋地域における取組
　アジア太平洋地域においては，現在交渉中の EPA 交渉（ペルー及び豪州）の妥結や，現在交渉が中断している日韓 EPA 交渉の再開に向けた取組を加速化する。同時に，日中韓 FTA，東アジア自由貿易圏構想（EAFTA），東アジア包括的経済連携構想（CEPEA）といった研究段階の広域経済連携や，現在共同研究実施中のモンゴルとの EPA の交渉開始を可及的速やかに実現する。
　さらに，アジア太平洋地域においていまだ EPA 交渉に入っていない主要国・地域との二国間 EPA を，国内の環境整備を図りながら，積極的に推進する。FTAAP に向けた道筋の中で唯一交渉が開始している環太平洋パートナーシップ（TPP）協定については，その情報収集を進めながら対応しいく必要があり，国内の環境整備を早急に進めるとともに，関係国との協議を開始する。
　以上の取組を着実に実施するため，「アジア太平洋自由貿易圏実現に向けた閣僚会合（仮称）」を開催し，政府を挙げて取り組む。

資料：内閣官房（2010f）。

　「基本方針」の調整は，内閣府副大臣の平野達男が主宰する副大臣会合で主に行われ，それを受けて閣僚委員会で決定されたが，TPP を巡る文言調整は難航を極めた。農水副大臣の篠原孝は，「政府内では関係副大臣会合に任され，私はその副大臣会合に 8 回参加し，事後調整に追われることになった。……いつも 1（慎重派の私）対 5～7（推進派）という構図で，私が一人孤立しつつ喧々諤々の議論が行われた」（篠原 2012, p.9）と述べている。また農相の鹿野道彦は，「11 月 3 日にもこの点に絞っての関係閣僚の打ち合わせが行われた。議論のテーブルに乗せられた文言は，『交渉参加を前提』とする案，『交渉に参加するため』とする案，『交渉を目指す』とする案などで，私からすると，議論のベース自体が受け入れがたいものであった。非常に突っ込んだ，厳しい議論となったが，私の心象風景としては『四面楚歌』の状態であったといえば，この日の雰囲気も幾ばくかは伝わるのではないだろうか」（鹿野 2013, pp.44-45）と述べている。閣内で「基本方針」のとり

まとめに当たったのは，民主党の政調会長を兼務する国家戦略担当大臣の玄葉光一郎で，鹿野は「人目を避けながら，玄葉大臣と何度も2人だけで会って，文字どおり最終決定に至るまで，率直な打ち合わせをした」(鹿野 2013, p.43) という。そして，玄葉国家戦略相が鹿野農相と菅首相を順次訪問し，「基本方針」が最終的に決着したのは11月5日の夕方だった(鹿野 2013, p.45)。

第7節　横浜での APEC 首脳会議

2010年11月13～14日に横浜市で開催された APEC 首脳会議の際には，日米首脳会談の開催，菅首相の TPP 首脳会合への参加，APEC 首脳による「横浜宣言」の採択といった様々な動きが見られた。

まず，13日の日米首脳会談では，「菅総理から，今般，『包括的経済連携に関する基本方針』を閣議決定し，その中で『国を開く』という決意の下，高いレベルの経済連携を進めつつ，農業，規制改革等を含む抜本的改革を推進したい旨述べ，オバマ大統領は総理の方針を歓迎する旨述べた。さらに，菅総理から，日米二国間や環太平洋経済連携（TPP）協定を含むアジア太平洋の貿易・投資等の自由化について，情報収集を含む各国との協議を行っていきたい旨述べたのに対し，オバマ大統領は，そうした協議について，自分（大統領）から担当部局にも強く指示したい旨述べた」(外務省 2010d)。

次に，翌日の14日には，菅首相が TPP 首脳会合にオブザーバーとして参加した（日本経済新聞夕刊 2010年11月15日，朝日新聞 2010年11月16日）。TPP 交渉に参加していない日本の TPP 首脳会合への出席は，形式的には菅首相が APEC 首脳会議の議長であることを名目としたものだった。しかし実際には，首相官邸側も TPP 参加国側も，日本の TPP 交渉参加を既成事実化しようとする意図があった[59]。APEC 首脳会議終了後の14日に行われた APEC 議長記者会見において，菅首相は記者からの質問に答える形で，「TPP の多くの国からは，ぜひ参加をするということをできるだけ早

い機会に決めることを誘われました。つまりは，9カ国にとっては，このTPPはある意味でのより経済の自由化を進めていくという意味での大きな旗印になってきているという感じが致しました。そういう中で，私としては，日本の立場は，まだ参加不参加は決める段階に来ていないけれども，積極的にこの9カ国の皆さんとも協議をして，その中で二国間，あるいはTPP以外のその他の国も含めて貿易の自由化を目指すという方向は一貫しているということを申し上げたところであります」(内閣官房 2010h) と述べた。

写真 8-2 TPP 首脳会合に参加した菅首相（2010 年 11 月 14 日）

資料：http://en.wikipedia.org/wiki/Trans-Pacific_Partnership（2015 年 5 月 22 日アクセス）。

APEC 首脳会議で採択されたのが「横浜宣言」（外務省 2010e）であり，その中で TPP は FTAAP に至る道筋の一つとして明示された。その具体的な記述は以下のとおりである。

　　我々は，APEC の地域経済統合の課題を進展させるための主要な手段であるアジア太平洋自由貿易圏（FTAAP）の実現に向けて具体的な

59　これに先立って，APEC 関連会合開催中の 11 月 9 日には，TPP 交渉参加国と日本を含む交渉参加に関心を有する国々との事務レベル協議（TPP＋1）が開催された（日本経済新聞 2010 年 11 月 10 日）。筆者は，同協議が開催された横浜市内のホテルの会場前で待機し，農水省を代表して出席した幹部からその結果を直接聞いたが，TPP の基本的な考え方の説明に終始したものだったと記憶している。

手段をとる。FTAAPは，中でもASEAN+3，ASEAN+6及び環太平洋パートナーシップ（TPP）協定といった，現在進行している地域的な取組を基礎として更に発展させることにより，包括的な自由貿易協定として追求されるべきである。（傍点は筆者）

　この記述が日本のTPP参加に与える含意としては，FTAAPが差別的で拘束的なFTAだと初めて明記したことである。FTAAPの構築は既存の取組みをベースとするものとされていることから，未だに研究段階で既に日本も参加しているASEAN+3やASEAN+6だけでなく，既に交渉が開始されているTPPに参加する必要があるとの論拠を強く後押しするものとなっている。また，日本政府の視点から見た横浜宣言の意義は，同年6月に閣議決定済みの「新成長戦略」に盛り込まれた「2010年に日本がホスト国となるAPECの枠組みを活用し，2020年を目標にアジア太平洋自由貿易圏（FTAAP）を構築するための我が国としての道筋（ロードマップ）を策定する」という約束を，APEC参加国全体として合意のレベルにまで引き上げたことにある。

　他方で，「横浜宣言」のFTAAPに関する記述は，その付属文書である「アジア太平洋自由貿易圏（FTAAP）への道筋」（外務省 2010f）からの引用である。このため，TPPがFTAAPに至る道筋の一つとして位置付けられた経緯を知るためには，経産省が起草した後者の作成プロセスを解明する必要がある[60]。まず，FTAAPを達成する目標時期については，日本は既に策定済みの新成長戦略と整合性を取るべく「2020年までの構築」を主張したものの，「それでは遅い」とする米国と慎重な中国等との間で意見が割れ，合意ができなかった[61]（朝日新聞 2010年11月16日）。また，FTAAPの基

---

[60] 本段落は，筆者の農水省における実務経験に基づいている。なお「FTAAPの道筋」の策定経緯については，経産省通商政策局でアジア太平洋通商交渉官としてそれを起草した田村（2011）に詳しい。
[61] 「FTAAPへの道筋」の調整に関与した筆者の記憶では，目標時期の明示は特に中国の強い反対もあって，2010年半ばの早い段階で既に放棄されていたように思う。

礎となる取組みである ASEAN+3/ASEAN+6 と TPP の記載の順序を巡っても，横浜での最終調整は難航した。まず日本政府内の協議では，米国政府の意向を受けた外務省・経産省は TPP を先に書くよう主張したのに対し，農水省はアルファベット順で ASEAN+3/ASEAN+6 を先に書くべきと主張した。農水省は副大臣の篠原孝に諮った上で外務省・経産省に譲歩したものの，今度は参加国間の水面下の協議で，TPP を先に書くべきとする米国と ASEAN+3/ASEAN+6 を先に書くべきとする中国が対立した。最終的には，アルファベット順とすべきとの中国の主張が通り，上記の順番に落ち着いたのである。

第 8 節　情報収集のための協議

「基本方針」の閣議決定とそれに続く横浜での APEC 首脳会議を受けて，TPP 参加国との情報収集のために協議が開始された。その第一弾として，2010 年 12 月には，ニュージーランド，豪州，シンガポールを各省合同で訪問することになった（コラム 8-1）。その後も，原則として TPP の交渉会合が開催される度に，関係省庁が合同で会合の開催国を中心に訪問して，情報収集を行った。会合の開催国とそれに対応する日本の訪問先国は，表 8-1 に要約したとおりである。

コラム 8-1　TPP に関するニュージーランドとの初協議

　2010 年 11 月に閣議決定された「包括的経済連携に関する基本方針」に，「TPP 関係国との協議開始」が明記されたことを受けて，翌 12 月には，TPP に関する情報収集のためにニュージーランド，豪州，シンガポールに各省合同で出張することになった。筆者もその一員として参加した代表団は，外務省経済局審議官，経産省通商政策局審議官，農水省国際部審議官が各省の代表で，その随行者が各省から 1～2 名という構成だった。最初の訪問先にニュージーランドを選んだのは，12 月 6～10 日にオークランドで第 4 回 TPP 交渉会合が開催されており，会合の主催国からその結果を聴取するのが狙いだった。12 月 11 日から 6 日間の出張期間で，13 日にニュージーランドの

ウェリントン，14日に豪州のキャンベラ，15日にシンガポールを訪問するという強行軍で，1日を除いて全て機中泊という非常に疲れる出張であった。

12月13日に行われたニュージーランドとの協議では，外務貿易省の首席交渉官が丁寧に対応した。同氏は日本語研修組で，在京のニュージーランド大使館にも勤務経験がある「日本贔屓（びいき）」で，会合の合間には日本式の弁当を振る舞うという気の使いようであった（筆者は，2012年2月にTPP交渉参加に向けた協議のために再度ニュージーランドを訪問したが，同氏の後任の首席交渉官の態度が素っ気なく，好対照に感じられた）。ほぼ1日をかけた協議で，ニュージーランド側は全体的な話に加えて，分野別の担当者が交代で登場し，TPP交渉の現状についてブリーフした。先方から聴取した内容を詳しくは覚えていないが，高水準の自由化を目指しているといった話で，驚くような発言はなかったと思う。

筆者が個人的に印象に残ったのは次の2点である。第1は，ニュージーランド側が米国に対して，2007年の1年間を使ってP4協定の内容を詳細に説明したと得意げに述べたことである。実際，ニュージーランドのゴフ貿易大臣（当時）は，2006年9月に豪州ケアンズで行われた米国のシュワブ通商代表（当時）との会談で，米国のP4協定への参加を呼びかけた旨を述べている（MFAT 2008)[62]。P4協定の発効は2006年5月から11月にかけてであり，ニュージーランドは協定が完全に発効する前から米国に参加への説得攻勢をかけていたことが分かる。P4協定はニュージーランドが米国や日本を引き込むために画策した構想であることから，それがまんまと上手くいったことに喜びを隠せなかったのだろう。

第2は，ニュージーランド側から外務貿易省で日本との二国間関係を担当する高官が参加し，TPPとは別に日本との二国間EPAを締結したいと述べたことである。日本がTPPに参加するのであれば，ニュージーランドとも自由化交渉を行うことになり，それで十分ではないかとも考えられるが，日本がTPPに参加しない場合のリスクヘッジもしたいと考えたのだろう。ニュージーランド側は，隣国の豪州が日本とEPA交渉を開始しているにもかかわらず，自国が日本と交渉できないのは政治的に持たないという趣旨の説明をし

---

[62] MFAT（2008）では，両者の会談時期は「2008年9月の14カ月前」と明記されているが，両者がケアンズ・グループ閣僚会合出席のためケアンズを訪問したのは2006年であり（MFAT 2006)，「14カ月前」は「24カ月前」の誤りと考えられる。

た。これに対して農水省の代表が,「ニュージーランドの対日輸出の多くが乳製品で,それを関税撤廃から除外すると90%というFTAの自由化率の基準を満たさないので困難」と述べたところ,相手は顔を真っ赤にして怒りを露わにした。しかし,ニュージーランド側にはそれに反論する術はなく,黙り込むしかなかったのである。

筆者が第2章第2節で述べたような,TPPに秘めたニュージーランドの戦略を解明しようと思い至ったのは,こうしたやりとりが発端となっている。

表8-1 TPPに関する情報収集のための協議の実施状況（2010〜2012年）

TPP交渉会合			日本の情報収集	
開催国	時　期		訪問国	時　期
NZ（第4回）	2010年12月6〜10日		NZ*	2010年12月13日
^	^		豪州*	2010年12月14日
^	^		シンガポール*	2010年12月15日
^	^		米国*	2011年1月13〜14日
^	^		チリ	2011年1月14日
^	^		ペルー	2011年1月17日
^	^		ブルネイ	2011年2月9日
^	^		マレーシア	2011年2月10日
^	^		ベトナム	2011年2月23日
チリ（第5回）	2011年2月14〜18日		チリ	2011年3月1日
^	^		NZ	2011年3月16〜17日
シンガポール（第6回）	2011年3月28〜4月1日		シンガポール	2011年4月13日
^	^		NZ	2011年4月15日
ベトナム（第7回）	2011年6月15〜24日		ベトナム	2011年7月5日
^	^		シンガポール	2011年7月7日
米国（第8回）	2011年9月6〜15日			
ペルー（第9回）	2011年10月19〜28日		ペルー	2011年11月2日
マレーシア（第10回）	2011年12月5〜9日		マレーシア*	2011年12月10日
豪州（第11回）	2012年3月1〜9日		豪州*	2012年3月15日

資料：外務省の報道発表資料等より筆者作成。
注：相手国の*印は筆者が参加した協議である。

第9節　参加決定の延期と菅首相の辞任

　菅首相は，2011年1月4日の年頭記者会見の際に，記者からの質問に答える形で，TPP交渉参加の是非について6月頃を目途に最終的な判断を行うとの考えを示した（内閣官房 2011a）。同様の考えは，1月24日の第177回国会における菅首相の施政方針演説でも踏襲された。更に，1月25日に閣議決定された「新成長戦略実現2011」（内閣官房 2011b）では，「環太平洋パートナーシップ（TPP）協定については，その情報収集を進めながら対応していく必要があり，国内の環境整備を早急に進めるとともに，米国を始めとする関係国と協議を続け，6月を目途に，交渉参加について結論を出す」（傍点は筆者）と明記され，これが政府の公式見解となった。

　しかし，その後3月11日に発生した東日本大震災によって，日本政府は震災対応に忙殺され，状況は一変した。これを受けて2011年5月17日に閣議決定された「政策推進指針～日本の再生に向けて～」（内閣官房 2011d）では，「環太平洋パートナーシップ（TPP）協定交渉参加の判断時期については総合的に検討する」（傍点は筆者）とされ，判断時期については新たな期限が明示されずに事実上先送りされた。その後，野党が提出した内閣不信任決議案の扱いを巡って民主党内での抗争が激化し，菅首相は2011年8月27日に正式に辞任を表明したことから，TPP交渉への参加表明は最後まで成し得なかった。

第10節　小　　括

　本書の作業仮説に依拠すれば，菅首相が2010年10月にTPP交渉への参加検討を表明し得たのは，EPAの促進要因の顕在化と抑制要因の消滅が同時に起こったためである。

　まず，促進要因のうち米国からの外圧に関しては，首脳や閣僚レベルでのTPPへの参加要請は確認されず，これは外務省幹部の証言でも裏付けられ

ている。これに対して，日本側に争点リンケージの意図が存在したことは明らかである。すなわち，鳩山政権下での米軍普天間飛行場の移設問題の迷走と東アジア共同体構想に起因する米国との関係悪化や，菅政権下で顕在化した尖閣諸島の領有権問題を巡る中国との対立激化を受けて，米国との関係改善と中国への牽制を成し遂げる一挙両得の手段としてTPP交渉への参加が急浮上した。これは，政治問題と経済問題という異なる分野間の争点リンケージであり，前者の問題の顕在化によって，その改善が図られるのであれば，後者に関して農業分野の貿易自由化で多少の悪影響が出たとしても，総体としてはメリットの方が大きいという政策判断に至ったと考えられる。

　こうしたTPP参加検討表明の促進要因を実現可能としたのが，抑制要因である拒否権プレーヤーの押さえ込みであった。つまり，民主党政権の成立に伴って与党の事前審査制を廃止したために与党内の拒否権プレーヤーが消滅し，それによって行政府内の拒否権プレーヤーである農水省の影響力も減殺された結果，TPPを巡って首相の一存で判断できる環境が整ったのである。TPP交渉への参加に関して与党内の拒否権プレーヤーが存在しなければ，残された関門は行政府内の拒否権プレーヤーである農水省だけとなる。それを押さえ込むために首相官邸は，TPP交渉への参加検討を盛り込んだ所信表明演説の案文を巡る事務レベルでの協議を回避し，農相への案文の配布も国会開会の直前とすることで，農水官僚による民主党の農林族議員への働きかけも阻止した。このように，民主党の金看板である政治主導と政府与党一元化を最大限活用することによって農水省を押さえ込んだことが，菅首相がTPP交渉参加の検討表明に至った理由である。

第 9 章

野田政権（2011 年 9 月～2012 年 12 月）

　民主党政権で 3 人目となった野田首相は，就任当初から菅政権が積み残したTPP 参加問題に頭を悩ませることになった。2011 年 3 月の東日本大震災の発生を受けて，日本国内の検討を見守る姿勢を示していた米国が，一転して日本の TPP 交渉への早期参加をあからさまに求めるようになる一方で，事前審査制を復活した民主党内では，TPP 交渉参加に反対する勢力の声が大きくなった。そうした中で，2012 年半ばには消費税増税を巡る党の分裂によって衆議院での過半数割れの危機が迫り，参加表明ができないままに総選挙に突入して，民主党は政権を失うことになる。本章では，2011 年 9 月の就任時点での TPP 交渉参加に対する野田首相の立ち位置を確認した上で，政権発足直後の日米首脳会談での TPP を巡るやりとりから説き起こし，民主党内での侃々諤々の議論を経て，2011 年 11 月に野田首相が TPP の交渉参加に向けた関係国との協議開始を表明するまでの経緯を概観する。それに続いて，2012 年 1 月以降に行われた関係国との協議の結果や，その後の水面下での日米協議の展開を整理した上で，2012 年 12 月の総選挙でTPP 交渉参加を争点化するという野田首相の目論見が潰えるまでの過程を明らかにする。

第 1 節　オバマ大統領の苛立ち

　菅首相の辞任を受けて 2011 年 9 月 2 日に就任した野田首相は，政権発足の直後から TPP 交渉への参加表明の時期を問われ続けた。では，就任時の野田首相は，日本の TPP 交渉参加に対してどのような考えを持っていたの

だろうか。これに関して，野田政権の発足時に民主党の政策調査会長に就任した前原誠司は，野田政権発足後の最初の会談で野田首相が，「社会保障と税の一体改革，原発の再稼働，TPP の交渉参加の3つは，とにかく野田政権でやりたい」旨を語ったと証言している（衆議院 2013a）。また，野田政権で官房副長官を務めた齋藤勁も，「官邸に入った後，課題に関して総理からときどき出てきた言葉は，『消費税，TPP は自分が言い出した課題ではない。前の先輩のときに提示された課題だ。しかし，先送りすべきではない』ということでした」と説明している（山口・中北 2014, p.212）。このような傍証材料から判断すると，野田首相は就任当初から，菅首相が提起した日本のTPP 交渉参加について，その正式表明の成就を目指していたと考えられる。

しかし，野田首相はそうした意図を最初から露わにしたわけではなかった。すなわち，就任直後の9月13日の所信表明演説（内閣官房 2011e）で，野田首相は TPP 交渉参加について以下のように述べた。

> 国と国との結びつきを経済面で強化する取組が「経済連携」です。これは，世界経済の成長を取り込み，産業空洞化を防止していくためにも欠かせない課題です。「包括的経済連携に関する基本方針」に基づき，高いレベルの経済連携協定の締結を戦略的に追求します。具体的には，日韓・日豪交渉を推進し，日 EU，日中韓の早期交渉開始を目指すとともに，TPP，環太平洋パートナーシップ協定への交渉参加について，しっかりと議論し，できるだけ早期に結論を出します（傍点は筆者）。

この所信表明演説における表現は，政府・与党内の慎重論に配慮した結果として，日 EU や日中韓との EPA 交渉は「早期の交渉開始を目指す」のに対し，TPP 交渉参加については「しっかりと議論する」としており，日本政府は後者よりも前者を重視しているような印象を与えるものとなっている。

この所信表明演説が，9月21日にニューヨークで行われた日米首脳会談で物議を醸した。日本の TPP 交渉参加を巡って公式に発表されているのは，野田首相が「しっかりと議論し，できるだけ早期に結論を出したい」旨

伝えた（外務省 2011b），ということだけである。しかし実際には，オバマ大統領は「日中韓，欧州連合（EU）との関係でTPP交渉の余裕がないのか。よく考えてほしい」と厳しい調子で注文を付けていた[63]（毎日新聞夕刊 2011年10月12日）。こうしたオバマ大統領の苛立った発言は，4カ月前の菅首相との首脳会談とは様変わりしていた。2011年5月26日のフランス・ドーヴィルでの日米首脳会談の際には，オバマ大統領は，「震災で遅れていることは理解しており，日本が震災にもかかわらず引き続きTPPについて検討されていることを評価する」（傍点は筆者）（外務省 2011a）と述べ，日本に寛大な姿勢を示していたのである。オバマ大統領の態度が一変したのは，東日本大震災でTPP交渉参加の検討が遅れていると言いつつも，日EUや日中韓のEPA交渉は進めようとしている日本政府への不信感の表れであった。このように，就任直後にオバマ大統領から直接受けた強い外圧は，TPP交渉参加に対する野田首相のその後の対応に大きく影響したと考えられる。

第2節　民主党内での議論

　官房長官の藤村修は2011年10月3日，民主党幹事長代行の樽床伸二に対して，11月12～13日のAPEC首脳会議を見据えて，TPP交渉への参加問題を巡る議論を早急に始めるよう要請した（日本経済新聞 2011年10月4日）。これを受けて，民主党は10月4日の政調役員会で「経済連携プロジェクトチーム」（経済連携PT）を設置し，座長に前経産相の鉢呂吉雄を充てることを決定した（毎日新聞 2011年10月5日）。しかし，14日に行われた第1回総会では，事務局長に元外務大臣政務官の吉良洲司，事務局次長に元通産官僚の藤末健三を充てたPTの役員構成が推進派に偏向しているとして慎重派議員が反発し（篠原 20012, p.23），役員構成の見直しを求めたために

---

[63] 筆者は，農水省在職中にこの日米首脳会談の記録を読んだが，守秘義務の関係でその内容を明かすことはできない。ただし，それは毎日新聞の記事と大筋で異なるものではなかった。

紛糾した（日本経済新聞 2011 年 10 月 15 日）。更に，藤末が作成した TPP 交渉参加のメリットに関する文書が政府の内部文書としてリークされ（毎日新聞 2011 年 10 月 28 日），それが慎重派議員の猛反発を招いたため，その責任を取って藤末が事務局次長を辞任するといった混乱もあった（東京新聞 2011 年 11 月 1 日）。

経済連携 PT は，それぞれ役員会を 12 回，総会を 23 回開催し，50 時間を超える議論を行った結果（民主党 2011b），11 月 9 日に最終提言を取りまとめ，それは 11 月 10 日の民主党政策調査会の役員会で了承された（民主党 2011a）。提言の抜粋は資料 9-1 に示したとおりであり，APEC 首脳会議の際の TPP 交渉への参加表明を巡っては，賛否両論があり反対意見が多かったことを明記する一方で，交渉参加の判断については「慎重に判断することを提言する」と述べ，一応政府に委ねる形となっている。

資料 9-1　民主党経済連携 PT の提言（抜粋）（2011 年 11 月 9 日）

- TPP への交渉参加の是非の判断に際しては，政府は，懸念事項に対する事実確認と国民への十分な情報提供を行い，同時に幅広い国民的議論を行うことが必要である。
- APEC 時の交渉参加表明については，党 PT の議論では，「時期尚早・表明すべきではない」と「表明すべき」の両論があったが，前者の立場に立つ発言が多かった。
- したがって，政府には，以上のことを十分に踏まえた上で，慎重に判断することを提言するものである。

資料：民主党（2011a）。

第 3 節　野田首相の記者会見

2011 年 11 月 12～13 日の APEC 首脳会議のためにハワイへの出発を控えた 11 月 11 日の夜，野田首相は記者会見を行い，その際に「TPP 交渉参加に向けて関係国との協議に入る」と表明した（資料 9-2）。後述するように，この表現は，正式な参加表明に固執する野田首相とそれに反対する鹿野農相との妥協の産物であり，日本は TPP 参加国との事前協議を行って更なる情報収集を行い，その結果を踏まえて日本の交渉参加については改めて判断することを意味している。

第 9 章　野田政権（2011 年 9 月～2012 年 12 月）

写真 9-1　記者会見する野田首相（2011 年 11 月 11 日）

資料：首相官邸ウェブサイト。

資料 9-2　野田首相の記者会見の冒頭発言（2011 年 11 月 11 日）

　TPP への交渉参加の問題については，この間，与党内，政府内，国民各層において活発な議論が積み重ねられてまいりました。野田内閣発足後に限っても，20 数回にわたって，50 時間に及ぶ経済連携プロジェクトチームにおける議論が行われてまいりましたし，私自身も，各方面から様々な意見を拝聴をし，熟慮を重ねてまいりました。この間，熱心にご議論をいただき，幅広い視点から知見を提供いただいた関係者の皆さまに心から感謝を申し上げたいと思います。
　私としては，明日から参加するホノルル APEC 首脳会合において，TPP 交渉参加に向けて関係国との協議に入ることといたしました。もとより，TPP については，大きなメリットとともに，数多くの懸念が指摘されていることは十二分に認識をしております。
　私は日本という国を心から愛しています。母の実家は農家で，母の背中の籠に揺られながら，のどかな農村で幼い日々を過ごした光景と土の匂いが，物心がつくかつかないかという頃の私の記憶の原点にあります。
　世界に誇る日本の医療制度，日本の伝統文化，美しい農村，そうしたものは断固として守り抜き，分厚い中間層によって支えられる，安定した社会の再構築を実現をする決意であります。同時に，貿易立国として，今日までの繁栄を築き上げてきた我が国が，現在の豊かさを次世代に引き継ぎ，活力ある社会を発展させていくためには，アジア太平洋地域の成長力を取り入れていかなければなりません。このような観点から，関係各国との協議を開始し，各国が我が国に求めるものについて更なる情報収集に努め，十分な国民的な議論を経た上で，あくまで国益の視点に立って，TPP についての結論を得ていくこととしたいと思います。

資料：内閣官房（2011f）。

第3節 野田首相の記者会見

　こうした方針が作成される経緯を振り返ってみる[64]。まず，11月5日に首相公邸で野田首相と鹿野農相が会談した。野田首相は，TPP交渉参加の意思を伝達した上で，その前提として除外品目に関する条件を提示するよう鹿野農相に求めた。野田首相の意図は，TPP交渉への参加を表明する一方で，日本として関税撤廃から除外する農産品を併せて提示することで，全品目の関税撤廃を受け入れるわけではないことを示し，慎重派を懐柔しようとしたと考えられる。これに対して鹿野は，与党内でも対立が先鋭化している中で一方に与することには無理があるとし，既に交渉に参加している国から何を求められるのか，どこまでの自由化を迫られるのか，自由化の例外はどこまで認められるのか等の情報を得るために，TPP参加国と非公式な事前協議に入るとの対案を示した。しかし，この日の会談は平行線に終わり，民主党の経済連携PTのとりまとめを待つことになった。その後，11月9日の深夜に民主党経済連携PTが上述の提言を取りまとめたことを受けて，鹿野は野田に2回電話をかけ，持論である非公式な事前協議を開始するとの妥協案を受け入れるよう要請した。

　11月10日は，夕方に包括的経済連携に関する閣僚委員会が行われ，その後に野田首相がTPP交渉参加に関して記者会見することが予定されていた。閣僚委員会を前に，内閣官房から農水省に対して閣僚委員会の決定事項案が配布され，そこには「環太平洋パートナーシップ協定（TPP）交渉の・・・・・・・・・・参加の意図を表明する」（傍点は筆者）と記されていた。この案文に憤慨した鹿野は，国家戦略相の古川元久に電話してその受け入れを拒否した上で，野田にも電話をかけた。この際に野田は，一歩前に進んで「交渉参加を前提とする」ことに固執した。更に，鹿野と古川，野田との電話での協議は続き，その際に鹿野は野田に対し，「交渉参加を表明するなら農相の職を辞する」旨を伝達した。その後，古川から鹿野に対して，本日予定されていた閣僚委員会と首相の記者会見は取りやめた旨の連絡がなされた。

　その日の夜，野田首相の要請を受けて，首相公邸で野田，鹿野，民主党幹

---

[64] 本節の記述は，鹿野（2013）の第18章に依拠している。

事長の輿石東による3者会談が極秘裏に行われた。この場で鹿野は，交渉参加に踏み込むなら農相を辞めると再度述べ，これに対して輿石は，鹿野の辞任がTPP以上に政局の引き金になるとして辞任しないよう要請した。その場には，輿石の要請を受けて首相の記者会見での発言案を準備してきた参議院議員で通産官僚出身の松井孝治（鳩山政権の官房副長官）が同席しており，この案文をベースに協議した結果，「交渉参加に向けて協議に入る」という表現が固まった。翌11日の昼には，国会内で再度野田，鹿野，輿石の3者会談が行われ，この場で前日に固めた文言を確認した。その上で，それが「交渉参加を前提とするか否か」を問われた場合に，野田は「交渉参加に向けた協議に入る」という言葉を繰り返すと述べる一方で，鹿野は「交渉参加を前提としたものではない」と理解している旨発言すると述べた。

第4節　ハワイでのTPP首脳会合

　11月12日にTPP参加国はハワイで首脳会合を開催し（外務省 2011c），資料9-3の「首脳声明」（外務省 2011d）を発出すると共に，TPPの特徴や交渉の進捗状況をまとめた「TPPの輪郭」（外務省 2011e）を公表した。特に「TPPの輪郭」では，TPP協定の重要な特徴の一つとして「包括的な市場アクセス」を掲げ，「関税並びに物品・サービスの貿易及び投資に対するその他の障壁を撤廃」（eliminate tariffs and other barriers to goods and services trade and investment）を明示した。ここに明記された「関税の撤廃」という表現を巡っては，ニュージーランド等がこれを根拠に「TPP参加国が全品目の関税撤廃に合意した」と喧伝し，その後のTPP交渉で大きな意味を持つことになった。

　また，11月12日にはハワイで日米首脳会談が行われた。この場で野田首相は，「今般，日本政府として，TPP交渉参加に向けて，関係国との協議に入ることとした，一年前の横浜APECでの日米首脳会談以降，東日本大震災があり，慎重論も強かったが，日本を再生し，豊かで安定したアジア太平洋の未来を切り拓くため，自分自身が判断した，昨年11月に決定した『包

括的経済連携に関する基本方針』に基づき高いレベルの経済連携を進めていく，今後交渉参加に向けて米国をはじめとする関係国との協議を進めたく，オバマ大統領の協力を得たい」旨を伝えた。これに対しオバマ大統領は，「日本の決定を歓迎するとともに，今後の協議の中で日本側と協力していきたい」旨の発言があった（外務省 2011f）。

資料 9-3 TPP 首脳声明の概要（2011 年 11 月 12 日）

(1) 9 カ国首脳は，本日 TPP 協定の大まかな輪郭を発表した。貿易投資自由化に関する包括的で次世代型の地域協定をつくるための画期的な成果を喜ばしく思う。将来の他の自由貿易協定のモデルになるであろうことを確信。
(2) 首脳は，この協定をできるだけ早く妥結できるよう必要なリソースを投入することを約束した。同時に，各国により様々に異なるセンシティブな問題の交渉が残されていることを認識し，各国の多様な発展のレベルを考慮しつつ，包括的かつバランスのとれたパッケージの文脈の中で，これらの問題に対処すべく適切な方法を見出す必要がある。そのため，交渉チームに対し，作業を継続するとともに，2012 年における追加的な交渉会合の日程を調整するため，12 月上旬に会合を開くことを指示した。
(3) 我々は，太平洋全域での自由貿易につながる道を切り開くという最終目標に向けたこの進展に喜んでいる。この地理的にも経済発展のレベルにおいても多様な現 9 カ国によるパートナーシップを，この地域の他の国に広げることに強い関心を共有。協定の妥結に向け進む中で，我々は，交渉チームに対し，TPP 参加に関心を表明した他の環太平洋のパートナーの将来的な参加を促進するため，これらパートナーとの対話を継続するよう指示した。

資料：外務省（2011d）。

野田首相の TPP 参加国との協議開始に関する表明を受けて，衆議院農林水産委員会は 12 月 6 日，「環太平洋パートナーシップ（TPP）協定交渉参加に向けた関係国との協議に関する決議」（衆議院 2011）を採択した（資料 9-4）。同決議では，野田首相が日本の TPP 交渉参加を正式に表明した訳ではないとの認識を前提としているため，その賛否には触れていないものの，第 1 文で国民への情報提供や国民的議論を求めた上で，関係国との慎重な協議の実施を要請し，必要な場合には交渉参加の見送りも排除しないという，総じて慎重な姿勢が貫かれたものとなっている。同様の決議には，12 月 8 日に参議院農林水産委員会でも採択された（参議院 2011）。

158   第9章　野田政権（2011年9月〜2012年12月）

資料9-4　衆議院農林水産委員会の決議（2011年12月6日）

一　交渉参加に向けた関係国との協議により収集した情報については，国会に速やかに報告するとともに，国民への十分な情報提供を行い，幅広い国民的議論を行うよう措置すること。
二　交渉参加に向けた関係国との協議は，国益を最大限に実現するため，政府一体となって慎重に行うこと。その際，国益を損なうことが明らかになった場合には，政府は交渉参加の見送りも含め厳しい判断をもって臨むこと。
三　交渉参加に向けた関係国との協議を進める中においても，国内農林水産業の構造改革の努力を加速するとともに，協議の帰趨いかんでは，国内農林水産業，関連産業及び地域経済に及ぼす影響が甚大であることを十分に踏まえて，政府を挙げて対応すること。
四　我が国は自由貿易の推進を対外通商政策の柱とし，様々なEPA・FTA，地域協定のメリット，デメリットを検討し，メリットの大きなものについては積極的に推進するとともに，これによって打撃を受ける分野については必要な国境措置を維持し，かつ万全な国内経済・地域対策を講じてきたところである。今後とも，我が国のとるべき戦略について精力的に構築すること。

資料：衆議院（2011）。

第5節　交渉参加に向けた協議

2011年11月の野田首相の表明を受けて，2012年1月から2月にかけてTPP参加9カ国と「交渉参加に向けた協議」が実施された。相手国別の実施状況は表9-1にまとめたとおりであり，米国とは局長レベルと実務者レベル（部長・審議官級）の2回の協議が行われた（コラム9-1）。

協議での主要な論点は，①日本の交渉参加に対する相手国の立場と条件の有無，②新規参加国に対する共通の条件の内容，③関税撤廃の原則の内容，特にセンシティブ品目の関税撤廃からの除外が認められるか否か，の3点であった。協議の結果は，「米国分」（内閣官房 2012a, 2012b）と「米国以外の8カ国分」（内閣官房 2012c）に分けて公表され，資料9-5には③に関するTPP参加国の発言の内容を示した。まず，「関税撤廃の原則」については，交渉開始の段階（事前）では，TPPでは全品目の関税撤廃が原則であることは全ての参加国の共通認識となっているが，交渉終結の時点（事後）で例外的な扱いがあり得るのかについては不明確な面があった。また，「センシティブ品目の扱いや除外の有無」については相反する発言が混在し

ているが，交渉に参加する段階（事前），交渉中の現段階，交渉妥結の段階（事後）の3つの段階で整理すると以下のとおりである。まず，交渉開始の段階で特定品目を除外しても良いという合意はなく，そうした国の参加は認められない。次に，交渉が進行中の現時点では，除外については議論されておらず，除外を求めている国もない。他方で，交渉妥結の段階（事後）については，交渉が未だ終わっていない以上はセンシティブ品目の扱いも確定しておらず，最終的には交渉次第である。すなわち，事前の関税撤廃からの除外は認められない一方で，事後的な結果までは予断されないというのが結論であった。

表9-1　TPP交渉参加に向けた協議の実施状況（2012年）

日　程	相手国	各省の代表者		
		外務省	農水省	経産省
1月17日	ベトナム*	片上大使	坂井国際部長	千代企画官
1月19日	ブルネイ*	片上大使	坂井国際部長	千代企画官
1月24日	ペルー	西塔審議官	坂井国際部長	関沢調査官
1月25日	チリ	西塔審議官	坂井国際部長	関沢調査官
2月7日	米国（局長級）	八木経済局長	山下総括審議官（国際）	佐々木通商政策局長
2月9日	シンガポール*	西塔審議官	角田審議官	宗像通商機構部長
2月10日	マレーシア*	西塔審議官	角田審議官	宗像通商機構部長
2月21日	米国（実務者）	片上大使	坂井国際部長	宗像通商機構部長
2月21日	豪州*	西塔審議官	松島参事官	千代企画官
2月23日	NZ*	西塔審議官	松島参事官	千代企画官

資料：外務省の報道発表資料等より筆者作成。
注：相手国の*印は筆者が参加した協議である。

資料9-5　TPP参加国との協議結果（抜粋）（2012年1～2月）

1．関税撤廃の原則
- 長期の関税撤廃等を通じて，いつかは関税をゼロにするというのが基本的な考え方である。
- 全品目の関税撤廃が原則，他方，全品目をテーブルにのせることは全品目の関税撤廃と同義ではない。
- 90から95％を即時撤廃し，残る関税についても7年以内に段階的に撤廃すべしとの考えを支持している国が多数ある。即時撤廃率をより低くすべきとの提案もある。
- 包括的自由化がTPPの原則であり，全品目の関税撤廃を目指して交渉を行っている。
- 「包括的自由化」の解釈は国によって異なる。

2．センシティブ品目の扱いや除外の有無
- TPP は包括的な協定を目指している（米国）。
- センシティブ品目の扱いは合意しておらず，最終的には交渉次第である。
- 全交渉参加国がセンシティブ品目を有しているが，最終的には交渉分野全体のパッケージのバランスの中で決まる。
- 除外を認めるべきではないとの合意の下，交渉を進めているが，交渉の最終結果として除外があるか否かは予断できない。
- 関税撤廃について特定品目を除外してもいいという合意はない。
- 国内産業保護を目的とした除外を得ることは困難。
- 現時点で除外を求めている国はない。
- 例外なき関税撤廃を実現し，種々のセンシティビティへの対応として7年から10年の段階的撤廃により対応することが，基本的な原則としてすべての交渉参加国で合意されているが，本当にセンシティブな品目の扱いについては今後の交渉を見極める必要がある。
- センシティブ品目への配慮は段階的関税撤廃で対応すべき。
- 関税割当は，過去に議論されたことはあったが，もはや議論されておらず，現在の議論の対象は関税撤廃をどれだけの時間をかけて行うかである。
- 除外については議論していない。
- 除外は TPP の目標と一致しない。

資料：内閣官房（2012a, 2012b, 2012c）。

コラム 9-1　TPP 交渉参加に向けた関係国との協議

2011年11月の野田首相の表明を受けて，2012年の1月から2月にかけて TPP 交渉参加に向けた関係9カ国との協議が行われた（表9-1）。筆者はこのうち，ペルー，チリ，米国を除く6カ国との協議に参加した。

この協議に対する日本のマスメディアの注目度は極めて高かった。筆者を含む各省合同の代表団は，相手国の空港への到着時，協議に向けて朝ホテルを出る際，相手国との協議時の部屋の外を含めて徹底的に追い回された。特に，クアラ・ルンプールのマレーシア貿易産業省で協議した際には，ビルの上階にある会議場のドアの外にまで日本のマスメディアの関係者がいるのには驚かされた。

協議に参加したのは TPP 参加に積極的な外務省・経産省とそれに慎重な農水省で，財務省が参加する場合もあった（米国との協議にはより多くの府省が参加した）。民主党政権下では，政治レベルで TPP に対する政府内の認識の統一がなされておらず，各省がバラバラの思惑を抱いて参加するため，出張者にとっては気の重い協議であった。つまり，外務省はまとめ役なので表

面上は中立的に振る舞い，経産省は TPP 交渉で関税撤廃からの例外があり得ることを引き出そうとしたのに対し，逆に農水省は関税撤廃の例外がない厳しい交渉であるとの回答を相手国から引き出そうとした。

　協議の内容面で印象深いのは次の3点である。第1に，最も記憶に残っているのは，マレーシアとの協議の際に先方の首席交渉官が，「日本はいつ正式な参加表明をするのか」と質問し，筆者はそれを各省合同の記録に残すべきと主張したものの，他省の出張者の反対でそれが受け入れられなかったことである。つまり，野田首相が表明した「交渉参加に向けた協議」という表現は，国内向けには「交渉参加を表明していない」と説明する一方で，TPP 参加国には「交渉参加は表明済み」と説明する二枚舌の意図が込められていた。このため，マレーシアが野田首相の表明を前者と解釈していると明示的に認めるのは，推進派の府省には都合が悪いという訳である。

　第2は，貿易自由化の急先鋒とされる米国が，TPP の物品貿易交渉では守勢に回っていることである。TPP では「10年以内の関税撤廃が原則」（内閣官房 2010e）とされるが，TPP 参加国が「全品目の関税撤廃」や「例外のない関税撤廃」に明示的に合意した文書は存在しない（この点で，「TPP の輪郭」の解釈も米国とニュージーランドは一致していない）。関係国との協議では，それは米国の抵抗によるものだと分かった。つまり，米国は豪州との FTA で自国の砂糖を関税撤廃から除外し，FTA を締結済みの TPP 参加国とは再交渉しないという二重基準でそれを維持しようとしているため，「例外のない」関税撤廃までは確約できない。そうした TPP 参加国の相違を隠すために用いられているのが，資料9-5で米国の説明にもある「包括的自由化」（comprehensive liberalization）という表現である。「comprehensive」という英単語は「全品目」とも解釈できるが，その意味は弱いとされる（カトウ 2013, p.80）。

　第3に，上記と表裏一体を成すものとして，筆者が参加国から引き出した「90から95％を即時撤廃し，残る関税についても7年以内に段階的に撤廃すべしとの考えを支持している国が多数ある」との発言である。これは，最初シンガポールが明らかにし，その後ニュージーランドの発言でも裏付けられた。また，これに反対している2カ国のうち1カ国は米国であることもにおわせていた。

第 6 節　水面下での日米協議

　2012 年の 3 月以降は，TPP 参加国との正式な協議は実施されず，米国との水面下での二国間協議に移行した．この二国間協議は，実際には日本政府が TPP 交渉への参加を表明する際に，米国政府がそれを支持する条件を巡る協議であった．しかし，2011 年 11 月の野田首相の記者会見では，「各国が我が国に求めるものについて更なる情報収集に努める」ことしか明言しておらず，日本の TPP 交渉への参加を前提とした事前協議には TPP 慎重派の与党議員の反発が目に見えていたことから，事前協議は秘密裏に行われた．こうした協議の性格については，野田政権の官房長官だった藤村修も，藤崎一郎駐米大使が密かに交渉した上で，帰国時に藤村を含む政府首脳に報告していたと述べている（藤村 2014, p.115）．

　米国の要求は，正式には 2012 年 4 月 10 日の玄葉外相とカーク通商代表との会談で提起され，米国側は議会や利害関係者が強い関心・懸念を有している問題として，自動車，保険，牛肉を挙げた（外務省 2012a）．更に，4 月 30 日に行われた日米首脳会談でも，オバマ大統領は野田首相に対して同一の分野を列挙した（外務省 2012b）．このうち，それ以前から米国側が繰り返し提起してきた米国産牛肉の輸入規制問題については，米国側の要求に応える準備が進められていた．すなわち，2011 年 12 月に厚生労働省は，米国産輸入牛肉に対する月齢制限を，それまでの 20 カ月齢以下から 30 カ月齢以下に引き上げた場合のリスクについて食品安全委員会に諮問していたのである[65]（朝日新聞 2013 年 1 月 29 日）．また，保険に関しては，斉藤次郎日本郵政社長は 2012 年 5 月 8 日の新聞各社との会見で，傘下のかんぽ生命保険による「がん保険」への参入を当面見合わせることを表明した（朝日新聞 2012 年 5

---

[65] 米国産牛肉に対する月齢制限の緩和は国際基準の動向に沿ったもので（朝日新聞 2011 年 11 月 1 日），それ自体が不当との非難は必ずしも当たらない．しかし，この時期に緩和が検討された背景には，日本政府は認めていないものの，日本の TPP 交渉参加に対して米国からの支持を得る狙いがあったことは明らかである．

月9日)。こうした日本側の対応によって,牛肉と保険に対する米国側の懸念はほぼ解消されたと言える。

　他方で,自動車に関する日本側の非関税障壁を巡る協議は難航していた。当時の官房長官の藤村修は,「日米間の自動車問題については,総理大臣室で玄葉光一郎外務大臣,枝野経産大臣,佐々江外務次官やら河相副長官補,それから僕も入り,長島昭久総理大臣補佐官なども加わり,特に日米の間の折衝について細部にわたって報告を逐次受け入れていました。ものすごく細かい話になっていました」と証言している (藤村 2014, p.116)。こうした中で,2012年6月1日に日本政府が米国側の「関心事項」として,透明性,流通,技術基準,認証手続き,新／グリーン・テクノロジー,税の6項目を公表し (内閣官房 2012d),同6日には,その裏付けとなる米国側の団体や企業の主張を公表した (内閣官房 2012e)。なお,後者の公表資料では,6項目は米国政府側が「色々な考え (idea)」として伝えてきたものと明記され,本来は日本のTPP交渉参加に対する「要求」や「条件」であるにもかかわらず,そうではないと言い逃れができるような工夫がなされている。

　こうした中で,2012年6月4日に内閣改造が行われ,閣外に去った鹿野道彦に代わって郡司彰が農相に就任した。その時点で鹿野農相は,中国への輸出促進事業に関する機密漏洩事件を巡って国会等でも追及を受けており (日本農業新聞 2012年6月5日),もはや続投は困難な状況となっていた。一方で,茨城県選出の参議院議員である郡司は,鳩山政権で農水副大臣を務めた他,TPP交渉参加に反対する民主党議員らが参加する「TPPを慎重に考える会」の副会長を務める等,民主党の農林族議員として知られていた (日本農業新聞 2012年6月5日)。こうした経歴を踏まえると,この時点で野田首相が農林族議員である郡司を漫然と農相に指名したように見えるのは釈然とせず,その理由は不明である。上記のとおり,野田政権でのTPP交渉への参加表明に立ちはだかったのは鹿野農相であり,野田首相が就任当初から日本のTPP交渉参加を目指していたとすれば,TPP交渉参加への推進派又は中立派を農相にするのが得策だったはずだからである。

　いずれにしても,5月から社会保障・税一体改革関連法案を巡る民主党内

の対立が深刻化し，7月2日には元代表の小沢一郎ら50人が民主党を離党するに至ったことから（読売新聞政治部 2012, p.211），TPP 交渉参加問題を巡る党内外の動きも停滞するようになっていた。社会保障と税の一体改革と TPP 交渉への参加表明との関係については，官房長官だった藤村修も，民主党内で前者への反発が強い中で後者を同時に推進することは，客観的に見ても困難だったと証言している（藤村 2014, p.117）。かくして2012年の後半には，日米首脳による接触の機会が，6月18日のメキシコ・ロスカボスでの立ち話，11月14日の電話会談，11月20日のカンボジア・プノンペンでの会談と3回あったものの，日本の TPP 交渉参加に関しては，二国間協議の推進やその加速を確認するに止まり，結局野田首相から参加表明が行われることはなかった。

第7節　総選挙での TPP 交渉参加の争点化

　野田首相は，2012年11月14日の安倍晋三自民党総裁との党首討論で，16日に衆議院を解散することを表明した。実は野田首相は，10月末から衆議院の解散を探り始めていた。8月の谷垣禎一自民党総裁との会談で，消費税の増税を柱とする社会保障・税一体改革関連法案が成立した暁には，「近いうちに国民に信を問う」と約束していたからである。その上で野田首相は，衆院選で TPP 交渉参加を争点にすることを目論んでいた。その狙いは，①TPP に対する賛否を明確に示せない自民党を揺さぶり，同党の亀裂を浮き彫りにすること，②第3極勢力の中で，TPP に積極的な日本維新の会と消極的な立ち上がれ日本との間にくさびを打ち込むこと，③再選を決めたオバマ大統領が重視する TPP 交渉への参加表明で，日米関係の重視姿勢を国民にアピールすること，があった（読売新聞政治部 2013, p.54）。野田首相のこうした意向は，11月9日付けの読売新聞が1面トップで報じ，これを受けた前原国家戦略相も記者会見で，「民主党の公約として掲げて争点化すべきだ」と述べた（読売新聞政治部 2013, p.58）。
　しかし，こうした野田首相の攻めの戦略は，米国の反対で腰砕けに終わっ

た．民主党内の動向を察知した米国側は，野田首相による 11 月 14 日の解散表明以前の段階で，「非公式ながら外交ルートを通じ，次期衆院選で TPP 問題を争点化しないよう日本側に伝えてきた」のである．米国側は，TPP 交渉参加を争点に掲げれば，「衆院選での民主党の惨敗が不可避とみられるなか，『TPP 参加反対』が日本の民意となり，日本の交渉参加がさらに暗礁に乗りかねないと危惧した」とされる．これを受けて，「選挙戦で野田首相は TPP 問題に関してトーンダウン」を余儀なくされた（髙木 2012）．

写真 9-2 党首討論に臨む野田首相（2012 年 11 月 14 日）

資料：首相官邸ウェブサイト．

　総選挙での TPP 交渉参加の争点化は米国の反対で阻まれたものの，12 月 4 日の衆院選の公示以降も日米両国は事務レベル協議を継続し，交渉参加に向けた調整は 9 割終わって政治決断を残すだけとなっていた（北海道新聞 2012 年 12 月 25 日）．このように米国と折り合える可能性が出てきたことを受けて，12 月 7 日早朝，首相官邸に経済関係の閣僚が密かに集まった（日本経済新聞 2012 年 12 月 20 日）．しかしこの極秘会合で，北海道等の選挙区を中心に各候補が TPP で苦戦を強いられている情勢が伝わり，関係閣僚は選挙期間中の参加表明は得策でないとの認識で一致した．TPP 交渉への参加表明で決断力をアピールし，TPP に曖昧な姿勢を示していた自民党との違いを鮮明にすることを狙っていた野田首相は，この時点で「今の政権で

これ以上進めるのはやめる」と最終決断した。このように，野田首相は最後までTPP交渉参加表明にトライしようとしたが，政権継続が無理だと分かり，諦めざるを得なかったのである（北海道新聞 2012年12月25日）。

第8節 小　　括

　野田首相が在任中にTPP交渉への参加を表明できなかったのは，EPAの促進要因は菅政権時から引き続いて存在したものの，EPAの抑制要因である拒否権プレーヤーが行政府と与党の両方で台頭したためである。

　まず，促進要因のうち米国からの外圧が存在したことは明らかで，野田首相が就任した直後の2011年9月の日米首脳会談におけるオバマ大統領のTPP交渉参加の早期決断要請はその典型であった。また，外交・安全保障との争点リンケージに関しても，日米同盟の回復の必要性は引き続き存在し，特に野田政権下では尖閣諸島の国有化を巡って中国との緊張が極度に高まったことを考えると，農業分野のような経済面での悪影響を補って余りあるTPP参加の政治的な効果は引き続き大きかったと考えられる。

　それでもなお，野田首相がTPP交渉への参加表明に至らなかったのは，行政府と与党における拒否権プレーヤーが台頭したからに他ならない。すなわち，ハワイでのAPEC首脳会議を控えて日本の参加表明が注目されていた2011年11月の時点では，閣内の鹿野農相が自らの辞任をちらつかせてTPP交渉への参加表明に強硬に反対し，野田首相は自らの任命責任への波及と政権への打撃を恐れて，参加表明をすることができなかった。このように，抑制要因として機能したのは，行政府内の政治レベルの拒否権プレーヤーである鹿野農相自身だった。次に，鹿野農相が閣外に去った2012年6月以降には，民主党内で消費税引上げを巡る党内抗争が激化し小沢グループが大挙して離党した結果，民主党が衆議院で過半数を割り込む事態が懸念されるようになり，山田正彦元農相を中心とするTPP慎重派の「離党カード」が益々有効になった。「TPP交渉参加を表明すれば離党する」というTPP慎重派議員の脅しの前に，野田首相は参加表明をためらうようになっ

た。こうして，民主党内のTPP慎重派という拒否権プレーヤーが日本のTPP参加の帰趨を握ることになったのである。

第 10 章
第二次安倍政権（2012 年 12 月～2013 年 7 月）

　自民党は，2012 年 12 月 16 日の総選挙に勝利し 3 年振りに与党に復帰した。再び政権を手にした安倍首相は，2013 年 2 月 22 日のオバマ大統領との日米首脳会談を経て，3 月 15 日に日本の TPP 交渉への参加を正式に表明した。民主党政権が，菅首相による 2010 年 10 月の検討表明から 2 年以上をかけても成し得なかった TPP 交渉への参加表明を，安倍首相は就任から 3 カ月も経たずにやり遂げたのである。本章では，時間の針を一旦 2010 年 10 月に巻き戻し，野党時代の自民党の TPP への姿勢から説き起こす。その上で，安倍首相が日米首脳会談を経て，TPP 交渉への参加表明を為し得た理由について，第 1 章第 4 節で特定した 3 つの要因に則して検証する。

第 1 節　野党時代の自民党の姿勢

　2010 年 10 月の菅首相による TPP 交渉への参加検討の表明時に野党だった自民党は，当初は日本の TPP 交渉参加に対して否定的な態度をとっていた。まず，菅首相の所信表明演説を受けた同年 10 月 8 日には，「農林水産物の貿易自由化に関する決議」（自由民主党 2010）を農林水産物貿易調査会・農林部会・水産部会の連名で採択した（資料 10-1）。同決議では，「所信表明における TPP 協定への言及の撤回」を求めた上で，EPA の基本方針や個別交渉に関しても，民主党のマニフェストの表現を引用しつつ，「食の安全・安定供給，食料自給率の向上，国内農業・農村の振興など」を損なわないことや「農家の信頼を裏切らないこと」も要求し，全面的に農業者の利害を代弁するものとなっている。また，2010 年 11 月 4 日には，自民党衆議院

議員の森山裕を会長とする「TPP参加の即時撤回を求める会」(撤回会)が設立総会を開催し,「TPP参加の即時撤回を求める緊急決議」を採択した(TPP参加の即時撤回を求める会 2010)。同会には,自民党の国会議員101人が会員として名を連ね,設立総会への出席議員は59名に上った。

資料10-1　自民党の農林水産貿易調査会等の決議 (2010年10月8日)

一.今月初めの菅総理の所信表明のEPA・FTAに関する部分を改めること,特に,環太平洋パートナーシップ協定に関する部分は直ちに撤回すること
一.政府は,EPA・FTAの基本方針について,野党と協議のうえ,「食の安全・安定供給,食料自給率の向上,国内農業・農村の振興など」を損なうことは行わない内容とすべきであること
一.個別交渉の開始も,野党と協議のうえ,「食の安全・安定供給,食料自給率の向上,国内農業・農村の振興など」を損なう恐れのある交渉には入らないこと
一.万が一,政府が拙速な交渉により国益に反する協定などを締結した場合,わが党は国会批准に一切応じないこと
一.戸別所得補償と貿易自由化に係る政策転換で農家の信頼を裏切らないこと

資料:自由民主党 (2010)。

次に,2011年11月のハワイでのAPEC首脳会議を控えて,野田首相によるTPP交渉参加への態度表明が迫っていた同年10月25日には,総合農政・貿易調査会が「TPP参加反対に関する決議」を採択した(自由民主党 2011a)。同決議は,「民主党・野田政権が推し進めんとするTPPは,関税という防波堤を自ら撤去し,食料自給率向上に矛盾するものである。国内農業を崩壊へ導くばかりか,農林漁業を基礎としている地域社会を根底から覆すもので,断じて容認することはできない」と述べた上で,「国民に開かれた議論がさらに必要であり,11月ハワイAPECまでの短期間に拙速に結論を出すべきではない」とし,「我々は野田政権が行おうとしているTPP参加に断固反対するものである」と締め括られている(傍点は筆者)。同決議は,自民党の農林族議員の意向を反映したものだが,同年11月4日には,自民党全体の見解として,外交・経済連携調査会(高村正彦会長)が「TPPについての考え方」をとりまとめ(自由民主党 2011b),その中で「APECにおいて交渉参加の表明をすることには反対である」と表明した(傍点は筆

更に自民党は，2012年3月9日に外交・経済連携調査会での議論の結果を踏まえて，「TPPについての考え方」と題する文書を再度取りまとめて公表した（自由民主党 2012a）。同文書では，日本のTPP交渉参加の条件に関する判断基準として6つの項目を掲げており，一番目に挙げられたのが「『聖域なき関税撤廃』を前提にする限り，交渉参加に反対する」という文言である（資料10-2）。この表現は，「聖域なき関税撤廃を前提にする限り」の部分を，「（交渉参加後も）聖域なき関税撤廃が前提ならば」と解釈すれば，TPP交渉には参加できないが，「（交渉参加時点で）聖域なき関税撤廃が前提とされる場合に限って」と解釈すれば，その前提が外れれば交渉に参加できるという巧妙な言い回しである（朝日新聞 2013年3月7日）。奇しくも同文書の柱書きでは，「政府が（2011年）11月と同様に二枚舌を使いながら」と述べて民主党政権を批判しているが，二枚舌という点では自民党の方が遙かに上手だったことを如実に示す仕掛けである。こうした文言は，当時の自民党政調会長の茂木敏充，政調会長代理の林芳正，外交・経済連携調査会長の高村正彦が考案したとされる（毎日新聞 2013年3月17日）。

資料10-2　自民党の「TPPについての考え方」（2012年3月9日）

　政府が11月と同様に二枚舌を使いながら，国民の知らないところで，交渉参加の条件に関する安易な妥協を繰り返さぬよう，わが党として，この段階から以下の判断基準を政府に示すものである。
① 政府が，「聖域なき関税撤廃」を前提にする限り，交渉参加に反対する。
② 自由貿易の理念に反する自動車等の工業製品の数値目標は受け入れない。
③ 国民皆保険制度を守る。
④ 食の安全安心の基準を守る。
⑤ 国の主権を損なうようなISD条項は合意しない。
⑥ 政府調達・金融サービス等は，わが国の特性を踏まえる。

資料：自由民主党（2012a）。

　野田首相による2012年11月16日の衆議院の解散を受けて，自民党は11月21日に衆院選向けの政権公約を発表した（自由民主党 2012b）。その中で，TPPに関しては「『聖域なき関税撤廃』を前提にする限り，TPP交渉

参加に反対します」と明記し，同年3月に策定した上記の「考え方」を踏襲した。この点で，自民党は文言上では日本のTPP交渉参加には消極的という印象を与えようとしていた。他方で，政権公約発表時の記者会見では，記者から「（聖域なき関税撤廃という）前提さえなければ交渉参加に前向きと考えていいのか」という質問に対して，自民党総裁の安倍晋三は，「前向きかどうかではなく，前提条件を突破できる交渉力があるかないかが問われている。守るべき国益が守られれば，交渉していくのは当然だ」と述べ（日本農業新聞 2012年11月22日），TPP交渉参加の可能性にも言及している。要するに，自民党内でも支持団体の間でも立場の隔たりが大きいTPP交渉参加については，政権公約では意図的に曖昧な表現とし，政権獲得後の政策の自由度を確保することを意図していたのである（日本経済新聞 2012年11月22日）。

第2節　政権交代後の首相官邸の動向

　2012年12月16日に実施された衆院選は，民主党の惨敗と自民党の圧勝に終わった。こうした選挙結果を受けて，同年12月25日の自民党と公明党の連立政権合意では，TPPについては，「FTA・EPAをはじめ自由貿易をこれまで以上に推進するとともに，TPPについては，国益にかなう最善の道を求める」(傍点は筆者) と明記された（自由民主党 2012c）。自民党の選挙公約にあった「『聖域なき関税撤廃』を前提にする限り，TPP交渉参加に反対」という表現は消え，TPP交渉参加については安倍首相の判断にフリーハンドを与える表現になった。
　他方で，安倍首相は少なくとも政権の発足当初は，日本のTPP交渉参加を早急に表明するのではなく，その扱いは2013年7月の参院選後に先送りする意向だったとみられる[66]。具体的には，安倍首相は2012年末の政権発

---

[66] 筆者が農水省在職中の2013年1月頃，都道府県知事による林農相への陳情に同席した際に，林農相もTPP交渉に対する程度の決定は参院選後になるという趣旨の発言をしており，こうした認識はその時点では閣内で一致していたと考えられる。

足の時点では，TPPについては「(2013年7月の)参院選までは結論は出せない」と語っていた（日本経済新聞 2013年3月16日）。また，菅官房長官も，前年の衆院選で農業団体の力を借りて当選した議員が増え，TPPに反対するJA全中の意向に背けば，参院選でしっぺ返しを食らうことを懸念し，TPP交渉への参加表明時期は参院選後にすべきと進言していた（読売新聞 2013年3月16日）。更に，自民党の石破幹事長も，12月28日の記者会見で，「協議の内容がいかなるものであるかよく把握したうえで，参院選までに何らかの対処方針は決めないといけない」と述べ，党内の意見とりまとめを急がない考えを示していた（朝日新聞 2012年12月29日）。

　こうした前提の一方で，安倍首相は政権発足の前から，首相就任後の速やかな訪米を目指していた。衆院選から2日後の12月18日にはオバマ大統領と電話で協議し，早期に訪米する意向を伝えた上で，協議後に「1月の時点で日米首脳会談ができるよう調整している」と明かした（朝日新聞夕刊 2012年12月18日）。しかし，2013年1月になると，一転して同月内の訪米は困難になった。1月7日には，外務省の河相周夫事務次官を米国に派遣して調整させたが，国務省高官は「1月は日程がタイト」とにべもなかった（朝日新聞 2013年1月9日）。それに続く1月中旬には，米国国務省のキャンベル国務次官補や国防総省のリッパート国防次官補らが訪日した。その際のインタビューでキャンベル国務次官補は，「米国が求めたのはまず事務レベルでの準備だ」と述べている（朝日新聞 2013年1月13日）。このような経緯から，実務型で知られるオバマ大統領が，「首脳会談の主要議題も示さずに訪米を当然視する安倍首相に不審を抱いた」と（首相官邸内では）受け止められたとされる（北海道新聞 2013年3月16日）。

　こうした紆余曲折を経て，安倍首相の訪米は2月下旬となった。上述の日米高官による協議を受けて，1月18日に岸田外相が訪米してクリントン国務長官と会談し，日米首脳会談を2月17日の週に行うことで合意したのである（産経新聞 2013年1月20日）。こうした日米首脳会談の設定に至る経緯と会談実施のタイミングは，安倍首相のTPP交渉参加表明に大きな影響を与えたと考えられる。第1に，オバマ大統領が「会談の中身を重視する現

実主義者」で，TPP への交渉参加のめども立たないまま日程が決まる保証がないという事情から（朝日新聞 2013 年 1 月 9 日），首相官邸内が「訪米には手土産が必要だ」と浮足立ち（北海道新聞 2013 年 3 月 16 日），日米首脳会談での参加表明を促進する効果を持った。第 2 に，日米外相会談での決定から実際の日米首脳会談の実施までには 1 カ月の間隔があることから，その間に TPP に関して日米間で何らかの合意を作成する時間的余裕が生まれた。そして第 3 に，こうした時間的経過の中で，大胆な金融緩和策を市場が好感し，株高，円安が進んだことで支持率が上昇し，自信を深めた安倍首相は「TPP に加速度的に前のめりになった」（北海道新聞 2013 年 2 月 26 日）。

第 3 節　政権交代後の自民党内の動向

　2013 年 2 月の開催が決定した日米首脳会談で，日本の TPP 交渉参加が議題になるとの観測が強まるにつれて，自民党内の賛否を巡る動きも活発化してきた。その中で，TPP 慎重派議員を糾合したのが，2010 年 11 月に設立されていた撤回会であった。撤回会は，安倍政権発足直後の 2012 年 12 月 28 日に会合を開催し，その場では TPP 交渉への参加に反対する意見が相次いだ（日本経済新聞 2012 年 12 月 28 日）。会合への出席議員は衆参合わせて約 50 人で，会員は党所属議員の半数に迫る 181 人に膨れあがった（朝日新聞 2013 年 12 月 28 日）。また，2013 年に入って初開催となった 1 月 23 日の会合では，撤回会の会員は 203 人となり，党所属議員の過半数に達したことが報告された（日本経済新聞 2013 年 1 月 24 日）。更に，2 月 7 日時点では，会員は党所属議員の過半数を超える 225 人にまで膨らんだ（日本経済新聞 2013 年 2 月 7 日）。一方で自民党の TPP 推進派議員も，2 月 13 日朝に「環太平洋経済連携に関する研究会」（川口順子・中村博彦共同代表）を開催し，若手議員を中心に約 30 人が参加した（産経新聞 2013 年 2 月 14 日）。
　こうした中で，自民党の TPP 対応に関する意思決定機関である外交・経済連携調査会（衛藤征士郎会長）は，2 月 6 日に安倍政権発足後に初めての

会合を開催し，TPP を巡る党内議論をスタートさせた（毎日新聞 2013 年 2 月 7 日）。同調査会は，2 月 8 日に TPP に関する第 2 回の集中論議を行い，TPP 参加問題に対する現段階での基本方針を 2 月 13 日に策定することを決めた（日本農業新聞 2013 年 2 月 9 日）。これを受けて，2 月 13 日に「TPP 交渉参加に対する基本方針」を決定し（自由民主党 2013a），翌日衛藤会長が安倍首相に手渡した（日本農業新聞 2013 年 2 月 15 日）。その基本的な内容は，2012 年 3 月に決定した「TPP についての考え方」と同様で，その中に盛り込まれた TPP 交渉参加に関する 6 項目の判断基準は，その後に行われた衆院選の公約であることを確認した上で，その遵守を求めるものとなっている。

また，2 月 19 日には，撤回会が自民党議員約 100 人の参加を得て会合を開催した上で，「TPP への対応について」（TPP 参加の即時撤回を求める会 2013）と題する決議を採択し，安倍首相に提出した（日本農業新聞 2013 年 2 月 20 日）。決議文は「TPP は農林業や国民皆保険，食の安全・安心基準などに重大な影響を与える」と指摘し，現段階での交渉参加は「絶対に認めることはできない」と明記した（日本経済新聞 2013 年 2 月 19 日）。更に，「TPP に関して守り抜くべき国益」と題した別紙では，上記の「TPP 交渉参加に関する基本方針」に明記された 6 項目について，それぞれ TPP 交渉に参加した場合に確保すべき具体的な条件を明記した上で，医薬品の特許権や漁業補助金等についても同様の守るべき範囲を特定したものとなっている（資料 10-3）。特に，農林水産品の関税については，関税撤廃の除外とすべき重要品目を「米，麦，牛肉，乳製品，砂糖等」（いわゆる重要 5 品目）と初めて具体的に明記したことが特筆される[67]。

---

[67] 決議案の原案は，森山裕議員の要請を受けた農水省の事務方が作成した。

資料 10-3　「TPP 参加の即時撤回を求める会」の決議（2013 年 2 月 19 日）

TPP に関して守り抜くべき国益

公約に記された 6 項目関連
① 農林水産品における関税
　米，麦，牛肉，乳製品，砂糖等の農林水産物の重要品目が，引き続き再生産可能となるよう除外又は再協議の対象となること。
② 自動車等の安全基準，環境基準，数値目標等
　自動車における排ガス規制，安全基準認証，税制，軽自動車優遇等の我が国固有の安全基準，環境基準等を損なわないこと及び自由貿易の理念に反する工業製品の数値目標は受け入れないこと。
③ 国民皆保険，公的薬価制度
　公的な医療給付範囲を維持すること。医療機関経営への営利企業参入，混合診療の全面解禁を許さないこと。公的薬価算定の仕組みを改悪しないこと。
④ 食の安全安心の基準
　残留農薬・食品添加物の基準，遺伝子組換え食品の表示義務，輸入原材料の原産地表示，BSE 基準等において，食の安全安心が損なわれないこと。
⑤ ISD 条項
　国の主権を損なうような ISD 条項は合意しないこと。
⑥ 政府調達・金融サービス業
　政府調達及び，かんぽ，郵貯，共済等の金融サービス等のあり方については我が国の特性を踏まえること。

―党内議論において下記事項についても強い指摘があった―

医薬品の特許権，著作権等
　薬事政策の阻害につながる医薬品の特許権の保護強化や国際収支の悪化につながる著作権の保護強化等については合意しないこと。
事務所開設規制，資格相互承認等
　弁護士の事務所開設規制，医師・看護師・介護福祉士・エンジニア・建築家・公認会計士・税理士等の資格制度について我が国の特性を踏まえること。
漁業補助金等
　漁業補助金等における国の政策決定権を維持すること。
メディア
　放送事業における外資規制，新聞・雑誌・書籍の再販制度や宅配については我が国の特性を踏まえること。
公営企業等と民間企業との競争条件
　公営企業等と民間企業との競争条件については，JT・NTT・NHK・JR をはじめ，我が国の特性を踏まえること。

資料：TPP 参加の即時撤回を求める会（2013）。

第 4 節　日米首脳会談での合意

　2013 年 2 月 21 日から訪米した安倍首相は，翌 22 日にオバマ大統領と日米首脳会談を行い，TPP に関する日米共同声明に合意した。

　日米首脳会談で安倍首相は，日米が協力してアジア太平洋における貿易・投資に関する高い水準のルール・秩序を作っていくことの意義は大きいものの，TPP 交渉に関しては，先の衆院選では「『聖域なき関税撤廃』を前提にする限り TPP 交渉参加に反対する」という公約を掲げ，また，自民党はそれ以外にも 5 つの判断基準を示し，政権復帰を果たした等の状況を説明した。その上で安倍首相は，① 日本には一定の農産品，米国には一定の工業製品というように，両国ともに二国間貿易上のセンシティビティが存在すること，② 最終的な結果は交渉の中で決まっていくものであること，③ TPP 交渉参加に際し，一方的に全ての関税を撤廃することをあらかじめ約束することは求められないこと，の 3 点について述べ，これらについてオバマ大統領との間で明示的に確認した（外務省 2013b）。

写真 10-1　日米首脳会談の模様（2013 年 2 月 22 日）

資料：首相官邸ウェブサイト。

第 4 節　日米首脳会談での合意　177

　日米共同声明（資料 10-4）は，第 1 文では物品貿易の自由化交渉に関する米国の主張を反映し，第 2 文はそれに関する日本の主張を反映したものだが，第 3 文は非関税措置に関する米国の主張を反映したものとなっている（外務省 2013c）。すなわち，2012 年 4 月 30 日の野田首相との日米首脳会談でオバマ大統領が提起した自動車，保険，牛肉のうち，既に決着した牛肉を除く 2 分野の解決の必要性を明記した上で，その他の非関税措置への対処の必要性にも言及することによって，米国が日本の TPP 交渉参加を承認する際の交渉材料にすることを意図したものと考えられる。

資料 10-4　日米共同声明（2013 年 2 月 22 日）

1. 両政府は，日本が環太平洋パートナーシップ（TPP）交渉に参加する場合には，全ての物品が交渉の対象とされること，及び，日本が他の交渉参加国とともに，2011 年 11 月 12 日に TPP 首脳によって表明された「TPP の輪郭（アウトライン）」において示された包括的で高い水準の協定を達成していくことになることを確認する。
2. 日本には一定の農産品，米国には一定の工業製品というように，両国ともに二国間貿易上のセンシティビティが存在することを認識しつつ，両政府は，最終的な結果は交渉の中で決まっていくものであることから，TPP 交渉参加に際し，一方的に全ての関税を撤廃することをあらかじめ約束することを求められるものではないことを確認する。
3. 両政府は，TPP 参加への日本のあり得べき関心についての二国間協議を継続する。これらの協議は進展を見せているが，自動車部門や保険部門に関する残された懸案事項に対処し，その他の非関税措置に対処し，及び TPP の高い水準を満たすことについて作業を完了することを含め，なされるべき更なる作業が残されている。

資料：外務省（2013c）。

　これを受けて安倍首相は，日米首脳会談後にワシントン市内で行われた内外記者会見において，TPP に関して「私は選挙を通じて『聖域なき関税撤廃』を前提とする TPP には参加しないと国民の皆様にお約束をし，そして今回のオバマ大統領との会談により，TPP では『聖域なき関税撤廃』が前提ではないことが明確になりました」と述べた（内閣官房 2013a）。つまり，TPP では「聖域なき関税撤廃」が前提ではないことが確認されたので，日本が TPP 交渉に参加しても自民党の選挙公約には反しないという訳である。しかし，日米共同声明で言っているのは，日本が TPP 交渉に参加する時点では全品目の関税撤廃を約束しなくても良いと言うことだけで，日本が交渉に

参加した後で全品目の関税撤廃を受け入れることまでは否定されていない。

　日米共同声明が巧妙なのは，TPP で関税撤廃を求められるのが，交渉への参加時点なのか，それとも参加後なのかが曖昧だったことを上手く利用した点である。すなわち，「例外なき関税撤廃が前提」という自民党の公約は，前者の「参加時点」を指すと狭く解釈した上でそれを否定することによって，あたかも「参加後」に関税撤廃からの除外が認められ得るかのような印象を与えている。しかし，これが「印象」に過ぎないのは，第 1 文で「関税並びに物品・サービスの貿易及び投資に対するその他の障壁を撤廃する」（傍点は筆者）ことを明記した「TPP の輪郭」（第 9 章第 4 節を参照）を日本側も受け入れた上で，第 2 文で「最終的な結果は交渉の中で決まっていく」として，交渉の中で日本側が全品目の関税撤廃を受け入れる可能性が排除されていないことから明らかである。

　このように，日米共同声明は日米両国にとって同床異夢の賜であり，その解釈について図 10-1 の線分図を用いて改めて整理する。まず，TPP 交渉における関税撤廃の扱いに関する日本の選好順位は，図 10-1 の左から右の順と考えられる。つまり，図の上側の「日本側の立場」にあるように，A：交渉参加の事前に関税撤廃からの除外を確保する＞B：交渉参加の事前に全品目の関税撤廃を約束しない＞C：交渉参加の事後に除外を確保する＞D：交渉参加の事後に全品目の関税撤廃を約束する＞E：交渉参加の事前に全品目の関税撤廃を約束する，の順である。これに対して，米国の選好順位は，図 10-1 の右から左の順に高くなる。つまり，図の下側の「米国側の立場」にあるように，E：交渉参加の事前に全品目の関税撤廃を確保する＞D：交渉参加の事後に全品目の関税撤廃を確保する＞C：交渉参加の事後に除外を容認する＞B：交渉参加の事前に全品目の関税撤廃を確保しない＞A：交渉参加の事前に関税撤廃からの除外を容認する，の順に望ましい[68]。

---

[68] 米国の最優先を E と仮定すると自国もそれを約束することになるが，TPP 交渉で米国は，FTA を未締結の日本等に対しては関税全廃を求める一方で（コラム 5-1），自国の砂糖を関税撤廃から除外した豪州等の FTA 締結国とは再交渉しないと主張しており（Inside US Trade 2012），こうした二重基準を持ち出すことによって自国への跳ね返りを回避しているのである（コラム 9-1）。

このうち，日本にとっては，Eの「交渉参加の事前に全品目の関税撤廃を約束する」という選択肢は，「『聖域なき関税撤廃』を前提にする限り，交渉参加に反対する」という選挙公約に反するので受け入れられないが，Dの「交渉参加の事後に全品目の関税撤廃を約束する」という選択肢は，その後策定された国会決議には反するものの，選挙公約には反しないことから，事後的な可能性としては容認できる。他方で米国にとっては，Aの「交渉参加の事前に関税撤廃からの除外を容認する」という選択肢は，自国の農業団体の反発を想定すると受け入れられないが，Bの「交渉参加の事前に全品目の関税撤廃を確保しない」という選択肢は，交渉参加の事後に全品目の関税撤廃を確保することが排除されていないため，受け入れが可能である。したがって，日本と米国は，選択肢がBからDの間に位置すると解釈できる内容であれば合意が可能であり，実際の日米共同声明でも，日本がそれをBと解釈する一方で米国はDと解釈することによって，両国共に自国の立場が反映されたとの主張できる内容となっている。

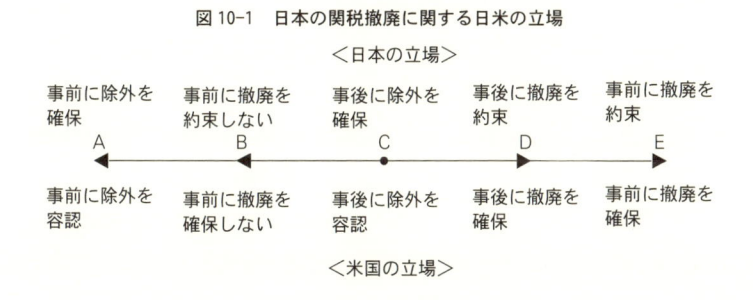

図10-1　日本の関税撤廃に関する日米の立場

＜日本の立場＞

A	B	C	D	E
事前に除外を確保	事前に撤廃を約束しない	事後に除外を確保	事後に撤廃を約束	事前に撤廃を約束
事前に除外を容認	事前に撤廃を確保しない	事後に除外を容認	事後に撤廃を確保	事前に撤廃を確保

＜米国の立場＞

第5節　日米共同声明の調整経緯

日米共同声明はどのようにして策定されたのか。以下では，その策定過程をひもといていく（コラム10-1）。

上述した1月18日の日米外相会談で，2月下旬の日米首脳会談が設定されたことを受けて，それに備えた日米協議が始まった。その契機となったの

が，1月29日の甘利経済再生相と茂木経産相の会談であり，甘利経済再生相は茂木経産相に対して「経済産業省が根回ししないと駄目だ。あなたが露払いしないと」と述べ，TPPで米国から譲歩を引き出す地ならしをするよう茂木経産相に促した。これを受けて，2月初めから経産省と通商代表部のルートで日米の激しい駆け引きが始まったが，事務レベルでの調整はすぐに行き詰まった。2月5日には，通商代表部のカトラー代表補が来日し，ほぼ1週間にわたって都内に滞在し，外務省や経産省を回って，日本政府の本気度を探った。カトラー代表補は，「米国が自動車分野などでどれだけ妥協しても，（日本側に対して）関税撤廃の聖域は約束できない」と釘を刺し続けた（日本経済新聞 2013年2月26日）。カトラー代表補の来日は外務省も報道発表をしており，2月5日には外務省の片上経済局長と会談し，TPPに関して「日本側から，新政権の考え方や日本国内での議論の状況を説明し，日米双方が今後とも緊密に連絡を取り合いつつ協議を継続していくことを確認した」とされる（外務省 2013a）。

　2月下旬の日米首脳会談の調整は事実上，TPP参加に後ろ向きな農水省を外し，参加に積極的な経産省人脈で固めた官邸主導で進んだ（東奥日報 2013年3月15日）。経産省が日米協議の前面に立った一因は，第9章第6節で述べたように，民主党政権下で行われた水面下での日米協議で最後まで残ったのが自動車だったという事情もある。米国は乗用車に2.5%，トラックに25%の関税を課しており，日米共同声明にも言及された米国にとって関税撤廃が困難なセンシティブな工業製品に該当する。つまり，対等で互恵的な関税撤廃交渉であれば，米国は自動車の関税が無税の日本に対して「守勢」に立つはずだが，米国の自動車業界は，日米の自動車貿易が日本側の大幅な輸出超過なのは，日本側の「非関税障壁」が原因であり，そうした障壁が解消されない限り日本のTPP交渉参加や米国の自動車の関税撤廃には反対するとの立場を採っていた。更に，米国が言う「非関税障壁」はTPP交渉の対象分野には含まれないことから，TPP交渉の中で日本に対して解決を迫ることはできず，TPP交渉の参加前に日本が米国の要求を受け入れない限り，日本の交渉参加を認めないという主張につながってくる。したがっ

て，日米共同声明を巡る日米協議の焦点は，米国にとっては自動車に関する非関税障壁について日本の譲歩を引き出し，日本にとっては農産品の関税撤廃の例外について米国の譲歩を引き出すことに収斂した。

　外務省や経産省等による事前調整は難航を極めた（産経新聞 2013 年 2 月 24 日）。通商当局間では折り合えなかったため，佐々江駐米大使を始めとする在米大使館がとりまとめに動き，（センシティビティを含む）文言が確定したのは首脳会談の直前だった（日本経済新聞 2013 年 2 月 26 日）。これに対し，TPP に強く反対してきた農水省は，米国と自動車の事前協議に奔走する経産省とは対照的に，蚊帳の外に追いやられた。安倍政権の高い支持率の前に，反対勢力は息を潜め，米国の圧力で輸入車の安全基準緩和等をのまされかねない国土交通省もなびき，気がつけば農水省は取り残されていた。しかし，民主党政権とは異なって閣内の足並みは揃っていた。すなわち，林農相は，水面下で 2 月の日米共同声明の文言調整や政府統一試算等等について，事前に菅官房長官や茂木経産相等と綿密に摺り合わせていた（北海道新聞 2013 年 3 月 17 日）。この点に関して菅も，2013 年 3 月 27 日夜の都内での講演で，TPP 交渉への参加表明の前に，関係閣僚が水面下で「7 回ぐらい集まって」調整を進めていたことを明かしている（読売新聞 2013 年 3 月 28 日）。こうした調整は，TPP 交渉の参加に関する安倍首相の意向を 2013 年 1 月の時点で聞いた菅が開始したものとされる（読売新聞 2013 年 3 月 24 日）。

コラム 10-1　日米首脳会談への随行

　2013 年 2 月にワシントンで行われた日米首脳会談には，農水省からは 3 名が出張し筆者もその一人だった。それは，筆者の 25 年にわたる官僚生活の中でも，異例づくしの忘れがたい体験となった。

　まず，日米首脳会談の準備段階では，安倍首相の発言要領や日米共同声明の原案に関する協議が，農水省の事務方には全くなされなかった。上述のように，日米共同声明には「農産品のセンシティビティ」への言及があることから，その所管府省である農水省に相談がないことは，従来は考えられなかった。また，最終的には認められたものの，農水省からの随行者である幹

部の政府専用機への搭乗にも，外務省は難色を示した。このためワシントンへの到着前から，関係府省が農水省を外して準備を進めていることは筆者の目にも明らかだった。

　日米首脳会談に外務省以外の事務方が同席できないのはいつもと同じだった。しかし，この際に異例だったのは，首脳会談の終了直後に，外務省から農水省の出張者に対して，「林農相に渡せ」との指示と共に日米共同声明が電子メールで送付されてきたことである。そのタイミングは，安倍首相が首脳会談後に場所を移動し，内外記者会見で日米共同声明の内容を説明する直前であった。声明に関して，事前の協議はなかったが，世間に公表する前に農水省の事務方にも通知するという，最低限の信義則は守られていた訳である。また，わざわざ「林農相」宛とされていることは，農水省の事務方は相手にしないが，林農相には話を通してあることを暗示していた。

　更に，内外記者会見の後に農水省幹部は，ワシントンから日本にいる主要な農林族の幹部議員数名に対して電話で結果を報告した。この際，「日米首脳会談でTPP交渉参加には関税撤廃が前提でないことが確認され，安倍首相が近々TPP交渉に参加表明する」旨の報告をしても，驚きを表す農林族幹部は皆無だった。恐らく彼らは，農水省が知らなかった共同声明の内容を，一足先に官邸筋から知らされていたのであろう。この際の官邸筋と農水省幹部からの2系統の連絡の内容とタイミングを比較することで，農林族幹部は首相官邸の力をまざまざと見せつけられたはずである。

　こうしたワシントン出張の経験から，筆者はTPP交渉参加プロセスへの首相官邸の強い関与を確信した。つまり，日米首脳会談の準備とその結果発表は，首相官邸の指示の下に外務省などが一致結束し，いつ，誰に，どのような連絡をするかが綿密に計画され，それが寸分違わずに実行されたのである。農水省に在籍していた筆者は，日米首脳会談の調整には関与しておらず，そのため本節でも，その経緯の解明は主に新聞情報に依拠した。しかし筆者は，農水省が「どのように外されたのか」を現場で体験した数少ない一人であり，そこで得られた洞察が本章でも生きているのである。

第6節　安倍首相の参加表明

　日米共同声明の調整は極秘裏に行われ，自民党側でその内容を事前に知らされていたのはごく一部と見られる。しかし，日米首脳会談の終了後になると，首相官邸はTPP交渉への参加表明に向けて自民党側の理解を得るべく迅速に動いた。まず，2月22日の日米首脳会談の直後（日本時間で2月23日未明）には，加藤信勝・世耕弘成の両官房副長官が，TPPに関する日米共同声明の内容を，メール等を使って発表前に与党幹部にいち早く伝えた（読売新聞 2013年3月24日）。加藤副長官が電子メールを送った与党幹部の一人は，自民党外交・経済連携調査会長の衛藤征士郎で（読売新聞 2013年2月24日），衛藤は「首相はここまで気を使っている」と述べ，安倍首相の配慮を評価した（朝日新聞 2013年2月24日）。一方安倍首相は，日米首脳会談後にワシントンから農水副大臣の江藤拓に電話をかけ，「申し訳ないけど，君には苦しい思いをさせることになる。ひと汗かいてくれ」と述べ，農業団体の説得を要請した（朝日新聞 2013年3月16日）。安倍首相は，「農業団体を抑えるには，農水族議員に説得してもらうのが近道」と考え，2012年12月の第2次安倍政権の発足時に江藤を農水副大臣にしていた（読売新聞 2013年3月16日）。

　米国からの帰国後も，安倍首相による自民党内のTPP慎重派への説得は続いた。安倍首相は2月24日から慎重派への電話攻勢に出て，TPP交渉への理解を求めた。慎重派幹部の一人は，突然の首相からの電話に「最後は首相のご判断で‥‥」と恐縮するしかなかった（産経新聞 2013年2月27日）。翌25日には，農水副大臣の江藤を密かに首相官邸に呼び，「農協への根回しをするように」と指示し，江藤も「首相の決意は固い」と受け入れざるを得なかった（毎日新聞 2013年3月17日）。安倍首相は同日，農林族幹部の西川公也に電話し，自民党内でTPP問題を議論する外交・経済調査会が新たに設けるTPP対策委員会の委員長に就くよう要請した。この際に安倍首相は，「ゆっくりやりましょう」と述べ，党側と足並みを揃える考えを

示した。更に安倍首相は同じ日に，自民党農林部会長の小里泰弘にも電話し，「早急に判断することはない」と理解を求めた（朝日新聞 2013 年 3 月 1 日）。安倍首相のこうした説得工作が功を奏し，2 月 25 日の夕方に行われた自民党役員会では，「参加するかしないか，その判断時期については私に任せてほしい」と求め，自民党は対応を一任した（日本経済新聞 2013 年 2 月 26 日）。

　以上のように，安倍首相から直接説得された自民党の農林族幹部は，TPP 交渉への参加表明は不可避と考えていた。しかし，そうした認識は農村部選出の 1 回生議員を中心とする若手議員にまで共有されているわけではなく，自民党内では依然として TPP 交渉参加に慎重な意見が多く上がっていた。これに対して，安倍首相から直接協力を求められていた撤回会会長の森山裕は，2 月 26 日の同会の会合で「政府と党が対立したら，国民の批判を受ける」と述べ，相次ぐ反対論を制した（読売新聞 2013 年 3 月 16 日）。また，自民党の外交・経済連携調査会は 2013 年 2 月 27 日，「TPP 交渉参加に関する決議」（自由民主党 2013b）を採択したが，その第 3 文では「仮に交渉参加の判断を行う場合は」と明記され，従来とは異なって安倍首相によるその後の TPP 交渉への参加表明を前提としたものとなっていた。その上で，決議の別紙で「TPP に関して守り抜くべき国益」を列挙し，その内容は同年 2 月 19 日に撤回会が決議した内容とほぼ同じである。つまり，安倍首相による交渉参加表明は避けられないという認識の下で，交渉参加後に譲れない線を明確化することによって，事実上の条件闘争に転じたのである。

　更に，自民党は 3 月 5 日，外交・経済連携調査会の下に TPP 対策委員会を設け，上述のとおり西川公也が委員長に就任した（毎日新聞 2013 年 3 月 6 日）。対策委員会は，「守り抜くべき国益」を具体化する作業部会の下に，外交，財務金融，厚生労働，農林水産，経済産業の 5 つのグループが設けられる等，従来の調査会に比べて大がかりな組織となった（東京新聞 2013 年 3 月 6 日）。その後 3 月 7 日には，安倍首相は自民党の外交・経済連携調査会会長の衛藤征士郎や撤回会会長の森山裕らと夕食を共にし，落とし所の摺り合わせを行っている（読売新聞 2013 年 3 月 8 日）。

各グループでの議論を集約する形で，3月13日にTPP対策委員会は「TPP対策に関する決議」（自由民主党 2013c）を採択した。決議の本文では，「国家百年の計に基づく大きな決断をしていただきたい」として，TPP交渉参加の是非について安倍首相に判断を委ねたうえで，「農林水産分野の重要5品目等の聖域の確保を最優先し，それが確保できないと判断した場合は，脱退も辞さない」と明記した（資料10-5）。また，決議に添付された農林水産分野をカバーする第4グループのとりまとめでは，「米，麦，牛肉・豚肉，乳製品，甘味資源作物等の農林水産物の重要品目が，引き続き再生産可能となるよう除外又は再協議の対象となること」とされ，上記の「TPPに関して守り抜くべき国益」の重要5品目に豚肉が追加された。更に，第4グループのとりまとめには，「10年を超える期間をかけた段階的な関税撤廃も含め認めない」との記述も新たに追加された。これには，「除外」の定義が必ずしも明確でなく，第1章で述べたように日本のEPAでは10年を超える段階的な関税撤廃は自由化率に算入されないことから，政府が10年超の関税撤廃により例外を確保したと主張する抜け道をふさぐ意図が込められていた。

資料10-5　自民党TPP対策委員会の決議（2013年3月13日）

TPP対策に関する決議（抜粋）

　この場合において，特に，自然的・地理的条件に制約される農林水産分野の重要5品目等やこれまで営々と築き上げてきた国民皆保険制度などの聖域（死活的利益）の確保を最優先し，それが確保できないと判断した場合は，脱退も辞さないものとする。

TPP対策委員会第4グループとりまとめ（抜粋）

　米，麦，牛肉・豚肉，乳製品，甘味資源作物等の農林水産物の重要品目が，引き続き再生産可能となるよう除外又は再協議の対象となること。10年を超える期間をかけた段階的な関税撤廃も含め認めない。

資料：自由民主党（2013c）。

　安倍首相は2013年3月15日の記者会見で，日本のTPP交渉への参加を正式に表明した（内閣官房 2013b）。その際に安倍首相は，太平洋を囲む11

カ国が参加するTPPは,「アジア・太平洋の『未来の繁栄』を約束する枠組み」と指摘した上で,TPPの経済効果に関する政府統一試算(内閣官房2013c)に言及しつつ,「全ての関税をゼロとした前提を置いた場合でも,我が国経済には,全体としてプラスの効果が見込まれています」と述べ,TPPの経済面での意義を強調した。安倍首相は更に,自由,民主主義,基本的人権,法の支配といった普遍的価値を共有するアジア・太平洋の国々との経済的な相互依存関係の深化は,「我が国の安全保障にとっても,また,アジア・太平洋地域の安定にも大きく寄与することは間違いありません」と述べ,TPPの安全保障面での意義も強調した。その上で安倍首相は,TPPに対する懸念に対しては,「先般オバマ大統領と直接会談し,TPPは聖域なき関税撤廃を前提としないことを確認いたしました。そのほかの五つの判断基準についても交渉の中でしっかり守っていく決意です」と述べ,「守るべきものは守り,攻めるものは攻める」との姿勢を示した。

写真10-2 記者会見する安倍首相(2013年3月15日)

資料:首相官邸ウェブサイト。

　安倍首相によるTPP交渉への参加決定が,経済的なメリットよりも政治的なメリットを求めた所産であることは,安倍首相が言及したTPPの経済効果に関する政府統一試算からも垣間見られる。民主党政権下の2010年の

政府試算（内閣官房 2010f）では，日本が TPP に参加し全ての TPP 参加国が関税を全廃した場合の日本の GDP 増加額は 3.2 兆円と推計され，経産省が「グローバル経済戦略」（経済産業省 2006d）で RCEP（当時は ASEAN＋6）の経済効果として喧伝した 5.0 兆円よりも遙かに小さかった（表 10-1）。そうした違いの原因は，同じ内閣官房の試算に示された日本の GDP 増加額が，日米 FTA では 1.8 兆円なのに対し，日中 FTA では 3.3 兆円であることからも明らかである。つまり，米国の関税率は表 1-2 に示したように既に低く，日本が TPP に参加して米国と相互に関税撤廃しても日本の利益は小さいのに対し，経済規模が大きく関税率の高い中国を含む RCEP は日本に大きな利益をもたらすのである。このように，2010 年の内閣官房の試算からは，物品貿易の自由化による経済的なメリットの追求という観点からは，中国を含む RCEP を推進すべき一方で TPP の優先度は相対的に低いという結論になり，TPP 推進派の経産省等にとっては都合が悪い結果となっている。

表 10-1　日本の TPP 参加に伴う経済効果の試算結果

	日本政府の試算	PECC の試算
日米 FTA	1.8 兆円	―
日中 FTA	3.3 兆円	―
TPP	3.2 兆円	1,050 億ドル
RCEP（ASEAN＋6）	5.0 兆円	960 億ドル
FTAAP	6.7 兆円	2,280 億ドル

資料：経済産業省（2006d），内閣官房（2010f, 2013c, 2013d）。

そこで，2013 年 3 月 15 日に政府統一試算と同時に公表されたのが，APEC 加盟国を中心に 25 か国の産学官で構成する PECC（太平洋経済協力会議）による TPP の経済効果に関する試算である（内閣官房 2013d）。この試算は，上述の「政府統一試算」の対象とされた関税撤廃の経済効果に加えて，非関税措置の削減やサービス・投資の自由化の経済効果も推計の対象としている。同試算を担当した米国ブランダイス大学のピーター・ペトリ教授の推計では，TPP 参加に伴う日本の GDP 増加額は 1,050 億ドルなのに対し，RCEP では 960 億ドルであり，TPP の数値が僅かに上回っている

(表 10-1)。しかし，非関税措置やサービス・投資の自由化に関する経済効果の推計方法は十分に確立されておらず，前提条件で大きく変わり得るものである。同日の記者会見で，経済再生担当大臣の甘利明も「PECC の試算は政府の公式試算ではない」と明言しており（内閣官房 2013e），TPP 交渉参加という重要な政策決定に当たって，政府が公認していない米国の一大学教授の試算を政府の統一試算と並べて提示するのは異例である。これは，日本政府が TPP の経済的なメリットを膨らませることに腐心していることの表れで，日本の TPP 交渉参加決定の真意が経済的メリットの追求ではないことの証左である。

第 7 節　日本の TPP 交渉参加の決定

 2 月 22 日の日米共同声明に基づいて進められてきた非関税措置に関する日米協議は，2013 年 4 月 12 日に決着した。まず，非関税措置に関しては，佐々江駐米大使とマランティス通商代表代行との往復書簡において，TPP 交渉と並行して，保険，透明性／貿易円滑化，投資，規格・基準，衛生植物検疫措置等の分野に取り組むことを決定した。また，自動車分野の貿易に関しては，往復書簡において，TPP の市場アクセス交渉を行う中で，米国の自動車関税が TPP 交渉における最も長い段階的な引下げ期間によって撤廃され，かつ，最大限に後ろ倒しされること，及び，この扱いは米韓 FTA における米国の自動車関税の取り扱いを実質的に上回るものとなることを確認した上で，TPP 交渉と平行して，透明性，流通，基準，環境対応車／新技術搭載車，財政上のインセンティブ等に関する交渉を行うことに合意した（内閣官房 2013f）。

 日本の TPP 交渉への正式参加が迫ってきたことを受けて，国会は TPP に関する決議を採択した。具体的には，参議院農林水産委員会は 4 月 18 日，「環太平洋パートナーシップ（TPP）協定交渉参加に関する決議」（参議院 2013）を採択した。同決議は，2006 年 12 月に衆参の農林水産委員会で採択された「日豪 EPA の交渉開始に関する決議」の体裁をベースに，2013 年 3

月の自民党 TPP 対策委員会による「TPP 対策に関する決議」の内容を加えたもので，特に農林水産分野の重要 5 品目などを除外又は再協議の対象とするとした上で，それが確保できないと判断した場合は，脱退も辞さないことを求めている（資料 10-6）。この決議に対しては，自民党，民主党，公明党，生活の党，みどりの風の 5 党が賛成し，みんなの党と共産党は反対した（読売新聞 2013 年 4 月 19 日）。同様の決議は，翌 4 月 19 日に衆議院農林水産委員会でも採択された（衆議院 2013b）。

資料 10-6　参議院農林水産委員会の決議（2013 年 4 月 18 日）

一　米，麦，牛肉・豚肉，乳製品，甘味資源作物などの農林水産物の重要品目について，引き続き再生産可能となるよう除外又は再協議の対象とすること。十年を超える期間をかけた段階的な関税撤廃も含め認めないこと。
二　残留農薬・食品添加物の基準，遺伝子組換え食品の表示義務，遺伝子組換え種子の規制，輸入原材料の原産地表示，BSE に係る牛肉の輸入措置等において，食の安全・安心及び食料の安定生産を損なわないこと。
三　国内の温暖化対策や木材自給率向上のための森林整備に不可欠な合板，製材の関税に最大限配慮すること。
四　漁業補助金等における国の政策決定権を維持すること。仮に漁業補助金につき規律が設けられるとしても，過剰漁獲を招くものに限定し，漁港整備や所得支援など，持続的漁業の発展や多面的機能の発揮，更には震災復興に必要なものが確保されるようにすること。
五　濫訴防止策等を含まない，国の主権を損なうような ISD 条項には合意しないこと。
六　交渉に当たっては，二国間交渉等にも留意しつつ，自然的・地理的条件に制約される農林水産分野の重要五品目などの聖域の確保を最優先し，それが確保できないと判断した場合は，脱退も辞さないものとすること。
七　交渉により収集した情報については，国会に速やかに報告するとともに，国民への十分な情報提供を行い，幅広い国民的議論を行うよう措置すること。
八　交渉を進める中においても，国内農林水産業の構造改革の努力を加速するとともに，交渉の帰趨いかんでは，国内農林水産業，関連産業及び地域経済に及ぼす影響が甚大であることを十分に踏まえて，政府を挙げて対応すること。

資料：参議院（2013）。

　日本の TPP 交渉への参加は，4 月 20 日にインドネシアのスラバヤで開催された TPP 閣僚会合で正式に承認された。閣僚会合で採択された共同声明では，「（TPP 参加国の）貿易大臣はまた，各 TPP 参加国が，TPP 参加への日本の関心についての日本との二国間協議を終了したことを確認した。本日，貿易大臣は，……日本の参加プロセスを完了させることをコンセンサス

（全会一致）により合意した。日本はその後，現交渉参加各国の国内手続が完了次第，TPP 交渉に参加することができる」とされている（内閣官房 2013g）。これを受けて 4 月 24 日には，米国通商代表部が日本の交渉参加を米国議会に通知し，それから 90 日後の 2013 年 7 月 23 日に，日本は TPP 交渉に正式に参加するに至った。

第 8 節　小　　括

　安倍首相が TPP 交渉への参加表明を成し得た理由については，EPA の促進要因である外圧や争点リンケージは存在したものの，抑制要因である拒否権プレーヤーの押さえ込みに成功したことが主因と考えられる。

　まず，促進要因のうち米国からの外圧に関しては，日本の TPP 交渉への参加表明自体ではなく，参加表明の時期に影響を与えたと考えられる。すなわち，安倍首相からオバマ大統領に対する就任直後の早期訪米の打診に対し，具体的な成果の乏しい首脳会談には応じないという米国の態度が，2013 年 2 月下旬の安倍首相の初訪米時の日米共同声明と翌月の参加表明をもたらしたと考えられる。また，日本側からの TPP 交渉への参加と外交・安全保障との争点リンケージの存在も自明である。つまり，第一次安倍政権時の日豪 EPA 交渉開始の経緯や今回の TPP 交渉への参加表明時の記者会見からも明らかなように，安倍首相は民主主義国家ではない中国への対抗という見地から，TPP の持つ政治面での意義を高く評価しており，そうした政治（ハイ・ポリティックス）と経済（ロー・ポリティックス）との争点リンケージは，TPP 交渉参加に抵抗する自民党の国会議員の説得にも効力を発揮したと考えられる。

　他方で，安倍首相が TPP 交渉参加表明に至った主因は，与党と行政府の拒否権プレーヤーである農林族と農水省の抵抗を抑え込んだことによる。まず農林族に関しては，自民党が衆院選で大勝して 3 年振りに政権を奪還し，与党の凝集性と首相官邸の求心力が高まっていた。こうした中で，慎重派の議員が首相の意向に執拗に抵抗すれば，次の選挙で公認されず落選する可能

性もあることから，TPP交渉参加に反対し続けることは困難であった。この点で，2005年の郵政選挙の際に自民党を離党し無所属で辛くも当選した撤回会会長の森山裕が，安倍首相の意志が固いとみるやTPP慎重派の説得に転じたのは，こうした議員心理を象徴している。また，農水省に関しては，事務方は行政府内での情報網から遮断されていたことから，内部情報を農林族に提供して行政府内で影響力を発揮するという伝統的な手法が使えなかった。その最たる例が日米共同声明の策定で，農林族議員は農水官僚から離れ首相官邸になびいていった。他方で，林農相を含む閣僚レベルの情報共有は密にしており，農水省の事務方を外しても農水省を外した訳ではなかった。このように，林農相と農林族が首相官邸に取り込まれ，情報が遮断された農水官僚には，行政府内の拒否権プレーヤーとしての力は残されていなかった。

第11章
結　論

第1節　日本のTPP交渉参加の背景

　本節では，第1章の冒頭で提起した日本のTPP交渉参加を巡る3つの疑問への回答について，作業仮説に照らしつつ第8章以降での検証結果を要約する。

　まず，菅首相が2010年10月にTPP交渉への参加検討を表明したのは，EPAの促進要因の顕在化と抑制要因の消滅が同時に起こったためである。まず，促進要因のうち米国からの外圧に関しては，首脳や閣僚レベルでのTPPへの参加要請は確認されず，これは外務省幹部の証言でも裏付けられている。これに対して，日本側に争点リンケージの意図が存在したことは明らかである。すなわち，鳩山政権下での米軍普天間飛行場の移設問題の迷走と東アジア共同体構想に起因する米国との関係悪化や，菅政権下で顕在化した尖閣諸島の領有権問題を巡る中国との対立激化を受けて，米国との関係改善と中国への牽制を成し遂げる一挙両得の手段としてTPP交渉への参加が急浮上した。これは，政治問題と経済問題という異なる分野間の争点リンケージである。こうしたTPP参加検討表明の促進要因を実現可能としたのが，抑制要因である拒否権プレーヤーの押さえ込みであった。つまり，民主党政権の成立に伴って与党の事前審査制を廃止したために与党内の拒否権プレーヤーが消滅し，それによって行政府の事務レベルでの拒否権プレーヤーである農水官僚の影響力も減殺された結果，TPPを巡って首相の一存で判断できる環境が整ったのである。

　次に，野田首相が在任中にTPP交渉への参加を表明できなかった理由

は，EPA の促進要因は菅政権時から引き続いて存在したものの，EPA の抑制要因である拒否権プレーヤーが行政府と与党の両方で台頭したためである。まず，行政府の拒否権プレーヤーに関しては，ハワイでの APEC 首脳会議を控えて日本の参加表明が注目されていた 2011 年 11 月の時点で，鹿野農相が自らの辞任をちらつかせて TPP 交渉への参加表明に強硬に反対し，野田首相は自らの任命責任への波及と政権への打撃を恐れて，参加表明をすることができなかった。次に，鹿野農相が閣外に去った 2012 年 6 月以降には，民主党内で消費税引上げを巡る党内抗争が激化し小沢グループが大挙して離党した結果，民主党が衆議院で過半数を割り込む事態が懸念されるようになり，山田正彦元農相を中心とする TPP 慎重派の「離党カード」が益々有効になった。すなわち，「TPP 交渉参加を表明すれば離党する」という TPP 慎重派議員が拒否権プレーヤーとなり，野田首相は参加表明ができなかった。

　最後に，安倍首相が TPP 交渉への参加表明を成し得た理由については，EPA の促進要因は存在したものの，抑制要因である拒否権プレーヤーの押さえ込みに成功したことが主因と考えられる。まず，促進要因のうち米国からの外圧に関しては，具体的な成果の乏しい首脳会談には応じないという米国の態度が，2013 年 2 月下旬の安倍首相の初訪米時の日米共同声明と翌月の参加表明に寄与した。また，日本側からの TPP 交渉への参加と外交・安全保障との争点リンケージの存在も自明であり，そうした政治と経済との争点リンケージは，TPP 交渉参加に抵抗する自民党の国会議員の説得にも効力を発揮した。これに対し，与党の拒否権プレーヤーである農林族の抑制に関しては，自民党が衆院選で大勝して 3 年振りに政権を奪還し，与党の凝集性と首相官邸の求心力が高まっていたという事情があった。こうした中で，慎重派の議員が首相の意向に執拗に抵抗すれば，次の選挙で公認されず落選する可能性もあることから，TPP 交渉参加に反対し続けることは困難であった。また，農水省に関しては，事務方が行政府内での情報網から遮断され，内部情報を農林族に提供して行政府内で影響力を発揮するという手法が閉ざされたことから，行政府の拒否権プレーヤーとしての力を発揮できな

かった。

第2節　日本のEPA推進の規定要因

　前節では，2010年の菅政権以降に絞って，日本のTPP交渉参加を巡る規定要因に関する検証結果を要約したが，本節では，対象期間を1999年以降に拡張し，TPP交渉参加を含むEPAの進捗を規定する要因についての検討結果を要約する。

　第1章の作業仮説で示した促進要因のうち，まず米国からの外圧については，1999年から2013年の検討対象期間を通じて見れば，その影響力は相対的に小さかったと判断できる。例えば，米国は1994年にカナダ，メキシコとNAFTAを締結してFTAで先行し，その後の日本のEPA推進のモデルとなった面はあるものの（大矢根 2012, p.204），これは外圧には当たらない。これに対して，野田首相の就任直後の2011年9月に行われた日米首脳会談におけるオバマ大統領からのTPP交渉への早期参加要請（第9章）や，安倍首相が政権に返り咲いた直後の2012年初めの単なる顔合わせの日米首脳会談の拒否は（第10章），確かに第1章で定義した外圧に該当する。しかし，前者に関しては，野田首相は2012年12月の退陣に至るまで結局TPP交渉への参加表明は行わず，後者についても，安倍首相によるTPP交渉への参加表明のタイミングに影響を与えたのみと考えられる。したがって，米国の外圧は，検証対象期間における日本の農産物貿易自由化の主要な要因ではないと結論づけられる。

　これに対して，もう一つの促進要因である争点リンケージは，本書の検討対象期間を通じて，農産物貿易自由化の重要な決定要因であったと言える。まず，1990年代後半に日本のEPAへの着手を正当化するために経産省が訴えたのは，日米同盟の強化や中国への牽制といった政治的な意義とFTA締結を巡る欧米への遅れの回復という戦略的な意義であった。また，2000年代に入ってのASEANとのEPAに関しても，それを推進する論拠として政治家やマスコミ等に対して説得力を持ったのは，FTA締結競争での中国へ

の対抗という戦略的な意義であった。他方で，2002年に開始されたメキシコとの EPA 交渉では，EPA を締結していないことに伴う日本の産業界の不利益が具体的な数字を伴って喧伝され，工業品と農産品という産業間の争点リンケージが推進力となった。更に，前節で見たように，2010年以降の TPP 交渉参加に至る過程でも，日米同盟の強化や中国への牽制という政治的な効果が，日本の TPP 交渉参加の主要な要因として機能した。以上から，EPA/TPP が持つ政治的効果や戦略的効果とのリンケージが，日本の農産物貿易自由化の重要な促進要因であったと結論づけられる。

　他方で，農産物貿易自由化の主要な抑制要因と位置付けた拒否権プレーヤーの影響力はどのように変化したのか。まず，与党内の拒否権プレーヤーである農林族に関しては，その影響力は首相のリーダーシップと二律背反であることが裏付けられた。すなわち，2000年代初めのシンガポールやメキシコとの EPA 交渉では，農林族議員は農林水産品の追加的な自由化は一切認めないとの強硬姿勢をとったものの，小泉政権が長期化して与党内の凝集性が高まる中で，重要品目を例外にするとの条件で EPA 推進に転換を余儀なくされた。しかし，2007年の参院選での過半数割れによって衆参のねじれが発生すると，安倍首相の求心力の低下と農林族の影響力の回復が起こって EPA は停滞した。このため，麻生政権は米国から TPP 交渉参加を打診されたもののそれを黙殺した。その後の民主党政権では，政治主導と政府与党一元化を掲げて与党の事前審査制を廃止したことから，菅政権では TPP 交渉参加の検討表明に至った。しかし，与党の事前審査制を復活した野田政権では，離党カードを掲げる慎重派議員の反対で参加表明はできなかった。他方で，2012年の衆院選に大勝し政権を奪還した安倍首相は，与党内の凝集性の高まりを受けて農林族を押さえ込み，TPP 交渉への参加表明を成し遂げた。

　最後に，行政府内の拒否権プレーヤーである農水省に関しては，本書の分析結果から，第1章第4節の図1-3で示したように，農水官僚の影響力は農林族の影響力に依存するとの制度的な補完関係が裏付けられた。つまり，与党の事前審査制が定着していた自民党政権下やそれが復活した野田政権で

は，農水官僚がEPAやTPPに慎重な与党の農林族議員を支援することを通じて，間接的に拒否権プレーヤーとしての影響力を発揮した。これに対して，政治主導と政府与党一元化を掲げた当初の民主党政権下では，鳩山政権の発足時に与党の事前審査制が廃止されたことから与党内の農林族議員も発言力を失い，その結果として与党内で働きかけの対象となる応援団を失った農水官僚は，菅首相のTPP交渉参加の検討表明に為す術がなかった。また，2012年の政権復帰後の安倍政権でも，農水官僚はTPP交渉に関する情報を外務省から遮断された上に，首相官邸が林農相と農林族議員を取り込んだことによって梯子を外され，日米首脳会談での共同声明の策定やその後の安倍首相によるTPP交渉への参加表明に対して全く影響力を行使できなかった。

第3節 残された課題

本書は，2013年に日本がTPP交渉に参加するまでの過程を，1990年代末に日本がEPAに着手した時点にまで遡って検証した。この際に，TPPを巡って発生した事実の時系列的な叙述に終始することなく，まずはリサーチ・クエスチョンを明確化した上で，それに相応しい分析アプローチ，分析視角，分析モデルを特定し，一定の作業仮説に基づくTPPに関連する事実の吟味を通じて課題に対する回答を導き出した。こうした課題設定と分析手法の観点から，本書はTPPの是非を巡るあまたの時論的な論考はもちろんのこと，日本のTPP交渉参加の政策過程を扱った先行研究とも明確に一線を画している。

他方で，本書で明らかにすることができなかった点として，以下のような作業が残されている。まず，分析視角や分析モデルに関しては，分析の対象とするアクターの対象範囲をどこまで広げるのかという問題がある。すなわち本書では，TPP交渉参加を巡る国内政治を分析するためのサブ・モデルとして「政府内政治モデル」を採用し，分析の基本単位として官僚を含む政治指導者に焦点を絞ったため，利益集団は分析の対象に明示的には含めな

かった．しかし，2010年から2012年にかけて活発に行われた日本のTPP交渉参加の賛否を巡る論争では，交渉参加に反対する利益集団として農協が大きな影響力を発揮し，それに触発された日本医師会等の医療関係団体や一部の消費者団体による参加反対運動も活発化した[69]．その後，これに対抗するために，経団連を中心にTPP交渉の参加推進運動を組織するような動きも見られた．こうした事実を踏まえると，今後の課題としては，国内政治の分析モデルとして，分析の基本単位を利益集団にまで拡張した「国内政治モデル」（多元主義的モデル）の適用が考えられる．そのように分析対象のアクターを広げた場合に，本書の結論が見直しを強いられるのかは興味深い課題である．

次に，作業仮説に関しては，本書で特定した農産物貿易自由化の促進要因としての外圧と争点リンケージや抑制要因としての与党と行政府の拒否権プレーヤーは，いずれも抽象度の高い包括的な概念であり，前節までの検討では，TPP交渉参加を含むEPAの進展を総じて上手く説明できたと考えられる．他方で，それらが抽象度の高い包括的な概念であるが故に，その決定要因に踏み込んだ分析には至っていない．具体的には，拒否権プレーヤーの影響力を規定する要因として本書では「凝集性」という概念を多用したが，それを規定する要因には触れていない．例えば，与党内の凝集性を規定し農林族の行動に影響を与えた要因としては，選挙制度や政治資金制度の改革（三浦 2010），省庁再編に伴う官邸機能の強化，農協の政治的影響力の低下，政策決定と選挙時期との関係等が考えられる（例えば，衆院選が迫っていた麻生首相や野田首相は，それへの影響を懸念してTPP参加の決断を避けたのに対し，衆院選が終わったばかりの安倍首相はTPP交渉への正式参加を表明した）．このように，本書で特定したEPAの直接的な規定要因のより根源的な決定要因については，更に解明する余地が残されている．

最後に，日本のTPP交渉参加を巡る事実関係に関しては，次のような課

---

69 2013年2月の日米首脳会談の直後に，日本医師会の横倉義武会長は「医療の皆保険は守れることになった」と携帯電話に報告を受けたとされ（日本経済新聞 2014年7月19日），TPP交渉参加過程における行政府の利益集団への配慮を示している．

題が挙げられる。第1は，2009年の政権交代で鳩山首相が誕生する直前の民主党の政権公約に日米FTAが盛り込まれた背景である。日米FTAの締結には，当時の小沢一郎代表代行の持論が反映されたとの報道があるが，その後のTPP交渉参加を睨んで何者かが入れ知恵をしたか否かは検証の余地がある。第2は，菅政権でTPP交渉参加が提起されて以降の外務省のスタンスである。2009年7月に菅政権でTPP参加を最初に提起したのは岡田外相とされているが，その前後を含めて，外務省のTPPに対する姿勢や意図は経産省のそれと比べて未解明な点が多い。第3は，安倍首相が2013年7月の参院選前のTPP交渉参加に舵を切った時期と理由である。本書では，具体的成果の乏しい首脳会談は行わないとの米国の姿勢が主因と考えたが，日米間の具体的なやり取りは不明であり，更なる解明の余地がある。

年　表

月　日	日本国内の動き	日本とTPP参加国との協議	TPP参加国の動き
1998年			
7月12日	参院選で自民党が敗北		
7月30日	小渕恵三首相が就任		
11月			米国がP5FTA構想を提唱
1999年			
9月			NZとシンガポールがFTA交渉開始に合意
12月8日	シンガポールとのFTAに関する共同研究開始に合意		
2000年			
4月5日	森喜朗首相就任		
6月2日	衆議院の解散		
6月25日	衆院選で自民党は議席を減らしたものの与党で過半数を維持		
10月22日	シンガポールとのFTA交渉開始に合意		
11月			NZとシンガポールのFTAに署名
2001年			
1月	シンガポールとのFTA交渉を開始		NZとシンガポールのFTAが発効
4月26日	小泉純一郎首相が就任		
6月5日	メキシコとのEPAに関する共同研究の開始に合意		

200　年　表

月日	日本国内の動き	日本とTPP参加国との協議	TPP参加国の動き
7月29日	参院選の結果、与党が過半数を維持		
9月3日	自民党農林水産物貿易調査会がFTA容認する場合の条件を決定		
10月20日	シンガポールとのFTA交渉が妥結		
2002年			
1月13日	シンガポールとのFTAに署名		
1月14日	日ASEAN包括的経済連携構想を提案		
7月	農水省が「我が国の食料安全保障と農産物貿易政策―自由貿易協定を巡って」を発表		
10月	外務省が「日本のFTA戦略」を発表		P3協定交渉の開始に合意
10月27日	メキシコとのEPA交渉開始に合意		
11月5日	日ASEAN包括的経済連携に関する共同宣言を採択		
11月18日	メキシコとのEPA交渉を開始		
11月30日	シンガポールとのFTAが発効		
12月			米国と豪州がNZのFTA交渉への参加を拒否
2003年			P3協定交渉を開始
9月	自民党農林水産物貿易調査会がメキシコとのEPAの対応方針を決定		
9月20日	小泉首相が自民党総裁に再選		

月　日	日本国内の動き	日本とTPP参加国との協議	TPP参加国の動き
10月8日	日ASEAN包括的経済連携の枠組みに合意		
10月10日	衆議院の解散		
10月15日	メキシコとの閣僚級協議が決裂		
11月			P3協定交渉が中断
11月5日	メキシコとの次官級協議が決裂		
11月9日	衆院選で与党が絶対安定多数を確保		
11月23日	谷内官房副長官補をメキシコに派遣		
12月	官邸にFTA関係省庁会議を設置		
12月22日	韓国とのEPA交渉を開始		
2004年			
1月13日	マレーシアとのEPA交渉を開始		
2月4日	フィリピンとのEPA交渉を開始		
2月16日	タイとのEPA交渉を開始		
3月12日	メキシコとのEPA交渉が妥結		
6月	農水省が「EPA・FTA交渉における農林水産物の取扱いについての基本方針」を策定		
7月11日	参院選で自民党は議席を減らしたものの与党が過半数を維持		
8月			P3協定交渉が再開され、ブルネイがオブザーバー参加
9月17日	メキシコとのEPAに署名		

202　年表

月日	日本国内の動き	日本とTPP参加国との協議	TPP参加国の動き
11月12日	農水省が「みどりのアジアEPA推進戦略」を決定		
11月20日		小泉首相がABACとの対話で「FTAAPは時期尚早」と指摘（サンティアゴ）	
11月21日		APEC首脳会議でFTAAPの検討提案を却下（サンティアゴ）	
11月29日	フィリピンとのEPA交渉が妥結		
11月30日	ASEANとのEPA交渉開始に合意		
12月21日	政府が「今後の経済連携協定の推進についての基本方針」を決定		
2005年			
4月			P3協定交渉が妥結し、ブルネイが参加を表明してP4協定に拡大
4月1日	メキシコとのEPAが発効		
4月18日	ASEANとのEPA交渉を開始		
5月25日	マレーシアとのEPA交渉が妥結		
6月21日	骨太の方針2005を閣議決定し、「グローバル戦略」の策定を明記		
7月			P4協定に署名（ウェリントン）
7月15日	インドネシアとのEPA交渉を開始		
8月8日	衆議院の解散		
9月1日	タイとのEPA交渉が妥結		
9月11日	衆院選で自民党が大勝		
12月13日	マレーシアとのEPAに署名		

年表　203

月　日	日本国内の動き	日本とTPP参加国との協議	TPP参加国の動き
2006年			
2月23日	チリとのEPA交渉を開始		
3月7日	経済連携促進に関する主要閣僚打合せを開催		
3月23日	経産省が「グローバル経済戦略」を公表し、ASEAN+6によるFTAを提唱		
5月			P4協定が発効
5月18日	経済財政諮問会議がEPA工程表を含む「グローバル戦略」を決定		
6月30日	ブルネイとのEPA交渉を開始		
7月7日	骨太の方針2006を閣議決定し、「グローバル戦略」の目標を再確認		
7月13日	マレーシアとのEPAが発効		
9月9日	フィリピンとのEPAに署名		
9月20日	自民党総裁に安倍晋三を選出		
9月21日	GCCとのEPA交渉が開始		
9月22日	チリとのEPA交渉が妥結		
9月26日	安倍晋三首相が就任		
10月		米国が日本にAPECでのFTAAP検討提案への支持を要請	
11月2日	経済連携促進に関する主要閣僚打合せを開催 経済財政諮問会議でグローバル化改革専門調査会の設置を決定		

月　日	日本国内の動き	日本とTPP参加国との協議	TPP参加国の動き
11月7日	豪州とのEPA交渉開始に大筋合意		
11月15日		APEC閣僚会議で米国のFTAAP検討提案に賛否両論が噴出（ハノイ）	
11月18日		日米首脳会談で、安倍首相が米国のFTAAP検討提案への支持を表明（ハノイ）	
11月19日		APEC首脳会議でFTAAPの検討開始に合意（ハノイ）	
11月21日	経団連が日米EPAに関する産官学による共同研究の開始を提言		
11月28日	インドネシアとのEPA交渉が妥結		
12月1日	農水省が日豪EPAの影響試算を公表		
12月4日	日豪EPA政府間共同研究最終報告書に合意／自民党農林水産物貿易調査会が日豪EPAに関する決議を採択		
12月7日	衆議院農林水産委員会が日豪EPAに関する決議を採択		
12月12日	豪州とのEPA交渉開始に合意／参議院農林水産委員会が日豪EPAに関する決議を採択		
12月15日	農相が日豪EPA交渉開始に関する談話を発表		
12月21日	ブルネイとのEPA交渉が妥結		

年表　205

月　日	日本国内の動き	日本とTPP参加国との協議	TPP参加国の動き
2007年			
1月16日	ベトナムとのEPA交渉を開始		
1月31日	インドとのEPA交渉を開始		
2月26日	農水省が農産品の関税全廃の影響試算を公表		
3月27日	チリとのEPAに署名		
4月2日			米韓FTA交渉が妥結
4月3日	タイとのEPAに署名		
4月16日	経産省が米国・EUとのEPA検討を表明		
4月23日	豪州とのEPA交渉を開始 EPA・農業ワーキンググループが第一次報告を策定		
4月27日		日米首脳会談で第三国とのFTAに関する情報交換の継続に合意（キャンプ・デービッド）	
5月8日	グローバル化改革専門調査会が第一次報告を策定		
5月9日	EPA工程表を改訂し，米国・EUとのEPAを「将来の課題」と明記		
5月14日	スイスとのEPA交渉を開始		
5月28日	松岡農相が自殺		
6月18日	ブルネイとのEPAに署名		

月　日	日本国内の動き	日本とTPP参加国との協議	TPP参加国の動き
6月19日	骨太の方針2007を閣議決定し、米国・EUとのEPAを「可能な国・地域から準備を進める」と明記		
7月			NZがP4協定への参加を米国に要請
7月29日	参院選で自民党が大敗し、与党が過半数割れ		
8月1日	赤城農相が辞任		
8月20日	インドネシアとのEPAに署名		
8月25日	ASEANとのEPA交渉が妥結		
8月27日	安倍改造内閣が発足		
9月3日	チリとのEPAが発効　遠藤農相が辞任		
9月6日		APEC閣僚会議で「地域経済統合の促進に関する報告書」を承認（シドニー）	
9月12日	安倍首相が辞任を表明		
9月26日	福田康夫首相が就任		
10月18日		日米貿易フォーラムでFTAに関する情報交換を実施（東京）	
11月1日	タイとのEPAが発効		
12月6日		日米次官級経済対話（～7日）で、FTAに関する情報交換を実施（東京）	
2008年			
2月4日			米国がP4協定の投資と金融サービスの追加交渉への参加を表明

月　日	日本国内の動き	日本とTPP参加国との協議	TPP参加国の動き
3月			P4協定の投資と金融サービスの交渉開始
3月18日	EPA工程表を改訂し、米国・EUとのEPAの既述を踏襲		
3月28日	ASEANとのEPAに署名		
6月27日	骨太の方針2008を閣議決定し、米国・EUとのEPAの既述を踏襲		
7月1日	インドネシアとのEPAが発効		
7月31日	ブルネイとのEPAが発効		
8月19日		APEC貿易投資委員会でFTAAPへの道筋の一つとしてTPPに言及（リマ）	
8月26日		岡田経産省通商政策局長が在京米国大使館公使とP4協定を議論（東京）	
9月1日	福田首相が辞任を表明		
9月12日		カトラー米国通商代表補が小田部外務省経済局長にTPP参加を打診	
9月22日			米国がTPP交渉参加を表明
9月24日	麻生太郎首相が就任		
9月29日	ベトナムとのEPA交渉が妥結　スイスとのEPA交渉が妥結		
10月13日		カトラー米国通商代表補が小田部外務省経済局長、岡田経産省通商政策局長、吉村農水省総括審議官（国際）と会談（〜14日、東京）	

月 日	日本国内の動き	日本とTPP参加国との協議	TPP参加国の動き
11月20日		クリーン豪州貿易相らが二階経産相にTPP参加を打診	豪州とペルーがTPP交渉参加を表明（後日ベトナムも同様に表明）
12月1日	ASEANとのEPAが発効		
12月11日	フィリピンとのEPAが発効		
12月25日	ベトナムとのEPAに署名		
2009年			
2月			米国がTPP交渉開始の延期を要請
2月17日	スイスとのEPAに署名		
5月18日	経産省がTPP参加に「意欲はあるが準備が整っていない」と表明		
5月25日	ペルーとのEPA交渉が開始		
6月23日	骨太の方針2009を閣議決定したが、EPA工程表は削除		
7月13日	麻生首相が衆議院解散を表明		
7月21日	衆議院の解散		
7月22日			米国等が参加しTPP非公式閣僚会合を開催（シンガポール）
7月27日	民主党が日米FTA締結を公約		
7月28日	自民党農林部会が民主党の政権公約への批判声明を発表		
7月31日	民主党の羽田孜最高顧問らが政権公約を巡って全中会長と会談		
8月7日	民主党が日米FTAに関する政権公約の修正を発表		

年表　209

月日	日本国内の動き	日本とTPP参加国との協議	TPP参加国の動き
8月11日	民主党が最終的な政権公約を発表		
8月30日	民主党が衆院選で大勝		
9月1日	スイスとのEPAが発効		
9月16日	鳩山由紀夫首相が就任		
9月23日		日米首脳会談で鳩山首相が、「アジア諸国との信頼関係の強化と地域協力の促進」を表明（ニューヨーク）	
10月1日	ベトナムとのEPAが発効		
10月7日	岡田外相が「東アジア共同体の参加国に米国は含まれない」旨を表明		
10月10日		鳩山首相が日中韓首脳会議で東アジア共同体構想の推進を表明（北京）	
10月27日	EPA・WTO閣僚委員会の設置を決定		
11月6日	第1回EPA・WTO閣僚委員会を開催		
11月11日		カーク米国通商代表が直嶋経産相にTPP交渉への参加を打診（シンガポール）	
11月13日		日米首脳会談で鳩山首相は「日米同盟を前提に東アジア共同体構想を提唱している」と説明（東京）	
11月14日			オバマ大統領がTPP交渉参加を表明（東京）
12月14日			カーク通商代表がTPP交渉参加を米国議会に通知

月 日	日本国内の動き	日本とTPP参加国との協議	TPP参加国の動き
12月18日	第2回EPA・WTO閣僚委員会を開催		
12月30日	新成長戦略（基本方針）を閣議決定し、「2020年を目標としたFTAAP構築の道筋の策定」を明記		
2010年			
1月22日	第3回EPA・WTO閣僚委員会を開催		
3月15日			第1回交渉会合（〜19日、メルボルン）
3月25日	EPA・WTO閣僚委員会を開催		
4月12日		日米首脳会談でオバマ大統領が米軍普天間飛行場問題に不満を表明（ワシントン）	
4月27日	鳩山首相が仙谷国家戦略相に対しEPAに関する総合調整を指示		
5月18日	包括的経済連携に関する閣僚委員会を開催		
6月2日	鳩山首相が辞意を表明		
6月8日	菅直人首相が就任		
6月14日			第2回交渉会合（〜18日、サンフランシスコ）
6月18日	新成長戦略を閣議決定し、「日米間の経済連携の検討」を明記		

年表 211

月 日	日本国内の動き	日本とTPP参加国との協議	TPP参加国の動き
7月11日	参院選で民主党が敗北し、参院で過半数割れ		
7月27日	包括的経済連携に関する閣僚打合せを開催		
7月29日	包括的経済連携に関する閣僚委員会で岡田外相がTPP参加を提起		
9月9日	インドとのEPA交渉が妥結		
9月19日	大畠経産相がTPP交渉への参加を主張		
9月23日		日米首脳会談で菅首相が「東アジア共同体構想には米国を含む」と発言（ニューヨーク）	
10月1日	菅首相が所信表明演説でTPP交渉への参加検討を表明		
10月4日			第3回交渉会合（〜9日、ブルネイ）マレーシアがTPP交渉に参加
10月5日	民主党APEC・EPA・FTA対応検討プロジェクトチームが発足		
10月8日	自民党農林水産貿易調査会等がTPP交渉参加に反対する決議を採択		
10月21日	民主党議員を中心とするTPPを慎重に考える会が発足		
11月3日	包括的経済連携に関する閣僚委員会でTPP参加を巡って議論		

月日	日本国内の動き	日本とTPP参加国との協議	TPP参加国の動き
11月4日	民主党 APEC・EPA・FTA 対応検討プロジェクトチームが提言を策定 自民党議員によるTPP参加の即時撤回を求める会が発足し、TPP参加の撤回を求める決議を採択		
11月9日	包括的経済連携に関する基本方針を閣議決定	TPP＋1 事務レベル会合（横浜）	
11月13日		日米首脳会談（横浜）	
11月14日	ペルーとのEPA交渉が妥結	TPP首脳会合に菅首相がオブザーバー参加 APEC首脳会議でTPPをFTAAPの道筋の一つと公認（横浜）	TPP首脳会合（横浜）
11月15日	FTAAP・EPAのための閣僚会合と同幹事会（副大臣級会合）の設置を決定		
11月30日		小田部外務審議官がマランティス米国次席通商代表と電話会談	
12月6日			第4回交渉会合（～10日、オークランド）
12月13日		ニュージーランドと情報収集協議	
12月14日		豪州と情報収集協議	
12月15日		シンガポールと情報収集協議	
2011年			
1月4日	菅首相が年頭記者会見で「TPP交渉参加の是非について6月頃を目途に最終判断する」と表明		

年表 213

月 日	日本国内の動き	日本とTPP参加国との協議	TPP参加国の動き
1月13日		米国と情報収集協議（日米貿易フォーラム）（～14日）	
1月14日		チリと情報収集協議	
1月17日		ペルーと情報収集協議	
1月24日	菅首相が施政方針演説で「6月を目途にTPP交渉参加について結論を出す」と表明		
1月25日	新成長戦略実現2011を閣議決定し、「6月を目途にTPP交渉参加について結論を出す」と明記		
2月9日		ブルネイと情報収集協議	
2月10日		マレーシアと情報収集協議	
2月14日			第5回交渉会合（～18日、サンチアゴ）
2月15日	インドとのEPAに署名		
2月23日		ベトナムと情報収集協議	
2月24日	FTAAP・EPA閣僚会合で「EPA等対処方針策定のためのタスクフォース」の設置を決定		
3月1日		チリと情報収集協議	
3月11日	EPA等対処方針策定のためのタスクフォース第1回会合を開催東日本大震災が発生		
3月16日		ニュージーランドと情報収集協議（～17日）	

214　年　表

月日	日本国内の動き	日本とTPP参加国との協議	TPP参加国の動き
3月28日			第6回交渉会合（〜4月1日、シンガポール）
4月13日		シンガポールと情報収集協議	
4月15日		ニュージーランドと情報収集協議	
5月17日	政策推進指針を閣議決定し、「TPP交渉参加の判断時期は総合的に検討する」と明記		
5月26日		日米首脳会談（ドーヴィル）	
5月31日	ペルーとのEPAに署名		
6月15日			第7回交渉会合（〜24日、ホーチミン）
7月5日		ベトナムと情報収集協議	
7月7日		シンガポールと情報収集協議	
7月15日		八木外務省経済局長がクイン米国国家安全保障会議アジア経済部長と会談（ワシントン）	
8月1日	インドとのEPAが発効		
8月23日		菅首相がバイデン米国副大統領と会談（東京）	
8月27日	菅首相が辞任を表明		
9月2日	野田佳彦首相が就任		
9月6日			第8回交渉会合（〜15日、シカゴ）
9月13日	野田首相が所信表明演説で「TPP交渉参加について、できるだけ早期に結論を出す」と表明		

年表　215

月　日	日本国内の動き	日本とTPP参加国との協議	TPP参加国の動き
9月21日		日米首脳会談でオバマ大統領が日本のTPP参加の遅延に不満を表明（ニューヨーク）	
10月3日	藤村官房長官が樽床民主党幹事長代理にTPP交渉参加問題の議論開始を要請	野田首相がルース米国駐日大使と会談（東京）	
10月4日	民主党が経済連携プロジェクトチームを設置		
10月19日			第9回交渉会合（〜28日、リマ）
10月25日	自民党総合農政・貿易調査会がTPP参加に反対する決議を採択		
10月28日	野田首相が所信表明演説で「TPP交渉参加について、できるだけ早期に結論を出す」と前回同様に表明		
11月2日		ペルーと情報収集協議	
11月4日	自民党外交・経済連携調査会が、TPP交渉参加への反対を表明		
11月5日	野田首相と鹿野農相が会談		
11月9日	民主党経済連携プロジェクトチームが提言を策定		
11月10日	包括的経済連携に関する閣僚委員会を開催　野田首相・鹿野農相・輿石民主党幹事長が会談		

216　年　表

月　日	日本国内の動き	日本と TPP 参加国との協議	TPP 参加国の動き
11月11日	野田首相・鹿野農相・輿石民主党幹事長が再度会談 野田首相が記者会見し、「TPP 交渉参加に向けて関係国と協議に入る」と表明	日 NZ 外相会談（ハワイ）	
11月12日			TPP 首脳会合で「TPP の輪郭」と「TPP 首脳声明」を発表（ハワイ）
11月13日		日米首脳会談でオバマ大統領が日本の TPP 交渉参加に向けた協議の開始を歓迎（ハワイ）	
12月5日			第10回交渉会合（～9日、クアラルンプール）
12月6日	衆議院農林水産委員会が TPP 交渉参加協議に関する決議を採択		
12月8日	参議院農林水産委員会が TPP 交渉参加協議に関する決議を採択		
12月10日		マレーシアと情報収集協議	
12月14日		カトラー米国通商代表補が大串内閣府政務官と会談（東京）	
12月15日		カトラー米国通商代表補が山口外務副大臣と会談（東京）	
12月16日	TPP 交渉参加に向けた関係国との協議に関する関係閣僚会合第1回幹事会（副大臣級会合）を開催		
12月24日	日本再生の基本戦略を閣議決定		
2012年			

年表　217

月　日	日本国内の動き	日本とTPP参加国との協議	TPP参加国の動き
1月16日	TPP交渉参加に向けた関係国との協議に関する関係閣僚会合第2回幹事会（副大臣級会合）を開催		
1月17日		ベトナムと参加協議	
1月19日		ブルネイと参加協議	
1月24日	野田首相が施政方針演説で「TPP交渉参加に向けた関係国との協議を進める」と表明	ペルーと参加協議	
1月25日		チリと参加協議	
2月2日	TPP交渉参加に向けた関係国との協議に関する関係閣僚会合第3回幹事会（副大臣級会合）を開催		
2月7日		米国と参加協議（局長級）	
2月9日		シンガポールと参加協議	
2月10日		マレーシアと参加協議	
2月21日		米国と参加協議（実務者）豪州と参加協議	
2月23日		ニュージーランドと参加協議	
3月1日	ペルーとのEPAが発効	カトラー米国通商代表補が山口外務副大臣、大串内閣府政務官と会談（東京）	第11回交渉会合（〜9日、メルボルン）
3月7日	TPP交渉参加に向けた関係国との協議に関する関係閣僚会合第4回幹事会（副大臣級会合）を開催 FTAAP・EPAのための閣僚会合第12回幹事会を開催		

218 年表

月日	日本国内の動き	日本とTPP参加国との協議	TPP参加国の動き
3月9日	自民党外交・経済連携調査会が、「聖域なき関税撤廃を前提にする限り、TPP交渉参加に反対」と表明		
3月15日		豪州と情報収集協議	
4月1日		石田内閣府副大臣が米国、カナダを訪問（〜6日）	
4月10日		玄葉外相との会談でカーク米国通商代表が米国側の関心・懸念として「自動車、保険、牛肉」を列挙（ワシントン）	
4月12日	TPP交渉参加に向けた関係国との協議に関する関係閣僚会合第5回幹事会（副大臣級会合）を開催		
4月30日		日米首脳会談でオバマ大統領が米国側の関心・懸念として「自動車、保険、牛肉」を列挙（ワシントン）	
5月7日		カトラー米国通商代表補が大串内閣府政務官と会談（東京）	
5月8日	斉藤次郎日本郵政社長が「がん保険」への参入凍結を表明	カトラー米国通商代表補が八木外務省経済局長と会談（東京）	第12回交渉会合（〜16日、ダラス）
5月16日	FTAAP・EPAのための閣僚会合第13回幹事会を開催		
5月17日		日豪外相会談（東京）	
5月31日		エマーソン豪州貿易大臣が玄葉外相と会談（東京）	

月　日	日本国内の動き	日本とTPP参加国との協議	TPP参加国の動き
6月4日	内閣改造で郡司彰が農相に就任		
	モンゴルとのEPA交渉が開始		
6月5日			TPP閣僚会合（カザン）
6月18日		日米首脳立ち話（ロスカボス）	メキシコがTPP交渉に参加
6月19日			カナダがTPP交渉に参加
6月25日		日NZ外相会談（東京）	
7月2日	小沢一郎ら50人が民主党を離党		第13回交渉会合（～10日、サンディエゴ）
7月8日		日米外相会談（東京）	
7月31日	日本再生戦略を閣議決定		
9月6日			TPP閣僚会合（ウラジオストク）
			第14回交渉会合（～15日、リーズバーグ）
9月7日	民主党経済連携プロジェクトチームが政府に報告書を提出		
9月8日		野田首相がクリントン米国務長官と会談（ウラジオストク）	TPP首脳会合（ウラジオストク）
9月9日		日NZ首脳会談（東京）	
9月11日		日豪外相会談（シドニー）	
9月14日		日豪首脳会談（ニューヨーク）	
9月25日			
10月18日		カトラー米国通商代表補が、前原国家戦略相、吉良外務副大臣と会談（東京）	

月　日	日本国内の動き	日本とTPP参加国との協議	TPP参加国の動き
10月29日	野田首相が所信表明演説で「TPPと日中韓FTA、RCEPを同時並行的に推進する」と表明		
11月2日	FTAAP・EPAのための閣僚会合第14回幹事会を開催		
11月8日		カトラー米国通商代表補が、前原国家戦略相、片上外務省経済局長と会談（東京）	
11月14日	野田首相が衆議院解散を表明	日米首脳電話会談	
11月16日	衆議院の解散		
11月19日		日豪首脳会談（プノンペン）	
11月20日		日米首脳会談（プノンペン）	
11月21日	自民党が政権公約を発表し、「聖域なき関税撤廃を前提にする限り、TPP交渉参加に反対」と明記		
11月26日	カナダとのEPA交渉が開始		
12月3日			第15回交渉会合（〜12日、オークランド）
12月4日	衆院選の公示		
12月7日	野田首相がTPP交渉への参加表明を断念		
12月16日	衆院選で自民党が大勝		
12月17日	コロンビアとのEPA交渉が開始		

月日	日本国内の動き	日本とTPP参加国との協議	TPP参加国の動き
12月18日		安倍自民党総裁がオバマ大統領との電話会談で1月の訪米を打診	
12月25日	自民党と公明党の連立政権合意で、「TPPについては、国益にかなう最善の道を求める」と明記		
12月26日	安倍晋三首相が就任		
12月28日	TPP参加の即時撤回を求める会が会合を開催		
2013年			
1月7日		河相外務次官が訪米	
1月中旬		キャンベル米国務次官補らが訪日	
1月18日		岸田外相が訪米し、2月下旬の日米首脳会談の開催に合意	
1月23日	TPP参加の即時撤回を求める会が会合を開催		
1月28日	安倍首相が所信表明演説でTPPには言及せず		
1月29日	甘利経済再生相が茂木経産相に対して米国との協議を要請		
2月5日		カトラー米国通商代表補が片上外務省経済局長と会談（東京）	
2月6日	自民党外交・経済連携調査会が政権交代後に初会合を開催		

月日	日本国内の動き	日本とTPP参加国との協議	TPP参加国の動き
2月13日	自民党外交・経済連携調査会がTPP交渉参加に関する基本方針を決定		
2月19日	TPP参加の即時撤回を求める会がTPP交渉への参加反対を決議し、「守り抜くべき国益」を決定		
2月22日		日米首脳会談でTPPに関する日米共同声明に合意し、安倍首相は記者会見で「TPPでは聖域なき関税撤廃が前提でないこと」が明確になったと説明（ワシントン）	
2月24日	安倍首相がTPP慎重派の自民党議員を電話で説得		
2月25日	安倍首相が江藤農水副大臣に農協の説得を指示 安倍首相が西川公也議員にTPP対策委員長への就任を要請		
2月26日	TPP参加の即時撤回を求める会合を開催		
2月27日	自民党外交・経済連携調査会がTPP交渉参加に関する決議を採択し「守り抜くべき国益」を決定		
2月28日	安倍首相が施政方針演説で「今後、政府の責任でTPP交渉参加について判断する」と表明		
3月4日			第16回交渉会合（〜13日、シンガポール）

月　日	日本国内の動き	日本とTPP参加国との協議	TPP参加国の動き
3月5日	自民党外交・経済連携調査会がTPP対策委員会を設置し、委員長に西川公也議員が就任		
3月13日	自民党TPP対策委員会がTPP対策に関する決議を採択し、重要5品目の関税撤廃からの除外を決定		
3月15日	安倍首相がTPP交渉への参加を正式に表明		
3月22日	第1回TPPに関する主要閣僚会議を開催		
3月26日	日中韓EPA交渉が開始		
4月5日	TPPに関する主要閣僚会議の設置を閣議決定 内閣官房にTPP政府対策本部の設置を決定		
4月12日	第2回TPPに関する主要閣僚会議を開催	非関税措置に関する日米協議が決着	
4月15日	EUとのEPA交渉が開始		
4月18日	参議院農林水産委員会がTPP交渉参加に関する決議を採択		
4月19日	衆議院農林水産委員会がTPP交渉参加に関する決議を採択		
4月20日			TPP閣僚会合で、TPP参加国が日本の交渉参加を承認（スラバヤ）

月日	日本国内の動き	日本とTPP参加国との協議	TPP参加国の動き
4月24日			米国通商代表部が日本のTPP交渉参加を米国議会に通知
5月15日			第17回交渉会合（～24日、リマ）
5月17日	第3回TPPに関する主要閣僚会議を開催		
5月9日	RCEP交渉が開始		
6月28日	第4回TPPに関する主要閣僚会議を開催		
7月15日			第18回交渉会合（～25日、コタキナバル）
7月21日	参院選で与党が勝利		
7月23日	日本がTPP交渉に参加		

資料：引用文献を基に筆者作成。
注：月日が特定できない事象は月のみを表記した。

引用文献

（日本語）

石川幸一・渡邊頼純・馬田啓一編著（2014）『TPP 交渉の論点と日本―国益をめぐる攻防―』文眞堂

石黒馨（2007）『入門・国際政治経済の分析：ゲーム理論で解くグローバル世界』勁草書房

石黒馨（2010）「FTA／EPA 交渉と官僚制多元主義―JTEPA の 2 レベルゲーム分析―」『国民経済雑誌』Vol. 201, No. 5, pp.31-49

一箭拓朗（2005）「東アジア諸国との EPA に関する JA グループの考え方について」『農村と都市をむすぶ』Vol. 55, No. 8, pp.39-47

伊藤光利（2007）「官邸主導型政策決定システムにおける政官関係―情報非対称性縮減の政治」『年報行政研究』No. 42, pp.32-59

伊藤光利・田中愛治・真渕勝（2000）『政治過程論』有斐閣

稲永直人・山本康貴（2004）「ニュージーランド・シンガポール間および日本・シンガポール二国間自由貿易協定（FTA）における原産地規則の比較分析」『農経論叢』No. 60, pp.147-160

猪口孝・岩井奉信（1987）『「族議員」の研究：自民党政権を牛耳る主役たち』日本経済新聞社

岩井奉信（2014）「ここまで影響力は低下した：自民党農林族はどこへ行った？」『中央公論』Vol. 129, No. 3, pp.82-87

岩崎正洋編著（2012）『政策過程の理論分析』三和書籍

内山融（2010）「日本政治のアクターと政策決定パターン」『季刊政策・経営研究』No. 3, pp.1-18

海老名一郎（2005）「日本・メキシコ経済連携協定の 2 レベル・ゲーム分析」『拓殖大学経営経理研究』No. 76, pp.75-90

遠藤哲也（1995）「APEC・同非公式首脳会議（インドネシア）の成果と日本」『世界経済評論』Vol. 39, No. 1, pp.8-20

尾池厚之（2006）「日本の EPA 交渉の展開と展望―日本型 EPA の確立と新たなる挑戦」『貿易と関税』Vol. 54, No. 12, pp.24-39

尾池厚之（2007）「東アジアを舞台とする各国の攻防」『貿易と関税』Vol. 55, No. 9, pp.10-40

尾池厚之・馬場誠治（2007）「韓米 FTA 合意と日本及び東アジア経済統合への影響」『貿易と関税』Vol. 57, No. 7, pp.18-34

大賀圭治（2007）「FTA/EPA における日本の農産物貿易自由化問題」RIETI 政策シンポジウム『急増する FTA の意義と課題―FTA の質的評価と量的効果―』2007 年 3 月 22 日（http://www.rieti.go.jp/en/events/07032201/pdf/P1-S2-2_Prof.Ohga_Presentation_Ja.pdf）

大賀哲（2007）「WTO と FTA をめぐる政策言説と政策空間―外務省と経産省における地域主義形成―」『国際協力論集』Vol. 15, No. 2, pp.115-149

大矢根聡（2012）『国際レジームと日米の外交構想：WTO・APEC・FTA の転換局面』有斐閣

岡田広行（2007）「日豪 EPA で農業は壊滅？後手に回った農水省の迂闊」『週刊東洋経済』No. 6059, pp.34～35

岡本次郎編（2001）『APEC 早期自由化協議の政治過程―共有されなかったコンセンサス―』アジア経済研究所

カトウ＝トーマス（2013）『TPP 米国の視点』星雲社

鹿野道彦（2013）『農・林・漁復権の戦い：1年9カ月の軌跡』財界研究所
椛島洋美（2007）「アジア太平洋地域の行動様式からみる FTAAP の可能性」『横浜国際経済法学』Vol. 16, No. 1, pp.15-43
上久保誠人（2009）「小泉政権期における首相官邸主導体制とアジア政策」『次世代アジア論集』No. 2, pp.87-103
河合晃一（2012）「通商政策過程における制度の役割―農産物の自由化をめぐる二国間交渉の事例間比較―」『公共経営研究 e』No. 6, pp.1-27
外務省（2002）「日・ASEAN 包括的経済連携構想に関する首脳達の共同宣言（暫定仮訳）」2002年11月5日 (http://www.mofa.go.jp/mofaj/kaidan/s_koi/asean_02/eco_kyodo.html) 2014年8月28日アクセス
外務省（2003）「日本国と東南アジア諸国連合との間の包括的経済連携の枠組み（仮訳）」2003年10月8日 (http://www.mofa.go.jp/mofaj/kaidan/s_koi/asean+3_03/eco_renkei.html) 2014年8月28日アクセス
外務省（2004a）「APEC 首脳の APEC ビジネス諮問委員会（ABAC）との対話について」平成16年11月20日 (http://www.mofa.go.jp/mofaj/gaiko/apec/2004/abac_reception.html) 2014年8月20日アクセス
外務省（2004b）「APEC サンティアゴ首脳会議（概要と評価）」平成16年11月21日 (http://www.mofa.go.jp/mofaj/gaiko/apec/2004/shuno_gh.html) 2014年8月20日アクセス
外務省（2004c）「第12回 APEC 首脳会議サンティアゴ宣言（仮訳）」2004年11月20-21日 (http://www.mofa.go.jp/mofaj/gaiko/apec/2004/shuno_sen.html) 2014年8月20日アクセス
外務省（2004d）「今後の経済連携協定の推進についての基本方針」（経済連携促進関係閣僚会議決定）平成16年12月21日 (http://www.mofa.go.jp/mofaj/gaiko/fta/hoshin_0412.html) 2014年3月22日アクセス
外務省（2006a）「安倍総理とブッシュ大統領との間の日米首脳会談（概要）」平成18年11月18日 (http://www.mofa.go.jp/mofaj/kaidan/s_abe/apec_06/kaidan_jus.html) 2014年8月20日アクセス
外務省（2006b）「安倍総理大臣の APEC 首脳会議出席：APEC ビジネス諮問委員会との対話」平成18年11月18日 (http://www.mofa.go.jp/mofaj/gaiko/apec/2006/shunou_taiwa.html) 2014年8月20日アクセス
外務省（2006c）「第14回 APEC 首脳会議ハノイ宣言（仮訳）」平成18年11月18-19日 (http://www.mofa.go.jp/mofaj/gaiko/apec/2006/shunou_ky.html) 2014年8月20日アクセス
外務省（2006d）「日豪経済関係強化のための共同研究最終報告書（仮訳）」2006年12月 (http://www.mofa.go.jp/mofaj/gaiko/fta/pdfs/houkoku_ja.pdf) 2014年8月15日アクセス
外務省（2006e）「日豪首脳電話会談について」平成18年12月12日 (http://www.mofa.go.jp/mofaj/kaidan/s_abe/aus_p_06/gaiyo.html) 2014年8月15日アクセス
外務省（2007a）「日米首脳会談の概要」平成19年4月27日 (http://www.mofa.go.jp/mofaj/kaidan/s_abe/usa_me_07/j_usa_gai.html) 2014年8月16日アクセス
外務省（2007b）「当面の経済連携協定（EPA）交渉について＜EPA 交渉に関する工程表＞」平成19年5月9日 (http://www5.cao.go.jp/keizai-shimon/minutes/2007/0509/item13.pdf) 2014年8月16日アクセス
外務省（2007c）「APEC シドニー閣僚会議（概要と評価）」平成19年9月8日 (http://www.mofa.go.jp/mofaj/gaiko/apec/2007/kaku_gh.html) 2014年8月20日アクセス
外務省（2007d）「地域経済統合の強化：長期的展望としてのあり得べきアジア太平洋の自由貿易圏

を含む，地域経済統合に関する報告書（全文仮訳）」平成 19 年 9 月（http://www.mofa.go.jp/mofaj/gaiko/apec/2007/pdfs/kt_hokoku.pdf）2014 年 8 月 20 日アクセス

外務省（2007e）「日米次官級経済対話（概要）」平成 19 年 12 月 10 日（http://www.mofa.go.jp/mofaj/area/usa/keizai/jikantaiwa07_g.html）2014 年 8 月 16 日アクセス

外務省（2008）「当面の経済連携協定（EPA）交渉について＜EPA 交渉に関する工程表（改訂版）＞」平成 20 年 3 月 18 日（http://www5.cao.go.jp/keizai-shimon/minutes/2008/0318/item8.pdf）2014 年 8 月 16 日アクセス

外務省（2009a）「第 2 回日中韓サミット（概要）」平成 21 年 10 月 10 日（http://www.mofa.go.jp/mofaj/area/jck/jck_sum_gai.html）2014 年 3 月 22 日アクセス

外務省（2009b）「外務大臣会見記録」平成 21 年 10 月 27 日（http://www.mofa.go.jp/mofaj/press/kaiken/gaisho/g_0910.html#6-A）2014 年 8 月 17 日アクセス

外務省（2009c）「外務大臣会見記録」平成 21 年 11 月 6 日（http://www.mofa.go.jp/mofaj/press/kaiken/gaisho/g_0911.html#1-A）2014 年 8 月 17 日アクセス

外務省（2009d）「日米首脳会談の概要」平成 21 年 11 月 13 日（http://www.mofa.go.jp/mofaj/area/usa/visit/president_0911/sk_gaiyo.html）2014 年 3 月 22 日アクセス

外務省（2009e）「外務大臣会見記録」平成 21 年 12 月 18 日（http://www.mofa.go.jp/mofaj/press/kaiken/gaisho/g_0912.html#6-A）2014 年 8 月 17 日アクセス

外務省（2010a）「外務大臣会見記録」平成 22 年 1 月 22 日（http://www.mofa.go.jp/mofaj/press/kaiken/gaisho/g_1001.html#4-E）2015 年 3 月 19 日アクセス

外務省（2010b）「「成長のための日米経済パートナーシップ」の現状」平成 22 年 6 月（http://www.mofa.go.jp/mofaj/area/usa/keizai/pship_g.html）2014 年 8 月 16 日アクセス

外務省（2010c）「日米首脳会談の概要」平成 22 年 9 月 23 日（http://www.mofa.go.jp/mofaj/area/usa/visit/1009_sk.html）2014 年 10 月 19 日アクセス

外務省（2010d）「日米首脳会談の概要」平成 22 年 11 月 13 日（http://www.mofa.go.jp/mofaj/area/usa/visit/president_1011/gai.html）2014 年 3 月 22 日アクセス

外務省（2010e）「横浜ビジョン ～ ボゴール，そしてボゴールを超えて：首脳宣言（仮訳）」2010 年 11 月 13～14 日（http://www.mofa.go.jp/mofaj/gaiko/apec/2010/docs/aelmdeclaration2010_j.pdf）2014 年 3 月 24 日アクセス

外務省（2010f）「アジア太平洋自由貿易圏（FTAAP）への道筋（仮訳）」2010 年 11 月 13～14 日（http://www.mofa.go.jp/mofaj/gaiko/apec/2010/docs/aelmdeclaration2010_j03.pdf）2014 年 3 月 24 日アクセス

外務省（2011a）「日米首脳会談（概要）」平成 23 年 5 月 27 日（http://www.mofa.go.jp/mofaj/kaidan/s_kan/europe1105/usa_sk1105.html）2014 年 3 月 24 日アクセス

外務省（2011b）「日米首脳会談（概要）」平成 23 年 9 月 22 日（http://www.mofa.go.jp/mofaj/area/usa/visit/1109_sk.html）2014 年 8 月 14 日アクセス

外務省（2011c）「TPP 協定交渉参加 9 カ国首脳会合（概要）」（平成 23 年 11 月 16 日，外務省経済連携課）（http://www.mofa.go.jp/mofaj/gaiko/TPP/pdfs/TPP20120327_02.pdf）2014 年 3 月 25 日アクセス

外務省（2011d）「環太平洋パートナーシップ首脳声明（外務省仮訳）」（2011 年 11 月 12 日）（http://www.mofa.go.jp/mofaj/gaiko/TPP/pdfs/TPP01_08.pdf）2014 年 3 月 25 日アクセス

外務省（2011e）「環太平洋パートナーシップ（TPP）の輪郭（外務省仮訳）」（2011 年 11 月 12 日）（http://www.mofa.go.jp/mofaj/gaiko/TPP/pdfs/TPP01_07.pdf）2014 年 3 月 25 日アクセス

外務省（2011f）「日米首脳会談（概要）」平成 23 年 11 月 18 日（http://www.mofa.go.jp/mofaj/kaidan/s_noda/apec_2011/j_usa_1111.html）2014 年 8 月 14 日アクセス

外務省（2012a）「玄葉外務大臣とカーク米国通商代表の会談（概要）」（平成 24 年 4 月 11 日）（http://www.mofa.go.jp/mofaj/kaidan/g_gemba/g8fmm12/ustr1204.html）2014 年 8 月 14 日アクセス

外務省（2012b）「日米首脳会談（概要）」（平成 24 年 5 月 1 日）（http://www.mofa.go.jp/mofaj/kaidan/s_noda/usa_120429/pmm.html）2014 年 8 月 14 日アクセス

外務省（2013a）「片上経済局長とカトラー米国通商代表部代表補との意見交換」（平成 25 年 2 月 5 日）（http://www.mofa.go.jp/mofaj/press/release/25/2/0205_06.html）2014 年 10 月 19 日アクセス

外務省（2013b）「日米首脳会談（概要）」（平成 25 年 2 月 22 日）（http://www.mofa.go.jp/mofaj/kaidan/s_abe2/vti_1302/us.html）2014 年 3 月 22 日アクセス

外務省（2013c）「日米の共同声明」（http://www.mofa.go.jp/mofaj/kaidan/s_abe2/vti_1302/pdfs/1302_us_01.pdf）2014 年 3 月 22 日アクセス

外務省（2015）「経済連携協定（EPA）／自由貿易協定（FTA）」平成 27 年 7 月 6 日（http://www.mofa.go.jp/mofaj/gaiko/fta/index.html）2015 年 7 月 12 日アクセス

外務省・経済産業省（2008）「APEC リマ閣僚会議（概要と評価）」（平成 20 年 11 月 20 日（http://www.mofa.go.jp/mofaj/gaiko/apec/2008/kaku_gh.html）2014 年 3 月 22 日アクセス

金ゼンマ（2008）「日本の FTA 政策をめぐる国内政治—JSEPA 交渉プロセスの分析—」『一橋法学』Vol. 7, No. 3, pp.23-59

キング・コヘイン・ヴァーバ著，真渕勝監訳（2004）『社会科学のリサーチ・デザイン：定性的研究における科学的推論』勁草書房（King, G., Keohane, R. O. and Verba, S. (1994) *Designing Social Inquiry: Scientific Inference in Qualitative Research*, Princeton University Press）

久米郁男（2013）『原因を推論する—政治分析方法のすすめ』有斐閣

経済産業省（2002）「経済関係強化のための日墨共同研究会報告書」2002 年 7 月（http://www.meti.go.jp/policy/trade_policy/l_america/mexico/j_mexico/data/jmjsgreport-j.pdf）2014 年 3 月 22 日アクセス

経済産業省（2006a）「『グローバル経済戦略』の策定について」（産業構造審議会第 2 回通商政策部会資料）平成 18 年 2 月 21 日（http://www.meti.go.jp/committee/materials/downloadfiles/g60228d04j.pdf）2014 年 8 月 21 日アクセス

経済産業省（2006b）「「グローバル経済戦略」（論点メモ）」（産業構造審議会第 2 回通商政策部会資料）平成 18 年 2 月 21 日（http://www.meti.go.jp/committee/materials/downloadfiles/g60228d05j.pdf）2014 年 8 月 21 日アクセス

経済産業省（2006c）「グローバル経済戦略＜参考資料＞」（産業構造審議会第 2 回通商政策部会資料）平成 18 年 2 月 21 日（http://www.meti.go.jp/committee/materials/downloadfiles/g60228d06j.pdf）2014 年 8 月 21 日アクセス

経済産業省（2006d）「グローバル経済戦略＜要約版＞」2006 年 4 月（http://www.meti.go.jp/committee/summary/eic0009/pdf/006_05_02.pdf）2015 年 3 月 20 日アクセス

経済産業省（2007a）「EPA の取組状況と今後の進め方」（産業構造審議会第 5 回通商政策部会資料）平成 19 年 4 月 16 日（http://www.meti.go.jp/committee/materials/downloadfiles/g70418b04j.pdf）2014 年 8 月 16 日アクセス

経済産業省（2007b）「産業構造審議会第 5 回通商政策部会議事録」平成 19 年 4 月 16 日（http://www.meti.go.jp/committee/summary/0003410/gijiroku05.html）2014 年 8 月 16 日アクセス

経済産業省（2007c）「産業構造審議会第 5 回通商政策部会議事要旨」平成 19 年 4 月 16 日（http://www.meti.go.jp/committee/summary/0003410/index05.html）2014 年 8 月 16 日アクセス

経済産業省（2008）「EPA の取組について」（産業構造審議会第 7 回通商政策部会資料）平成 20 年

4月24日 (http://www.meti.go.jp/committee/materials/downloadfiles/g80424d05j.pdf) 2014年9月30日アクセス
経済産業省（2009）「産業構造審議会第9回通商政策部会議事録」平成21年5月18日 (http://www.meti.go.jp/committee/summary/0003410/gijiroku09.html) 2014年10月11日アクセス
経済産業省（2010a）「資料4：経済産業省試算（補足資料）」平成22年10月27日 (http://www.cas.go.jp/jp/TPP/pdf/2012/1/siryou4.pdf) 2014年3月22日アクセス
経済産業省（2010b）「EPAの推進について」（産業構造審議会第12回通商政策部会資料）平成22年12月14日 (http://www.meti.go.jp/committee/summary/0003410/012_00_04.pdf) 2014年9月30日アクセス
小泉祐一郎（2012）『世界一わかりやすい「TPP」の授業』中経出版
小林寛史（2004）「FTAの意義を考える—東アジア諸国とわが国のFTAに関するJAグループの基本的考え方と運動展開」『月刊JA』Vol. 50, No. 3, pp.16-18
坂井真樹（2003）「日本をめぐるFTAの動向と課題」『農村と都市をむすぶ』Vol. 53, No. 9, pp.4-27
作山巧（2013）「ニュージーランドのTPP拡大戦略：積み石アプローチの理論と実証」『国際経済』Vol. 64, pp.125-145
作山巧（2015）「TPPの設計者としてのニュージーランド：その動機と戦略」『ニュージーランド研究』Vol. 21, pp.89-102
佐藤英夫（1989）『対外政策』東京大学出版会
財務省（2014）「対世界主要輸出入品の推移（グラフ）」(http://www.customs.go.jp/toukei/suii/html/data/y2.pdf) 2014年3月10日アクセス
参議院（2006）「日豪EPAの交渉開始に関する決議」（農林水産委員会）平成18年12月12日 (http://www.sangiin.go.jp/japanese/gianjoho/ketsugi/165/i070_121201.pdf) 2014年8月15日アクセス
参議院（2011）「環太平洋パートナーシップ（TPP）協定交渉参加に向けた関係国との協議に関する決議」（農林水産委員会）平成23年12月8日 (http://www.sangiin.go.jp/japanese/gianjoho/old_gaiyo/179/1794108.pdf) 2014年8月14日アクセス
参議院（2013）「環太平洋パートナーシップ（TPP）協定交渉参加に関する決議」『第183回国会農林水産委員会第4号』平成25年4月18日 (http://kokkai.ndl.go.jp/SENTAKU/sangiin/183/0010/18304180010004a.html) 2014年8月14日アクセス
篠原孝（2012）『TPPはいらない！グローバリゼーションからジャパナイゼーションへ』日本評論社
衆議院（2000）『第150回国会農林水産委員会第2号』平成12年11月2日 (http://kokkai.ndl.go.jp/SENTAKU/sangiin/150/0010/15011020010002a.html) 2014年8月22日アクセス
衆議院（2004）『第161回国会農林水産委員会第1号』平成16年10月26日 (http://www.shugiin.go.jp/internet/itdb_kaigiroku.nsf/html/kaigiroku/000916120041026001.htm) 2014年8月22日アクセス
衆議院（2006）「日豪EPAの交渉開始に関する件」（農林水産委員会）平成18年12月7日 (http://www.shugiin.go.jp/internet/itdb_annai.nsf/html/statics/ugoki/h18ugoki/03inkai/nous/65nousu.htm) 2014年8月15日アクセス
衆議院（2011）「環太平洋パートナーシップ（TPP）協定交渉参加に向けた関係国との協議に関する件」（第179回国会農林水産委員会委員会決議）平成23年12月6日 (http://www.shugiin.go.jp/Internet/itdb_rchome.nsf/html/rchome/Ketsugi/nousuiD70FD6BF1BCAD0754925795E001085E5.htm) 2014年8月14日アクセス

引用文献

衆議院（2013a）『予算委員会会議録第 11 号』平成 25 年 3 月 11 日
衆議院（2013b）「環太平洋パートナーシップ（TPP）協定交渉参加に関する件」『第 183 回国会農林水産委員会第 6 号』平成 25 年 4 月 19 日（http://kokkai.ndl.go.jp/SENTAKU/syugiin/183/0009/18304190009006c.html）2014 年 8 月 14 日アクセス
自由民主党（2009）「民主党マニフェスト「米国との FTA 締結」についての声明」（農林部会）平成 21 年 7 月 28 日（http://tamtam.livedoor.biz/archives/51218453.html）2014 年 8 月 16 日アクセス
自由民主党（2010）「農林水産物の貿易自由化に関する決議」（農林水産物貿易調査会・農林部会・水産部会）2010 年 10 月 4 日（https://www.jimin.jp/policy/policy_topics/pdf/seisaku-027.pdf）2014 年 8 月 14 日アクセス
自由民主党（2011a）「TPP 参加反対に関する決議」（総合農政・貿易調査会）2011 年 10 月 25 日（https://www.jimin.jp/policy/policy_topics/pdf/seisaku-087.pdf）2014 年 8 月 14 日アクセス
自由民主党（2011b）「TPP についての考え方」（外交・経済連携調査会）2011 年 10 月 25 日（https://www.jimin.jp/policy/policy_topics/114430.html）2014 年 8 月 14 日アクセス
自由民主党（2012a）「TPP についての考え方」（外交・経済連携調査会）2012 年 3 月 9 日（https://www.jimin.jp/policy/policy_topics/pdf/seisaku-099.pdf）2014 年 8 月 14 日アクセス
自由民主党（2012b）「自民党政権公約」2012 年 11 月 21 日（http://jimin.ncss.nifty.com/pdf/seisaku_ichiban24.pdf）2014 年 8 月 14 日アクセス
自由民主党（2012c）「自由民主党・公明党連立政権合意」2012 年 12 月 25 日（https://www.jimin.jp/policy/policy_topics/pdf/pdf083.pdf）2014 年 8 月 14 日アクセス
自由民主党（2013a）「TPP 交渉参加に対する基本方針」（外交・経済連携調査会）2013 年 2 月 13 日（https://www.jimin.jp/policy/policy_topics/pdf/pdf088_1.pdf）2014 年 8 月 14 日アクセス
自由民主党（2013b）「TPP 交渉参加に関する決議」（外交・経済連携調査会）2013 年 2 月 27 日（https://www.jimin.jp/policy/policy_topics/pdf/pdf090_1.pdf）2014 年 8 月 14 日アクセス
自由民主党（2013c）「TPP 対策に関する決議」（外交・経済連携本部 TPP 対策委員会）2013 年 3 月 13 日（https://www.jimin.jp/policy/policy_topics/pdf/pdf091_1.pdf）2014 年 8 月 14 日アクセス
須賀晃一（2008）「数理モデルの方法：論理性の追求」清水和巳・河野勝編著『入門政治経済学方法論』東洋経済新報社
菅原淳一（2006）「突如浮上したアジア太平洋 FTA（FTAAP）構想～進展する東アジア経済統合への米国の関与～」『みずほ政策インサイト』2006 年 12 月 8 日
鈴木一敏（2013）『日米構造協議の政治過程―相互依存下の通商交渉と国内対立の構図』ミネルヴァ書房
鈴木基史（2000）『国際関係』東京大学出版会
鈴木有理佳（2007）「フィリピン―自由化と産業育成のジレンマ―」東茂樹編『FTA の政治経済学―アジア・ラテンアメリカ 7 カ国の FTA 交渉―』アジア経済研究所
助川成也（2009）「ベトナムにおける FTA の産業・企業への影響」『アジア研究所紀要』No. 36, pp.117-153
須藤孝夫（2007）『国家の対外行動』東京大学出版会
関沢洋一（2008）『日本の FTA 政策：その政治過程の分析』東京大学社会科学研究所研究シリーズ, No. 26

全国農業協同組合中央会（2009a）「日米 FTA 断固阻止等に関する声明」平成 21 年 7 月 31 日（http://www.ja-shizuoka.or.jp/nj2/nousei/210819_08.pdf）2014 年 8 月 17 日アクセス

全国農業協同組合中央会（2009b）「日米 FTA 問題に関する声明」平成 21 年 8 月 11 日（http://www.ja-shizuoka.or.jp/nj2/nousei/210819_08.pdf）2014 年 8 月 17 日アクセス

髙木桂一（2012）「【髙木桂一の『ここだけ』の話】米政権が『TPP 争点化に』に『NO』!!首相の衆院選戦略狂う」2012 年 11 月 25 日（http://sankei.jp.msn.com/politics/print/121125/elc12112512010020-c.htm）2013 年 1 月 8 日アクセス

高田英樹（2012）『国家戦略室の挑戦〜政権交代の成果と課題〜』2012 年 10 月（http://www.geocities.jp/weathercock8926/nationalpolicyunit.pdf）2014 年 10 月 19 日アクセス

高橋俊樹（2011）「カナダと TPP」『フラッシュ』No. 148（http://www.iti.or.jp/flash148.htm）2015 年 3 月 20 日アクセス

滝井光夫（2011）「米国の TPP 参加交渉と貿易関連問題」『国際貿易と投資』No. 84, pp.3-18

田中明彦（1989）「日本外交と国内政治の連関―外圧の政治学」『国際問題』No. 348, pp.23-36

田中秀明（2012）「政策過程と政官関係―3 つのモデルの比較と検証―」『年報行政研究』No. 47, pp.21-45

田中宏（2008）「政策転換および締結交渉推移から見た日本の FTA 政策」『国際開発学研究』Vol. 7, No. 2, pp.17-42

田村暁彦（2011）「APEC2010 プロセスの回顧―貿易投資アジェンダを中心として―」『日本国際経済法学会年報』No. 20, pp.119-136

通商産業省（1999）「平成 11 年版通商白書」平成 11 年 5 月（http://warp.da.ndl.go.jp/info:ndljp/pid/285403/www.meti.go.jp/hakusho/）2014 年 8 月 28 日アクセス

ツェベリス＝ジョージ著，真柄秀子・井戸正伸監訳（2009）『拒否権プレーヤー―政治制度はいかに作動するか』東洋経済新報社（Tsebelis, G. (2002) *Veto Players: How Political Institutions Work*, Princeton University Press）

TPP 参加の即時撤回を求める会（2010）「TPP 参加の即時撤回を求める緊急決議」2010 年 11 月 4 日（http://ameblo.jp/tpp-tekkai/archive11-201011.html#main）2014 年 8 月 14 日アクセス

TPP 参加の即時撤回を求める会（2013）「TPP への対応について」2013 年 2 月 19 日（http://ameblo.jp/tpp-tekkai/archive2-201302.html#main）2014 年 8 月 14 日アクセス

寺迫剛（2012）「ツェベリスの拒否権プレーヤー論」岩崎正洋編著『政策過程の理論分析』三和書籍

寺田貴（2007）「東アジアにおける FTA の波及：規範の変化と社会化の視点から」『国際問題』No. 566, pp.27-38

寺田貴（2013a）「差別的地域統合規範の導入―2 国間 FTA の拡散と日中競争」『東アジアとアジア太平洋―競合する地域主義』東京大学出版会

寺田貴（2013b）「閉じられた『アジア太平洋』地域概念と米国―FTAAP と TPP」『東アジアとアジア太平洋―競合する地域主義』東京大学出版会

寺田貴・三浦秀之（2012）「日本の TPP 参加決定過程」馬田啓一・浦田秀次郎・木村福成編著『日本の TPP 戦略：課題と展望』文眞堂

豊田育郎（2005）「経済連携協定（EPA）・自由貿易協定（FTA）をめぐる状況」『世界の農林水産』No. 795, pp.18-37

内閣官房（2002）「小泉総理大臣の ASEAN 諸国訪問における政策演説「東アジアの中の日本と ASEAN」＝率直なパートナーシップを求めて＝」平成 14 年 1 月 14 日（http://www.kantei.go.jp/jp/koizumispeech/2002/01/14speech.html）2014 年 8 月 28 日アクセス

内閣官房（2006a）「官房長官記者発表」平成 18 年 3 月 7 日午前（http://www.kantei.go.jp/jp/

引用文献

内閣官房 (2006b)「官房長官記者発表」平成 18 年 11 月 2 日午前 (http://www.kantei.go.jp/jp/tyoukanpress/rireki/2006/03/07_a.html) 2014 年 8 月 16 日アクセス

内閣官房 (2006b)「官房長官記者発表」平成 18 年 11 月 2 日午前 (http://www.kantei.go.jp/jp/tyoukanpress/rireki/2006/11/02_a.html) 2014 年 8 月 16 日アクセス

内閣官房 (2007a)「日本経済の進路と戦略〜新たな「創造と成長」への道筋〜」平成 19 年 1 月 25 日閣議決定 (http://www.kantei.go.jp/jp/singi/keizai/kakugi/070125kettei.pdf) 2014 年 8 月 16 日アクセス

内閣官房 (2007b)「経済財政改革の基本方針 2007〜「美しい国」へのシナリオ〜」平成 19 年 6 月 19 日閣議決定 (http://www.kantei.go.jp/jp/singi/keizai/kakugi/070619kettei.pdf) 2014 年 8 月 16 日アクセス

内閣官房 (2008)「経済財政改革の基本方針 2008〜開かれた国,全員参加の成長,環境との共生〜」平成 20 年 6 月 27 日閣議決定 (http://www.kantei.go.jp/jp/singi/keizai/kakugi/080627kettei.pdf) 2014 年 8 月 16 日アクセス

内閣官房 (2009a)「経済財政改革の基本方針 2009〜安心・活力・責任〜」平成 21 年 6 月 23 日閣議決定 (http://www.kantei.go.jp/jp/singi/keizai/kakugi/090623kettei.pdf) 2014 年 8 月 16 日アクセス

内閣官房 (2009b)「新成長戦略（基本方針）〜輝きのある日本へ〜」平成 21 年 12 月 30 日閣議決定 (http://www.kantei.go.jp/jp/kakugikettei/2009/1230sinseichousenryaku.pdf) 2014 年 3 月 21 日アクセス

内閣官房 (2010a)「官房長官記者発表」平成 21 年 4 月 27 日午前 (http://www.kantei.go.jp/jp/tyoukanpress/201004/27_a.html) 2014 年 8 月 17 日アクセス

内閣官房 (2010b)「官房長官記者発表」平成 21 年 5 月 18 日午前 (http://www.kantei.go.jp/jp/tyoukanpress/201005/18_a.html) 2014 年 8 月 17 日アクセス

内閣官房 (2010c)「新成長戦略〜「元気な日本」復活のシナリオ〜」平成 22 年 6 月 18 日閣議決定 (http://www.kantei.go.jp/jp/sinseichousenryaku/sinseichou01.pdf) 2014 年 3 月 22 日アクセス

内閣官房 (2010d)「第 176 回国会における菅内閣総理大臣所信表明演説」平成 22 年 10 月 1 日 (http://www.kantei.go.jp/jp/kan/statement/201010/01syosin.html) 2014 年 3 月 22 日アクセス

内閣官房 (2010e)「包括的経済連携に関する検討状況」平成 22 年 10 月 27 日 (http://www.cas.go.jp/jp/tpp/pdf/2012/1/siryou1.pdf) 2014 年 8 月 16 日アクセス

内閣官房 (2010f)「EPA に関する各種試算」平成 22 年 10 月 27 日 (http://www.cas.go.jp/jp/tpp/pdf/2012/1/siryou2.pdf) 2014 年 10 月 21 日アクセス

内閣官房 (2010g)「包括的経済連携に関する基本方針」平成 22 年 11 月 9 日閣議決定 (http://www.kantei.go.jp/jp/kakugikettei/2010/1109kihonhousin.html) 2014 年 3 月 22 日アクセス

内閣官房 (2010h)「APEC 議長記者会見」平成 22 年 11 月 14 日 (http://www.kantei.go.jp/jp/kan/statement/201011/14kaiken.html) 2014 年 3 月 22 日アクセス

内閣官房 (2011a)「菅内閣総理大臣年頭記者会見」平成 23 年 1 月 4 日 (http://www.kantei.go.jp/jp/kan/statement/201101/04nentou.html) 2014 年 3 月 22 日アクセス

内閣官房 (2011b)「新成長戦略実現 2011」平成 23 年 1 月 25 日閣議決定 (http://www.kantei.go.jp/jp/kakugikettei/2011/shinseicho2011.pdf) 2014 年 3 月 22 日アクセス

内閣官房 (2011c)「平成の開国と私たちの暮らし〜 農の再生と活力ある国づくりを目指して〜」平成 23 年 2 月 24 日 (http://www.cas.go.jp/jp/tpp/pdf/2012/5/kaikoku_siryou.pdf) 2014 年 8 月 28 日アクセス

内閣官房 (2011d)「政策推進指針〜日本の再生に向けて〜」平成 23 年 5 月 17 日閣議決定 (http://

www.kantei.go.jp/jp/kakugikettei/kan.html）2014 年 3 月 22 日アクセス
内閣官房（2011e）「第 178 回国会における野田内閣総理大臣所信表明演説」平成 23 年 9 月 13 日
　　（http://www.kantei.go.jp/jp/noda/statement2/20110913syosin.html）2014 年 10 月 19 日ア
　　クセス
内閣官房（2011f）「野田内閣総理大臣記者会見」平成 23 年 11 月 11 日（http://www.
　　kantei.go.jp/jp/noda/statement/2011/1111kaiken.html）2014 年 3 月 25 日アクセス
内閣官房（2012a）「TPP 交渉参加に向けた関係国との協議の結果（米国）」平成 24 年 2 月 7 日
　　（http://www.cas.go.jp/jp/tpp/pdf/2012/3/240207%2020120208_tppkyougikekka.pdf）2014
　　年 8 月 14 日アクセス
内閣官房（2012b）「TPP 交渉参加に向けた関係国との協議の結果（米国との実務者級協議）」平成
　　24 年 2 月 23 日 （http://www.cas.go.jp/jp/tpp/pdf/2012/3/240301%2020120224_
　　tppkyougikekka.pdf）2014 年 8 月 14 日アクセス
内閣官房（2012c）「TPP 交渉参加に向けた関係国との協議の結果（米国以外 8 カ国）」平成 24 年 3
　　月 1 日 （http://www.cas.go.jp/jp/tpp/pdf/2012/3/240301%2020120302_tppkyougikekka.
　　pdf）2014 年 8 月 14 日アクセス
内閣官房（2012d）「自動車についての米側関心事項」平成 24 年 6 月 1 日（http://www.cas.go.jp/
　　jp/tpp/pdf/2012/3/240601%20car_us0601.pdf）2014 年 8 月 14 日アクセス
内閣官房（2012e）「自動車についての米側関心事項に係る公表情報について」平成 24 年 6 月 6 日
　　（http://www.cas.go.jp/jp/tpp/pdf/2012/3/240606%20car_us0606.pdf）2014 年 8 月 14 日ア
　　クセス
内閣官房（2013a）「内外記者会見」平成 25 年 2 月 23 日（http://www.kantei.go.jp/jp/96_abe/
　　statement/2013/naigai.html）2014 年 8 月 14 日アクセス
内閣官房（2013b）「安倍内閣総理大臣記者会見」平成 25 年 3 月 15 日（http://www.kantei.go.jp/
　　jp/96_abe/statement/2013/0315kaiken.html）2014 年 8 月 14 日アクセス
内閣官房（2013c）「関税撤廃した場合の経済効果についての政府統一試算」平成 25 年 3 月 15 日
　　（http://www.cas.go.jp/jp/tpp/pdf/2013/3/130315_touitsushisan.pdf）2014 年 8 月 14 日アク
　　セス
内閣官房（2013d）「PECC 試算の概要」平成 25 年 3 月 15 日（http://www.cas.go.jp/jp/tpp/pdf/
　　2013/3/130315_pecc.pdf）2014 年 10 月 21 日アクセス
内閣官房（2013e）「第 5 回日本経済再生本部後の甘利大臣記者会見要旨」平成 25 年 3 月 15 日
　　（http://www.kantei.go.jp/jp/singi/keizaisaisei/dai5/kaikenyousi.pdf）2014 年 10 月 21 日
　　アクセス
内閣官房（2013f）「日米協議の合意の概要」平成 25 年 4 月 12 日，TPP 政府対策本部（http://
　　www.cas.go.jp/jp/TPP/pdf/2013/6/130617_TPP_setsumeikai_shiryou.pdf）2014 年 8 月 14
　　日アクセス
内閣官房（2013g）「TPP 閣僚会合に関する共同声明（仮訳）」平成 25 年 4 月 20 日，TPP 政府対策
　　本部（http://www.cas.go.jp/jp/tpp/pdf/2013/4/130424_tpp_joint_statement.pdf）2014 年 8
　　月 14 日アクセス
内閣官房（2013h）「TPP 協定交渉について」TPP 協定交渉に係る意見提出等のための関係団体等
　　への説明会，平成 25 年 6 月 17 日，TPP 政府対策本部（http://www.cas.go.jp/jp/TPP/pdf/
　　2013/6/130617_TPP_setsumeikai_shiryou.pdf）2014 年 3 月 10 日アクセス
内閣府（2005）「経済財政運営と構造改革に関する基本方針 2005」平成 17 年 6 月 21 日（http://
　　www.kantei.go.jp/jp/singi/keizai/kakugi/050621honebuto.pdf）2014 年 8 月 21 日アクセス
内閣府（2006a）「グローバル戦略の全体像」（平成 18 年第 3 回経済財政諮問会議説明資料）平成 18

引用文献

年 2 月 15 日 (http://www5.cao.go.jp/keizai-shimon/minutes/2006/0215/item1.pdf) 2014 年 8 月 21 日アクセス

内閣府 (2006b)「グローバル戦略の具体化に向けて (その 1)」(平成 18 年第 6 回経済財政諮問会議説明資料) 平成 18 年 3 月 16 日 (http://www5.cao.go.jp/keizai-shimon/minutes/2006/0316/item5.pdf) 2014 年 8 月 21 日アクセス

内閣府 (2006c)「平成 18 年第 6 回経済財政諮問会議議事要旨」平成 18 年 3 月 16 日 (http://www5.cao.go.jp/keizai-shimon/minutes/2006/0316/shimon-s.pdf) 2014 年 8 月 21 日アクセス

内閣府 (2006d)「グローバル戦略」平成 18 年 5 月 18 日 (http://www5.cao.go.jp/keizai-shimon/minutes/2006/0518/item10.pdf) 2014 年 8 月 21 日アクセス

内閣府 (2006e)「経済財政運営と構造改革に関する基本方針 2006」平成 18 年 7 月 7 日 (http://www.kantei.go.jp/jp/singi/keizai/kakugi/060707honebuto.pdf) 2014 年 8 月 21 日アクセス

内閣府 (2006f)「グローバル化改革に向けて―EPA 交渉の加速を中心に―」平成 18 年 11 月 2 日 (http://www5.cao.go.jp/keizai-shimon/minutes/2006/1102/item1.pdf) 2014 年 8 月 15 日アクセス

内閣府 (2006g)「平成 18 年第 25 回経済財政諮問会議議事要旨」平成 18 年 11 月 2 日 (http://www5.cao.go.jp/keizai-shimon/minutes/2006/1110/shimon-s.pdf) 2014 年 8 月 15 日アクセス

内閣府 (2006h)「第 1 回グローバル化改革専門調査会議事要旨」平成 18 年 12 月 28 日 (http://www5.cao.go.jp/keizai-shimon/special/global/01/global-s.pdf) 2014 年 8 月 15 日アクセス

内閣府 (2007a)「第 1 回 EPA・農業ワーキンググループ議事要旨」平成 19 年 1 月 31 日 (http://www5.cao.go.jp/keizai-shimon/special/global/epa/01/epa-s.pdf) 2014 年 8 月 15 日アクセス

内閣府 (2007b)「EPA・農業ワーキンググループの検討項目 (案)」平成 19 年 1 月 31 日 (http://www5.cao.go.jp/keizai-shimon/special/global/epa/01/item3.pdf) 2014 年 8 月 15 日アクセス

内閣府 (2007c)「第 4 回 EPA・農業ワーキンググループ議事要旨」平成 19 年 2 月 26 日 (http://www5.cao.go.jp/keizai-shimon/special/global/epa/04/epa-s.pdf) 2014 年 8 月 15 日アクセス

内閣府 (2007d)「第 2 回グローバル化改革専門調査会議事要旨」平成 19 年 5 月 8 日 (http://www5.cao.go.jp/keizai-shimon/special/global/02/global-s.pdf) 2014 年 8 月 15 日アクセス

内閣府 (2007e)「グローバル化改革専門調査会 EPA・農業ワーキンググループ第一次報告」平成 19 年 5 月 8 日 (http://www5.cao.go.jp/keizai-shimon/special/global/epa/pdf/item1.pdf) 2014 年 8 月 15 日アクセス

内閣府 (2008a)「開かれた国に向けて, 一歩前へ」平成 20 年 3 月 18 日 (http://www5.cao.go.jp/keizai-shimon/minutes/2008/0318/item1.pdf) 2014 年 8 月 16 日アクセス

内閣府 (2008b)「平成 20 年第 5 回経済財政諮問会議議事要旨」平成 20 年 3 月 18 日 (http://www5.cao.go.jp/keizai-shimon/minutes/2008/0318/shimon-s.pdf) 2014 年 8 月 16 日アクセス

長尾悟 (2001)「国際政治学における政策決定アプローチの現状と課題―日本の外交政策研究に関する一試案―」『公共政策研究』No. 1, pp.77-93

長野麻子 (2005)「FTA/EPA 交渉における農林水産分野の取組について」『食料と安全』Vol. 10, No. 2, pp.53-57

西川圭輔 (2006)「ニュージーランドの自由貿易政策の成果と課題」『日本ニュージーランド学会誌』No. 13, pp.14-29

日本経団連 (2006)「日米経済連携協定に向けての共同研究開始を求める」2006 年 11 月 21 日

(https://www.keidanren.or.jp/japanese/policy/2006/082.html) 2014 年 8 月 16 日アクセス
日本経団連 (2010a)「2010 年の重要政策課題」2010 年 1 月 12 日 (https://www.keidanren.or.jp/japanese/policy/2010/002.html) 2014 年 9 月 10 日アクセス
日本経団連 (2010b)「経済連携協定の一層の推進を改めて求める―APEC 首脳会議に向けての緊急提言―」2010 年 10 月 21 日 (https://www.keidanren.or.jp/japanese/policy/2010/096.html) 2014 年 9 月 10 日アクセス
日本再建イニシアティブ (2013)『民主党政権失敗の検証―日本政治は何を活かすか』中央公論新社
農林水産省 (2004)「農林水産分野におけるアジア諸国との EPA 推進について (みどりのアジア EPA 推進戦略)」平成 16 年 11 月 12 日 (http://www.kantei.go.jp/jp/singi/keizairenkei/dai3/3sankou2.pdf) 2014 年 8 月 28 日アクセス
農林水産省 (2006a)「豪州産農産物の関税が撤廃された場合の影響 (試算)」平成 18 年 12 月 1 日 (http://www.maff.go.jp/j/press/arc/pdf/20061201press_5.pdf) 2014 年 8 月 15 日アクセス
農林水産省 (2006b)「日豪 EPA の交渉入りに当たって (大臣談話)」平成 18 年 12 月 15 日 (http://www.maff.go.jp/j/press/2006/20061215press_5.html) 2014 年 8 月 15 日アクセス
農林水産省 (2007)「国内農業の体質強化に向けて」平成 19 年 2 月 26 日 (http://www5.cao.go.jp/keizai-shimon/special/global/epa/04/item1.pdf) 2014 年 8 月 15 日アクセス
農林水産省 (2012)「平成 22 年生産農業所得統計」2012 年 5 月 31 日 (http://www.e-stat.go.jp/SG1/estat/List.do?lid=000001086043) 2014 年 9 月 13 日アクセス
農林水産省 (2013)「農林水産物の影響試算の計算方法について」平成 25 年 3 月 15 日 (http://www.cas.go.jp/jp/tpp/pdf/2013/3/130315_nourinsuisan-2.pdf) 2014 年 9 月 13 日アクセス
長谷川幸洋 (2013)「TPP、北朝鮮ミサイル危機、憲法改正問題―政府は公に語らないが、ここだけはおさえておくべき話」『現代ビジネス』2013 年 4 月 26 日 (http://gendai.ismedia.jp/articles/-/35630) 2015 年 3 月 16 日アクセス
畠山襄 (2011)「TPP で日本の閉塞状況を打ち破ろう」『中央公論』Vol. 126, No. 5, pp.190-202
東茂樹 (2007)「タイ―政治家を上回る官僚の交渉能力―」東茂樹編『FTA の政治経済学―アジア・ラテンアメリカ 7 カ国の FTA 交渉―』アジア経済研究所
冨士重夫 (2004)「日・タイ EPA における農業戦略」『農業と経済』Vol. 70, No. 10, pp.48-54
藤村修 (2014)『民主党を見つめ直す：元官房長官藤村修回想録』毎日新聞社
藤崎一郎 (2005)「日比 EPA 大筋合意までの道のり―交渉の最前線から」『外交フォーラム』Vol. 18, No. 4, pp.86-91
前田幸男・堤英敬編著 (2015)『統治の条件：民主党に見る政権運営と党内統治』千倉書房
三浦秀之 (2010)「農産物貿易自由化をめぐる政策意思決定システムの変遷―自民党政権下の変化に注目して―」『法政論叢』Vol. 47, No. 1, pp.18-46
三浦秀之 (2011)「日タイ経済連携協定における農産物の扱い」『アジア太平洋討究』No. 17, pp.79-98
三浦秀之 (2012)「民主党政権における国内政策意思決定システム―TPP をめぐる政策過程をケースとして―」『アジア太平洋討究』No. 18, pp.235-252
民主党 (2009a)「『日米 FTA 断固阻止等に関する声明』について」2009 年 8 月 5 日
民主党 (2009b)「民主党の政権政策 Manifesto2009」2009 年 8 月 11 日 (http://www.dpj.or.jp/global/downloads/manifesto2009.txt) 2014 年 8 月 17 日アクセス
民主党 (2010)「TPP (環太平洋経済連携協定) など経済連携推進について党の提言を取りまとめる」APEC・EPA・FTA 対応検討プロジェクトチーム、2010 年 11 月 4 日 (http://www.dpj.or.jp/article/19187) 2015 年 3 月 16 日アクセス

民主党（2011a）「経済連携 PT 提言〜APEC に向けて〜」民主党経済連携 PT，2011 年 11 月 9 日（http://www.dpj.or.jp/article/100477）2015 年 3 月 16 日アクセス
民主党（2011b）「経済連携 PT 提言の取りまとめを終えて：鉢呂吉雄 PT 座長」2011 年 12 月 2 日（http://www.dpj.or.jp/article/100559）2015 年 3 月 16 日アクセス
宗像直子（2002）「東アジア経済統合へ：日本は覚悟を固めよ」『論座』No. 87, pp.102-109
宗像直子（2004）「日本の FTA 戦略」添谷芳秀・田所昌幸編『日本の東アジア構想』慶應義塾大学出版会
モリソン＝チャールズ（2009）「アジア太平洋地域協力と APEC 将来に関する米国のもう一つの展望」『国際問題』No. 585, pp.35-49
森脇俊雅（2010）『政策過程』ミネルヴァ書房
柳原透（2004）「日本の『FTA 戦略』と「官邸主導外交」」『海外事情』Vol. 52, No. 4, pp.92-108
山口二郎・中北浩爾編（2014）『民主党政権とは何だったのか―キーパーソンたちの証言』岩波書店
山田修路（2013）「わが国農業を取り巻く国際情勢―農林水産審議官の 3 年 2 カ月―」『農業』No. 1569, pp.9-25
山田俊男（2004）「WTO/FTA と世界・日本の農業―公正な貿易ルールの確立に向けて」『国際問題』No. 532, pp.47-60
山田正彦（2013）『TPP 秘密交渉の正体』竹書房
吉田修（2012）『自民党農政史（1955〜2009）：農林族の群像』大成出版社
読売新聞政治部（2005）『自民党を壊した男：小泉政権 1500 日の真実』新潮社
読売新聞政治部（2012）『民主瓦解：政界大混迷への 300 日』新潮社
読売新聞政治部（2013）『安倍晋三：逆転復活の 300 日』新潮社
読売新聞「民主イズム」取材班（2011）『背信政権』中央公論新社

（英語）
APEC (1997) *Ninth Ministerial Meeting: Joint Statement*, Vancouver: Canada, 21-22 November 1997
APEC (2008) *Chair's Summary Record of CTI Meeting in Lima, 19-20 August 2008*, Lima: Peru, 2009/SOM1/CTI/002, 19 February 2009
APEC (2009) *Preliminary Inventory of Issues Related to a Possible Free Trade Area of the Asia-Pacific (FTAAP)*, Second Senior Officials' Meeting − Retreat Session, Singapore, 2009/SOM2/R/005, 18 July 2009
APEC (2015) *StatsAPEC* (http://statistics.apec.org/) 2015 年 3 月 20 日アクセス
Baldwin, R. (1995) 'A domino theory of regionalism', in Baldwin, R., Haaparanta, P. and Kiander, J. (eds.) *Expanding Membership of the European Union*, Cambridge University Press
Baldwin, R. (2006) 'Multilateralizing regionalism: Spaghetti bowls as building blocks on the path to global free trade', *World Economy*, Vol. 29, No. 11, pp.1451-1518
Brooks, W. L. (2015) *Politics and Trade Policy in Japan: Trans-Pacific Partnership Negotiations*, Johns Hopkins University
Calder, K. E. (1988) 'Japanese foreign economic policy formation: Explaining the reactive state', *World Politics*, Vol. 40, No. 4, pp.517-541
Davis, C. L. (2004) 'International institutions and issue linkage: Building support for agricultural trade liberalization', *American Political Science Review*, Vol. 98, No. 1, pp.153-169

(都丸善央・河野勝訳 (2006) 「国際制度とイシュー・リンケージ：農業貿易の自由化に向けて」藪下史郎監修，河野勝・清野一治編著『制度と秩序の政治経済学』東洋経済新報社)

Davis, C. and Oh, J. (2007) 'Repeal of the rice laws in Japan: The role of international pressure to overcome vested interests', *Comparative Politics*, Vol. 40, No. 1, pp.21-40

Dent, C. M. (2006), *New Free Trade Agreements in the Asia-Pacific*, Palgrave Macmillan

Dent, C. M. (2007) 'Full circle? Ideas and ordeals of creating a Free Trade Area of the Asia-Pacific', *Pacific Review*, 20 (4) : 447-474

Dent, C. M. (2008) *East Asian Regionalism*, Routledge

Gao, H. (2012) 'From the P4 to the TPP: Transplantation or transformation?', *The Trans-Pacific Partnership: A Quest for a Twenty-first-Century Trade Agreement*, Cambridge University Press

Gilligan, M. J. (2004) 'Is there a broader-deeper trade-off in international multilateral agreements?', *International Organization*, Vol. 58, No. 3, pp.459-484

George-Mulgan, A. (1997) 'The role of foreign pressure (*gaiatsu*) in Japan's agricultural trade liberalization', *Pacific Review*, Vol. 10, No. 2, pp.165-209

George-Mulgan, A. (2014) 'Bringing the party back in : How the DPJ diminished prospects for Japanese agricultural trade liberalization under the TPP', *Japanese Journal of Political Sciences*, Vol. 15, No. 1, pp.1-22

Goh, C. T. (2004) 'Asia − Catalyst for global economic integration', *Asia Europe Journal*, Vol. 2, No. 1, pp.1-5

Groser, T. (1999) *Regionalism and Multilateralism: What does the Future Hold?*, 17 September 1999 (http://www.apec.org.au/docs/groser.pdf) 2015年3月20日アクセス

Groser, T. (2010) *The Future Shape of Regional Economic Integration in the Asia-Pacific Region*, 11 October 2010 (http://www.beehive.govt.nz/speech/future-shape-regional-economic-integration-asia-pacific-region) 2015年3月20日アクセス

Groser, T. (2011a) *US-NZ Partnership Forum*, 21 February 2011 (http://www.beehive.govt.nz/speech/us-nz-2011-partnership-forum-0) 2015年3月20日アクセス

Groser, T. (2011b) *The Trans-Pacific Partnership: State of Play*, 14 June 2011 (http://www.beehive.govt.nz/speech/trans-pacific-partnership-state-play) 2015年3月20日アクセス

Groser, T. (2011c) *Opening of Synlait new dairy factory*, 22 November 2011 (http://www.beehive.govt.nz/speech/opening-synlait-new-dairy-factory) 2015年3月20日アクセス

Groser, T. (2012) *Address to the Pacific Economic Cooperation Council: TPP and New Zealand's export future*, 20 June 2012 (http://www.beehive.govt.nz/speech/address-pacific-economic-cooperation-council-TPP-and-new-zealand%E2%80%99s-export-future) 2015年3月20日アクセス

Hamanaka, S. (2012) 'Evolutionary paths toward a region-wide economic agreement in Asia', *Journal of Asian Economics*, Vol. 23, No. 4, pp.383-394

Inside U.S. Trade (2010), 'TPP country say Canada not ready to join talks, press Vietnam to decide', *Inside U.S. Trade*, Vol. 28, No. 41, pp.19-20

Inside U.S. Trade (2012), 'USTR seeks to negotiate on goods access with NAFTA partners in TPP', *Inside U.S. Trade*, Vol. 30, No. 25, pp.10-11

Kim, J. (2013) 'Japan and the Trans-Pacific Partnership (TPP): Rule setter or follower?', *Journal of Asia-Pacific Studies*, Vol. 21, pp.193-203

Krugman, P. (1997) 'What should trade negotiators negotiate about?', *Journal of Economic Literature*, Vol. 35, No. 1, pp.113-120

MFAT (2005) *The New Zealand ? Singapore ? Chile ? Brunei Darussalam Trans-Pacific Strategic Economic Partnership Agreement* (http://www.mfat.govt.nz/downloads/trade-agreement/transpacific/trans-pacificbooklet. pdf) 2015年3月20日アクセス

MFAT (2006) *Goff to Attend Trade Meetings in Cairns*, 18 September 2006 (http://www.beehive.govt.nz/node/27147) 2015年3月20日アクセス

MFAT (2008) *US Free Trade Agreement negotiations welcomed*, 25 September 2008 (http://www.beehive.govt.nz/release/us-free-trade-agreement-negotiations-welcomed) 2015年3月20日アクセス

MFAT (2014a) *Understanding the P4-The original P4 agreement: History* (http://www.mfat.govt.nz/Trade-and-Economic-Relations/2-Trade-Relationships-and-Agreements/ Trans-Pacific/0-history.php) 2015年3月20日アクセス

MFAT (2014b) *Understanding the P4 - The original P4 agreement: Key Outcomes* (http://www.mfat.govt.nz/Trade-and-Economic-Relations/2-Trade-Relationships-and-Agreements/Trans-Pacific/0-key-outcomes.php#labourcooperation) 2015年3月20日アクセス

Mochizuki, M. M. (2008) 'Political-security competition and the FTA movement: Motivations and consequences', *Paper presented at the International Symposium "Competitive Regionalism"*, Waseda University, May 30 to 31, 2008

Putnam, R. D. (1988) 'Diplomacy and domestic politics: The logic of two-level games', *International Organization*, Vol. 42, No. 3, pp.427-460

Ravenhill, J. (2010) 'The 'new East Asian regionalism': A political domino effect', *Review of International Political Economy*, Vol. 17, No. 2, pp.178-208

Searight, A. (2000) 'The United States and Asian economic regionalism: On the outside looking in?', in Borthwick, M. and Yamamoto, T. (ed.) *A Pacific Nation: Perspectives on the US role in an East Asia Community*, Japan Center for International Exchange

Schoppa, L. J. (1993) 'Two-level games and bargaining outcomes: why gaiatsu succeeds in Japan in some cases but not others', *International Organization*, Vol. 47, No. 3, pp.353-386

Stallings, B. (2009) 'Chile: A pioneer in trade policy', in Solís, M., Stallings, B. and Katada, S. N. (eds.) *Competitive Regionalism: FTA Diffusion in the Pacific Rim*, Palgrave Macmillan (バーバラ=スターリングス (2010)「チリ：貿易政策のパイオニア」ミレア=ソリース・バーバラ=スターリングス・片田さおり編, 浦田秀次郎・片田さおり監訳, 岡本次郎訳『アジア太平洋のFTA競争』勁草書房)

Statistics New Zealand (2014) *Global New Zealand − International Trade, Investment, and Travel Profile: Year Ended December 2013*, Ministry of Foreign Affairs and Trade and Statistics New Zealand (http://www.stats.govt.nz/browse_for_stats/industry_sectors/ imports_and_exports/global-nz-dec-13.aspx) 2015年3月20日アクセス

Uchiyama, Y. (2009) 'Trade negotiations and domestic politics: Political institutions and agricultural liberalization in Japan', in Kotera, A., Araki, I. and Kawase, T. *The future of the Multilateral Trading System: East Asian Perspectives*, Cameron May

USTR (2008a) *United States to join sectoral negotiations with four Asia-Pacific Countries*, February 3, 2008 (http://www.sice.oas.org/TPD/TPP/Negotiations/USjoins_inv_serv_e.pdf) 2015 年 3 月 20 日アクセス

USTR (2008b) *Trans-Pacific Partners and United States launch FTA negotiations*, September 22, 2008 (http://www.ustr.gov/trans-pacific-partners-and-united-states-launch-fta-negotiations) 2015 年 3 月 20 日アクセス

USTR (2009) *Trans-Pacific Partnership Announcement*, December 14, 2009 (http://www.ustr.gov/about-us/press-office/press-releases/2009/december/trans-pacific-partnership-announcement) 2015 年 3 月 20 日アクセス

Wesley, M. (2008) 'The strategic effects of preferential trade agreements', *Australian Journal of International Affairs*, Vol. 62, No. 2, pp.214-228

Whalley, J. (1998) 'Way do countries seek regional trade agreements?', in Frankel, J. A. (ed.) *The Regionalization of the World Economy*, University of Chicago Press

White House (2009) *Remarks by president Barack Obama at Suntory Hall*, November 14, 2009 (http://www.whitehouse.gov/the-press-office/remarks-president-barack-obama-suntory-hall) 2015 年 3 月 20 日アクセス

WTO (2008) *World Tariff Profiles 2008*, WTO, ITC and UNCTAD

WTO (2014) *World Tariff Profiles 2014*, WTO, ITC and UNCTAD

Yoshimatsu, S. (2006) 'The politics of Japan's free trade agreement', *Journal of Contemporary Asia*, Vol. 36, No. 4, pp.479-499

索　引

【欧文】

ABAC　72, 73, 76, 202
ANZSCEP　31, 33, 34, 35, 37, 40, 42, 43
APEC　29, 31-34, 36, 40, 42, 43, 63, 69, 70, 72-77, 80, 96, 101-103, 106-111, 119, 121, 122, 124-127, 129, 133, 136, 139, 142-145, 152-154, 156, 166, 169, 187, 193, 202-204, 206, 207, 211, 212
ASEAN　9, 44, 47, 51-56, 59-62, 71, 76, 79, 94, 103, 117, 133, 194, 200-202, 206-208
――＋3　79, 102, 103, 108, 144, 145
――＋6　75, 79, 102, 103, 144, 145, 187, 203
EPA 工程表　67-69, 78-80, 91, 92, 95, 99, 100, 101, 111, 203, 205, 207, 208
EU　7, 44, 47, 75, 88-92, 99-101, 122, 123, 138-140, 151, 152, 205-207, 223
EVSL　29, 32, 33, 43, 75
FTAAP　29, 43, 72-77, 96, 101-103, 106, 124-127, 129, 134, 135, 140-144, 187, 202-204, 207, 210, 212, 213, 217, 218, 220
JA 全中　56, 57, 59, 63, 83, 111, 113, 114, 172
NAFTA　34, 49, 102, 103, 194
NZ（→ニュージーランド）　29, 147, 159, 199, 200, 206, 216, 219
P4　4, 11, 28, 29, 31, 34-37, 42, 43, 76, 102, 105-107, 146, 202, 203, 206, 207
P5FTA　5, 29, 31-33, 42, 43, 46, 199
RCEP　44, 47, 187, 220, 224
TPP 参加の即時撤回を求める会（撤回会）　169, 173-175, 184, 191, 212, 221, 222
TPP を慎重に考える会　136, 163, 211
WTO　6, 19, 28, 32, 37, 40, 44-46, 48, 52, 54, 56, 58-61, 65, 68, 71, 73-76, 79-81, 84-86, 89, 90, 100, 121-123, 139, 209, 210

【ア行】

アクター　11-15, 17, 22, 27, 196, 197

麻生政権　28, 29, 105, 115, 195
麻生太郎　29, 47, 67, 111, 114, 197, 207, 208
安倍晋三　1, 2, 29, 30, 47, 72, 74, 83, 84, 91-94, 96, 97, 104, 164, 168, 171-174, 176, 177, 181-186, 190, 191, 193-198, 203, 204, 206, 221-223
安倍政権　2-4, 28, 30, 72, 78, 82, 93, 94, 96, 99, 104, 168, 173, 181, 183, 190, 196
甘利明　39, 100, 180, 188, 221
インドネシア　9, 31, 47, 56, 61, 70, 76, 79, 103, 189, 202, 204, 206, 207
衛藤征士郎　173, 174, 183, 184
大島理森　24, 82, 83
岡田克也　114, 117, 118, 121-123, 128, 131, 133, 198, 209, 211
オーストラリア（→豪州）　100
オバマ政権　110, 117, 119-121, 123, 127, 129, 133, 136
オバマ大統領　119-121, 133, 142, 150, 152, 157, 162, 164, 166, 168, 172, 176, 177, 186, 190, 194, 209, 210, 215, 216, 218, 221

【カ行】

外圧　18-20, 26, 45, 66, 71, 89, 94, 103, 115, 127, 136, 148, 152, 166, 190, 192-194, 197
外交・経済連携調査会　169, 170, 173, 183, 184, 215, 218, 221-223
外務省　10, 14, 17, 31, 45, 53, 54, 56, 59, 65, 70, 74, 91, 92, 96, 97, 99, 107-110, 120, 122, 132, 135, 136, 145, 147, 159, 160, 172, 180-182, 192, 196, 198, 200, 207, 214, 218, 220, 221
カーク通商代表　119, 121, 162, 209, 218
閣僚委員会　121-123, 128, 130-132, 141, 155, 209-211, 215
カトラー通商代表補　96, 98, 107, 180, 207, 216-218-221
カナダ　10, 38, 47, 76, 84, 129, 130, 194, 218-220

索 引 241

鹿野道彦　39, 133-135, 141, 142, 153, 155, 156, 163, 166, 193, 215, 216
韓国　45, 47, 53, 55, 56, 60, 86-91, 97, 98, 102, 103, 117, 118, 123, 133, 136, 139, 201
菅政権　3, 17, 30, 126, 129, 131, 136, 137, 149, 150, 166, 193-195, 198
菅直人　1, 2, 29, 30, 89, 113, 117, 125, 129-131, 133-136, 139, 142, 143, 148-152, 168, 169, 192, 196, 210-214
関税割当　8, 51, 52, 57, 71, 160
官邸主導　44, 50, 66, 67, 69, 72, 94, 180
官僚主導　25, 49, 135
凝集性　24, 25, 71, 115, 190, 193, 195, 197
拒否権プレーヤー　18, 22-27, 66, 71, 93, 94, 104, 115, 126-128, 134, 137, 149, 166, 167, 190-193, 195-197
グローサー貿易大臣　40-42, 130
グローバル化改革専門調査会　72, 85, 86, 89, 95, 203, 205
グローバル経済戦略　69, 70, 75, 187, 203
グローバル戦略　66-69, 78, 79, 202, 203
郡司彰　163, 219
経済財政諮問会議　28, 66-70, 72, 78-82, 85, 86, 91-96, 99, 101, 104, 203
経産省　10, 14, 17, 28, 29, 43, 45, 48, 55, 59, 64-66, 69-71, 74, 75, 81, 82, 88-92, 94, 106, 107, 109, 110, 115, 122, 124-127, 129, 132, 134-140, 144, 145, 159-161, 180, 187, 194, 198, 203, 205, 207, 208
経団連　14, 17, 49, 87-89, 139, 140, 197, 204
玄葉光一郎　142, 162, 163, 218
小泉純一郎　29, 44, 47, 48, 50-54, 59, 73, 94, 199, 200, 202
小泉政権　66, 67, 69-72, 94, 99, 195
豪州（→オーストラリア）　10, 21, 28, 32, 33, 36-41, 47, 53, 60, 61, 68, 76, 77, 81-84, 96, 99, 104, 106, 107, 109, 117, 123, 141, 145-147, 159, 161, 178, 200, 204, 205, 208, 212, 217, 218
高村正彦　100, 169, 170
国内政治モデル　15, 16, 197

【サ行】

作業仮説　18, 25-27, 103, 115, 127, 128, 148, 192, 194, 196, 197
サブ・モデル　13, 15-17, 196
参院選　28, 72, 93, 94, 96, 104, 115, 127, 139, 171, 172, 195, 198-201, 206, 211, 224
参議院農林水産委員会　83, 157, 188, 189, 204, 216, 223
産業間リンケージ　19, 49, 51, 63, 71
産業内リンケージ　19, 20, 63, 71
事前審査制　3, 23, 149, 150, 192, 195, 196
篠原孝　23, 132, 134-137, 141, 145
自民党　2, 23-25, 28, 44, 46, 48, 50, 56, 65, 71, 82, 83, 93-96, 104, 111-115, 132, 137, 164, 168-174, 176-178, 183-185, 189-193, 196, 199-204, 206, 208, 211, 212, 215, 218, 220-223
衆院選　28, 50, 96, 104, 105, 111, 114, 115, 117-119, 164, 165, 170, 172, 174, 176, 190, 193, 195, 197, 199, 201, 202, 209, 220
自由化率　8, 9, 51, 80, 97, 147, 185
衆議院農林水産委員会　62, 83, 84, 157, 158, 189, 204, 216, 223
重要5品目　7, 8, 185, 189, 223
重要品目　23, 51, 52, 56, 57, 59, 62, 71, 83, 84, 95, 113, 174, 175, 185, 189, 195
首相官邸　14, 17, 83, 131, 142, 149, 165, 171-173, 182, 183, 190, 191, 193, 196
シュワブ通商代表　74, 105, 146
商工族　14, 17
シンガポール　5, 9, 28, 31-34, 36, 37, 40, 42, 44-49, 51, 52, 55, 60, 71, 76, 105-107, 110, 119, 121, 145, 147, 159, 161, 195, 199, 200, 208, 209, 212, 214, 217, 222
新成長戦略　29, 123-127, 134, 135, 144, 210
慎重派　1, 14, 76, 100, 141, 152, 153, 155, 162, 166, 167, 173, 183, 190, 191, 193, 195, 222
推進派　1, 14, 100, 141, 152, 161, 163, 173, 187
政策過程　2, 3, 4, 13, 17, 196
──論　11
政治主導　2, 29, 89, 121, 122, 124, 126, 128, 132, 134-137, 149, 195, 196
政府内政治モデル　15-17, 26, 196
政府与党一元化　149, 195, 196
説明変数　17, 18, 26, 27
仙谷由人　123, 131, 210

242 索引

センシティビティ　83, 84, 88, 160, 176, 177, 181
センシティブ品目　38, 64, 140, 141, 158-160
争点リンケージ　18-22, 26, 71, 104, 115, 127, 149, 166, 190, 192-195, 197
組織間政治モデル　15, 16

【タ行】

タイ　9, 47, 54-56, 60-65, 76, 201, 202, 205, 206
対等な日米関係　2, 118
中国　7, 18, 21, 28, 38, 44, 45, 52, 53, 55, 56, 71, 73, 76, 81, 82, 94, 102, 104, 117-119, 129, 133, 138-140, 144, 145, 149, 163, 166, 187, 190, 192, 194, 195
チリ　9, 28, 31-36, 42, 47, 61, 72, 73, 76, 105, 147, 159, 160, 203, 205, 206, 213, 217
通産省　45, 70
通商代表部　74, 75, 97, 98, 105, 107, 122, 180, 190, 224
積み石アプローチ　39, 41, 42
ドミノ効果　41, 42, 137, 139

【ナ行】

中川昭一　23, 63, 65, 70, 182
二階俊博　69, 75, 107-109, 208
西川公也　24, 183, 184, 222, 223
2層ゲームモデル　12, 13, 18
日豪EPA　72, 79-84, 94, 95, 188, 190, 204
日米EPA　72, 78, 80, 87-92, 94, 95, 99, 103, 122, 204
日米FTA　92, 105, 111-115, 117, 121, 187, 198, 208
日米同盟　21, 45, 87, 119, 120, 166, 194, 195, 209
日墨EPA　49-51
日本医師会　26, 27, 197
ニュージーランド（→NZ）　4, 10, 11, 28, 31-42, 46, 53, 76, 102, 107, 117, 130, 145-147, 156, 161, 212-214, 217
認知モデル　15, 16
農協　2, 14, 17, 24, 26, 27, 30, 56, 65, 113, 114, 183, 197, 222
農水省　7, 10, 14, 17, 22-24, 26, 27, 43, 44, 46, 49, 54-57, 59, 62-66, 68, 70, 71, 81, 83, 84, 86, 91, 92, 97, 100, 102, 104, 107, 109, 110, 122, 124, 127, 128, 132, 134, 137, 140, 143-145, 147, 149, 152, 155, 159-161, 171, 174, 180-182, 190, 191, 193, 195, 200-202, 204, 205, 207
農林水産物貿易調査会　23, 46-48, 50, 82, 83, 168, 200, 204, 211
農林族　14, 26, 27, 44, 56, 59, 65, 66, 71, 83, 94, 127, 182-184, 190, 191, 193, 195, 197
　――議員　14, 17, 22, 23, 26, 28, 30, 46, 50, 82, 95, 104, 127, 137, 163, 169, 191, 195, 196
農林部会　24, 83, 111, 112, 168, 184, 208
野田政権　3, 30, 130, 150, 151, 162, 163, 166, 169, 195, 196
野田佳彦　2, 29, 30, 47, 150-158, 160-166, 169, 170, 177, 192-194, 197, 214-217, 219, 220

【ハ行】

鳩山政権　2, 3, 29, 117, 124, 126-129, 136, 149, 156, 163, 192, 196
鳩山由紀夫　29, 111, 112, 114, 118-120, 123, 125, 130, 133, 198, 209, 210
林芳正　170, 171, 181, 182, 191, 196
東アジア共同体　60, 68, 118, 119, 133, 209
　――構想　117, 120, 126, 137, 149, 192, 209, 211
被説明変数　17, 26, 27
フィリピン　9, 32, 47, 55, 56, 60-64, 76, 201-203, 208
平野達男　23, 113, 141
福田政権　28, 96, 99, 101, 103, 104, 115
福田康夫　29, 100, 104, 206, 207
藤末健三　3, 152, 153
藤村修　152, 162-164, 215
ブッシュ政権　29, 72, 75, 105, 106, 121
ブッシュ大統領　74, 91, 92, 96-98
ブルネイ　9, 28, 31, 35, 36, 42, 47, 61, 76, 129, 147, 159, 202-205, 207, 211, 213, 217
分析アプローチ　10, 11, 17, 196
分析視角　10, 11, 12, 13, 15, 17, 18, 196
分析手法　4, 10, 12, 17, 196
分析モデル　10, 13, 15, 17, 196, 197
米韓FTA　72, 86-89, 91, 97, 98, 188, 205
平均関税率　6, 7, 38, 65, 87, 88
ベトナム　9, 47, 61, 64, 76, 106, 109, 129, 147, 159, 205, 207-209, 213, 214, 217

ペルー　9, 47, 101-103, 106, 107, 109, 123, 139, 141, 147, 159, 160, 208, 212-215, 217
ボゴール宣言　31, 32, 42, 69
ボゴール目標　33, 34, 40, 42, 75, 76, 80
骨太の方針　66, 67, 68, 92, 99-101, 110, 111, 202, 203, 206-208

【マ行】

松岡利勝　81, 82, 93, 205
マレーシア　9, 47, 55, 56, 60-62, 76, 97, 129, 147, 159-161, 201-203, 211, 213, 216, 217
民主党　2-4, 12, 23, 25, 29, 93, 104, 105, 110-115, 117-119, 121, 124-130, 132, 134, 136, 137, 142, 148-153, 155, 160, 163-171, 180, 181, 186, 189, 192, 193, 195, 196, 198, 208, 209, 211, 212, 215, 216, 219

メキシコ　9, 32, 44, 47, 49-51, 55, 56, 59-63, 71, 164, 194, 195, 200-202, 219
茂木敏充　170, 180, 181, 221
森山裕　24, 169, 174, 184, 191

【ヤ行】

谷津義男　23, 47, 83
山田正彦　23, 131, 132, 136, 166, 193

【ラ行】

利益集団　12, 14-17, 26, 196, 197
リサーチ・デザイン　18, 25, 27

【ワ行】

若林正俊　100

あとがき

　本書の刊行に当たっては，筆者が所属する明治大学の社会科学研究所から助成を受けた。その採択に至る過程では，同研究所の運営委員の先生方のお手を煩わせた。また，同研究所の事務を担当する研究知財事務室の東盛啓子さんには，申請から刊行に至るまでの諸手続に関してお世話になった。特に原稿の審査の際には，2名の匿名査読者の先生方から詳細で有益な多くのコメントを頂戴した。寄せられたコメントはいずれも核心を突き，反論の余地の乏しいものばかりであった。限られた時間と筆者の能力もあり，全てに応えられたかどうかは心許ないが，コメントを最大限に反映する形で原稿を改定することによって，本書の内容を大幅に改善することができた。こうしたコメントに接し，ハイレベルな研究者を擁する明治大学の一員であることへの感謝と誇りを禁じ得なかった。ご多忙な中で査読を引き受けて下さった先生方をはじめとして，本書の刊行に際してご支援を頂いた明治大学の関係各位のご厚意に対し，ここに記して深く感謝したい。更に，筆者のゼミに所属する4年生で，卒論のテーマにTPPを選んだ関係で刊行前の原稿を読み，誤りを指摘してくれた宮崎朋香さんにもお礼を述べたい。

　次に，本書の刊行を快く引き受けて下さった文眞堂にも感謝したい。特に，同社企画部長の前野隆氏と情報システム課長の前野弘太氏には，本書の題名の決定から刊行に至るまで大変お世話になった。また，日本国際経済学会や日本貿易学会への参加を通じて知遇を得た敬愛大学専任講師の前野高章先生には，御尊父が経営に携わる出版社をご紹介頂いた。本書を世に送り出して下さったこれら各位のご厚情に謝意を表したい。

　本書の内容に関しては，筆者の元々の専攻は経済学であるが，本書では政治学の手法を活用した。政治学への関心は，農林族を中心とする政治家との調整が業務遂行の浮沈を握る農水省での実務経験に端を発するが，本格的に

勉強するきっかけを得たのは，農水省に勤務しつつ通った青山学院大学である。同大学大学院国際政治経済学研究科の博士後期課程では，博士論文の執筆に際して，主査の仙波憲一教授（現学長），副査の山本吉宣教授（現新潟県立大学教授）及び内山義英准教授（現教授）より，親身なご指導を頂戴した。特に山本先生は，政治学の門外漢である筆者に対し，関連文献の紹介や博士論文の草稿に対する度重なるコメントを通じて丁寧にご指導下さり，これによって本書のベースとなる政治学的な分析手法への理解を深めることができた。また，同研究科で非常勤講師を務められていた東京大学大学院法学政治学研究科の飯田敬輔教授にも，ゼミ形式の講義を通じて国際政治経済学をより深く学ぶきっかけを与えて頂いた。青山学院大学の大学院で筆者を指導して下さった以上の諸先生方にも，この場を借りて感謝したい。

　筆者にとって2冊目の単著となる本書は，感謝の気持ちを込めて両親（作山進・幸子）に捧げたい。大学の農学部に進学し，農水省に入省し，現在農学部で教鞭を執っている筆者のキャリアパスは，岩手県紫波町の生家が兼業農家だったことに起因する。筆者が小中学生だった頃，休日には一家総出で田植えや稲刈りに精を出し，その体験が筆者の今日に至る職業生活の糧となっている。そうした自らの生い立ちから，地方の農林漁業や関連産業に従事する多くの方々は，日本政府のTPP交渉参加という決定に割り切れない思いを抱いているのではないかと思う。そしてその背景には，関税の撤廃が農林漁業や地域経済に悪影響を与えかねないという懸念だけでなく，TPP交渉参加に至る経過が不透明で，日本政府も情報の開示に及び腰という事情もあるものと考えられる。本書は日本のTPP交渉参加の是非を論じるものではなく，筆者の出生によって本書の分析内容が左右される訳でもない。それでも本書が，日本のTPP交渉への参加決定を巡るこうした情報不足を解消し，健全な国民的議論への架け橋となることを切に願って筆を置きたい。

2015年7月

作　山　　巧

著者略歴

作山　巧（さくやま　たくみ）
明治大学農学部准教授

1965年岩手県生まれ。岩手大学農学部卒業，英国ロンドン大学優等修士（農業経済学），同サセックス大学修士（開発経済学），青山学院大学博士（国際経済学）。1988年に農林水産省に入省し，外務省経済協力開発機構日本政府代表部一等書記官（在パリ），国際経済課課長補佐（WTO農業交渉担当），国際連合食糧農業機関エコノミスト（在ローマ），国際部国際交渉官（日スイスEPA交渉，APEC，TPP参加協議等を担当），内閣官房国家戦略室企画官併任（TPP国別協議チーム）等を経て，2013年より現職。日本農業経済学会理事。専攻は貿易政策の政治経済学。

主要著書
Payment for Environmental Services in Agricultural Landscapes（共編著，Springer，2008年）
『農業の多面的機能を巡る国際交渉』（単著，筑波書房，2006年）
『OECDリポート・農業の多面的機能』（共訳，農山漁村文化協会，2001年）

明治大学社会科学研究所叢書
日本のTPP交渉参加の真実
――その政策過程の解明――

| 2015年10月 1日　第1版第1刷発行 | 検印省略 |
| 2016年 1月15日　第1版第2刷発行 | |

著　者　作　山　　巧

発行者　前　野　　隆
東京都新宿区早稲田鶴巻町533

発行所　株式会社　文　眞　堂
電話 03（3202）8480
FAX 03（3203）2638
http://www.bunshin-do.co.jp
郵便番号(162-0041)振替00120-2-96437

印刷・モリモト印刷　製本・イマキ製本所
© 2015
定価はカバー裏に表示してあります
ISBN978-4-8309-4874-9　C3031